쉽게 읽는 요한계시록

- 하나님 나라 완성의 최종 시간표 -

예수 그리스도의 '계시록' Revelation

예언적 말씀으로써의 '묵시록' Apocalypse

마지막 때 될 일의 '종말론' Eschatology

contents

계시의 바른 뜻
본문의 반복, 회고, 확인, 도치, 대조
상징과 사실
하늘의 이야기와 땅의 이야기
때(크로노스)와 기한(카이로스), 징조
종말론과 종말론적 삶
성도(교회)여 깨어나라,
신부로 준비하라, 땅끝까지 전도하라
결산
마지막 때와 세상 끝
적그리스도의 역사적 예표
하누카와 예수 그리스도
거처(처소)를 예비하러 가심
시온산에 서심
보라, 내가 세상을 이기었노라
추수 때, 추수꾼, 알곡
룻기서의 혼인 잔치
미혹을 받지 않도록 주의하라
내가 전에 죽었었노라
본 것, 지금 있는 일, 장차 될 일

9

서문

이 책을 쓰는 이유

이 책의 서술 방식

요한계시록을 이해하기 위한 준비 _ Prerequisite

Revelation

이 책을 쓰는 이유

      하나님께서는 코로나 팬데믹 시대를 사는 우리에게 교회와 성도들의 신앙을 키질하시어 흔들어 깨우고 계신다. 지상의 모든 주님의 교회와 성도들이 그리스도 명령대로 땅 끝까지 증인과 신부로 살아가고, 인자 앞에 서도록 깨어 기도하는지를 살펴보고 계신다. 세상 끝, 종말의 기한과 때를 아버지의 권한에 두신 하나님께서는 성경대로 '만왕의 왕, 만주의 주'를 보낼 준비를 하실 때, 우리 또한 예수님을 맞을 준비를 하도록 깨우고 깨닫게 하신다. 마지막 때가 오고 있는 것이 아니라 지금이 마지막 때다.

      예수님께서는 "인자가 올 때 세상에서 '믿음'을 보겠느냐"고 하셨다. 배교, 배도, 미혹되지 않고 끝까지 믿음을 보여줄 수 있어야 한다. 증인과 신부, 제자와 일꾼으로 언제든지 주님 만날 준비를 해야 한다. 주님께서 공중에 구름을 타고 오실 때 알곡 성도는 추수되어 천국 창고

17

서문 ⋮

에 들어간다. 주의 일꾼들은 주님과 결산해야 한다. 달란트를 남겼던 종과 기름과 등불을 모두 준비했던 슬기로운 처녀와 같은 알곡 신앙이어야 한다. 교회의 머리 되시고 몸 되신 주님께서 신랑으로 오실 때, 교회는 거룩한 신부로 단장하고 있어야 한다. 처음 사랑을 잃어버리고 세상과 타협하며 음행하거나, 살았으나 실상은 죽은 교회는 그에 대한 책임을 면치 못한다. 핍박을 피하는 미지근한 교회, 주님을 문밖에 세워두는 교회는 회개해야 한다. 끝까지 믿음을 지켜 제 십자가를 지고 달려갈 길을 다 마치며 선한 싸움을 싸워 의의 면류관, 생명의 면류관을 받아야 한다.

필자 자신을 포함해서 한국교회의 신앙에는 세 가지 약점이 있다. 첫째 '공동체성'이 약하다. 코로나 팬데믹으로 600만 명 이상 죽었건만 깨어 기도하며 성전에 모이기를 힘쓰지 못하고, 개인적 안전, 평안, 축복으로 만족하고 있다. 주님께서는 오실 준비를 하고 계시는데, 우리는 이방인들처럼 무엇을 먹을까, 마실까, 입을까를 염려하고 '하나님의 나라와 그의 의'를 구하지 못하고 있다. 내 가정과 자녀와 사업만 잘 되면 괜찮다는 개인주의, 이기주의 신앙이 만연하다. 주님 앞에서 결산해야 할 날이 가까이 오면, 심은 대로, 행한 대로, 기록된 대로 심판을 받기 때문에 회개해야 한다. 성령으로 말씀하실때 귀 있는 자들은 들어야 한다 "회개하라 천국이 가까이 왔느니라"

둘째, 마지막 때(the end time)의 징조들이 많이 나타나는 것을 보거든 예수님께서는 '인자가 문 앞에 이른 것을 알라'고 하셨는데, 우리의 신앙은 여전히 세속적이다. 살았으나 죽은 믿음이요, 미지근하여 차지도, 뜨겁지도 않은 믿음으로 '형식화, 물량화, 세속화'되어 있다. 입술로만 '주여, 주여' 할 때가 아니요, 유대인이라고 해도 다 아브라함의 자손이 아니요, 표면적 유대인이 아니다. 이면적 유대인이 유대인이다. 혈통적으로나 육정적으로 난 것이 아닌 약속으로 난 자녀, 자유하는 여자에게서 난 자녀, 성령으로 난 자녀, 이삭과 같은 자가 아브라함의 자손이다. 예수 그리스도를 믿는 자가 아브라함의 자손이다. 라오디게아 교회처럼 부자라, 부요하여 부족한 것이 없다고 착각하며 미지근한 믿음으로 예수님을 문밖에 세워두는 교회가 있다. 문밖에서 문을 두드리시는 주님께서는 눈먼 교회, 수치스러운 교회, 가련한 교회, 곤고한 교회를 안타까워하신다. 교회는 깨어나 주님이 세우신 그 자리에서 영원하고, 천국 열쇠를 갖고 음부를 이기는 권세로 사도행전의 명령대로 땅 끝에서 말씀 증거하면서 그 자리에 있어야 한다.

셋째, 오늘날 우리는 '종말론적 신앙'이 매우 약하다. 현실에 뿌리를 두지만, 현실에 머물러서는 안 된다. 마지막 남은 주님의 약속은 '내가 진실로 속히 오리라'이다. 이 세상의 어떤 것도 영원하지 않다. 전도서의 말씀대로 시작이 있으면 끝이 있고, 심길 때가 있으면 뽑힐 때가 있다. 사단도 불 못에 던져지고 처음 하늘과 처음 땅도 지나간 후에 완벽한 하나님 나라가 오고 있는데, 세상만 바라보고 살 수 없다. 우리는 흑암의 권세에서 사랑의 아들 나라로 옮겨졌고 그 안에서 구속, 곧 죄 사함을 받았기 때문에 새 하늘과 새 땅, 그 나라를 바라보아야 한다. 하나님의 나라는 먹고 마시는 것이 아닌 '오직 성령 안에서 의와 평강과 희락'의 나라다. 주님께서는 천 년을 하루같이 오시려 하는데 우리는 하루를 천 년처럼 살려고 한다. 그러나 인생은 잠깐 보이다가 없어질 '안개'와 같고, "풀은 마르고 꽃은 시드나 하나님의 말씀은 세세토록" 있으니 영생을 얻은 사람은 영원한 것을 위해 살아야 한다. 이 땅에 영구한 도성이 없으므로 종말론적 신앙으로 더 나은 본향, 새 하늘과 새 땅을 바라보고 살아야 한다.

성경에서 최종적으로 이루어져야 할 마지막 말씀은 "예수님께서 다시 오신다"는 약속이다. 반드시 이루어질 말씀이기에 예수님이 언제 오시든지 맞을 준비를 하고 있어야 한다. 착하고 충성된 종은 주인과 달란트를 결산하기 위하여 준비해야 한다. 예수님께서는 제자들을 만나시러, 증인들을 찾으시러, 일꾼들을 상 주시러, 신부들을 맞으시러 오신다. 성도는 그 기쁨으로 깨어 있어 준비하고 그리스도께서 다시 오실 길을 예비하며, 땅 끝까지 천국 복음을 전파해야 한다. 우리의 시민권은 하늘에 있다. 땅에 살아도 하늘에 속한 사람으로 살며, 삶의 자리에서 주님의 증인으로 충성스럽게 살다가 오늘 밤에라도 주님을 맞이할 수 있는 '종말론적 신앙'이 필요하다.

계시록을 다 공부하고 깨닫게 되면, 적어도 열 가지의 확신이 생긴다.

1. 이 예언의 말씀을 읽고, 듣고, 지킴으로 복 있는 사람이 된다.

2. 구주를 생각만 해도 좋은데, 주의 얼굴과 얼굴을 대면할 때 기쁨이 충만하다.

3. 늘 깨어 준비하고 땅 끝까지 이르러 증인으로 충성했으니 예비된 상이 있다.

4. 어린양이 어디로 인도하든지 따라가는 신부로 어린양의 혼인 잔치에 들어간다.

5. 한 사람은 데려감을 당하고 한 사람은 버려둠을 당할 때 알곡 성도로 추수되어 천국 창고에 들여보내신다.

6. 주안에서 죽은 자들은 복되어 다 잠잘 것이 아니요, 무덤에서 일어나 부활에 참여한다.

7. 성도는 옛 뱀, 용, 마귀, 사단, 짐승, 음녀, 바벨론을 이겼으니 최후의 승리자가 된다.

8. 성도는 양자의 영, 그리스도의 영을 가졌으니, 새 하늘과 새 땅, 하나님 나라를 유업으로 받는다.

9. 나의 나 된 것은 하나님의 은혜였기 때문에 오히려 면류관 벗어 드리고 '할렐루야' 찬양한다.

10. 영원한 하나님 나라의 완성으로 '생명나무 열매와 생수의 강'에서 영생을 누린다.

계시록은 얼마나 복된 책인지, 총 여섯 번에 걸쳐 '복이 있다'라고 기록한다. 계시록 1:3, 14:13, 16:15, 19:9, 20:6, 22:14 모두 여섯 번 말씀하고 있다.

1. 이 예언의 말씀을 읽는 자와 듣는 자와 그 가운데 기록한 것을 지키는 자가 복이 있다.
2. 주안에서 죽는 자들은 복이 있다.
3. 자기 옷을 지켜 벌거벗고 다니지 아니하며 자기의 부끄러움을 보이지 않는 자가 복이 있다.
4. 어린양의 혼인 잔치에 청함을 입은 자들이 복이 있다.
5. 첫째 부활에 참여하는 자들이 복이 있다.
6. 자기의 두루마기를 빠는 자들이 복이 있다.

그러므로 계시록은 성도에게 복되고 궁극적 승리를 주는 책으로, 예수 그리스도의 완전한 승리와 영광을 보여준다. 신구약 66권, 1189장의 모든 말씀을 완성시킴으로 역사적 결말과 결국(종국)을 보여준다. 구약은 원인이고 신약은 결론이다. 계시록은 그 결말과 결국이다. 성경 전체 중심 주제와 최종 목표는 예수 그리스도를 통한 '하나님 나라'의 완성이다. 결국 '처음 하늘과 처음 땅'이 없어져, 해와 달, 별, 등불의 비춤이 쓸 데 없어지고, 해보다 더 밝은 하나님의 영광이 친히 '세상의 빛'이 되신다. 처음 에덴동산에서처럼 '성전'이 보이지 않는데, 그때도 '전능하신 하나님과 어린양이 친히 성전'이 되시기 때문이다. 다시 '생명나무 과실과 생명수 강'도 회복되어 하나님의 나라는 완벽하게 이루어 진다. 계시록은 그곳으로 성도들을 인도, 계도하고 있다.

　　그러므로 계시록은 '공포'가 아닌 위로를 주고 '불안'이 아니라 강하고 담대하게 하며, '책망'이 아닌 회개를 요구하고 '저주'가 아닌 축복을 약속하며, '실패'가 아닌 승리를 약속한다. 예수 그리스도는 어제나 오늘이나 영원토록 동일하시며 신실하시다. 말씀하신 바를 다 이루시고, 제자들과 약속하신 대로 공개적, 공식적, 대중적으로 오신다. 조용히 비밀리에 오지 않으시고, 그를 찌른 자들도 볼 수 있게 오신다. 주의 호령과 천사장의 소리와 하나님의 나팔 소리로 친히 하늘로부터 구름을 타고 공중에 오신다. 500여 형제들이 감람산에서 하늘로 올라가심을 본 그대로 구름을 타고 다시 오신다. 인자께서 영광과 큰 권능으로 번개가 동에서 서쪽까지 번쩍임 같이 다 알 수 있게 그리고 볼 수 있게 오신다.

　　2019년 12월 30일, 중국 우한 폐렴, 코로나바이러스가 발생하였고, 세계보건기구(WHO)는 2021년 3월 11일 전염병의 세계 대유행 '코로나 팬데믹'을 선언했다. 2022년 11월 14일 기준, 세계 곳곳에서 확진자가 6억 3880만 명이 넘었고 사망자는 670만 명을 넘어섰다. '예수 그리스도의 복음이 모든 사람을 찾아갈 수 있으면 얼마나 좋을까?' 생각하면서, 땅 끝까지 주님의 증인이 되라고 하신 말씀으로 깨어 있어야 한다. 왜냐하면 주님께서 처처에 기근, 전쟁, 난리, 지진, 전염병, 천체이상을 보면 깨닫고, 준비하라고 하셨기 때문이다. 한 번 밖에 못 사는 인생을 증인과 신부, 제자, 일꾼으로 남긴 달란트와 주께 드릴 열매, 주신 사명 대하여 '결산'해야 한다.

전 세계에서 가장 많이 판매되는 음료는 코카콜라이다. 예수님의 복음이 안 들어간 나라는 있어도 코카콜라가 안 들어간 나라는 없다. 아프리카 '부시맨'의 손에도 콜라병은 들려 있다. 그러나 예수 복음과 십자가가 안 들려진 사람은 많다. 언젠가 코카콜라 사장은 "내 혈관에는 콜라가 흐르고 있다"라고 했다. 성도의 몸의 혈관에는 예수의 피가 충만하게 흘러서, 모든 사람의 죄를 씻고도 남는 주님의 보혈, 샘물과 같은 보혈을 모든 사람에게 증거해야 한다. 2021년 전 세계의 스마트폰 보급률은 53억 명으로 세계인구 79억 1200만 명의 67%의 사람들이 휴대전화를 가지고 있다. 그들의 손에 예수 그리스도의 십자가의 복음, 부활의 복음, 재림의 복음이 들려지도록 땅 끝까지 증인되어야 한다. 그런 목적으로 마지막 때를 살아가는 성도와 교회를 깨우며 이 책을 집필한다.

계시록은 1장과 22장에서 동일한 주님의 말씀을 '수미쌍관법(首尾雙關法)'으로 기록되어 있다. 1:7a "볼지어다 그가 구름을 타고 오시리라", 22:20b "내가 진실로 속히 오리라" 공통적으로 나오는 말씀은 '온다. 오시리라'인데 헬라어 시제가 같다. '에르코마이(ἔρχομαι)' 현재형인데 '지금도 오고 계신다'는 뜻이다. 주님은 오실 준비를 하고 오고 계신다. 전에도 계셨고, 지금도 계시며, 장차 올 자(에르코메노스, 현재분사)이신데, 예수 그리스도께서는 '지속적'으로 오고 계시고 지금도 오고 계시며 곧 문밖에 이르셨다가 '최종적'으로 오신다. 그의 종들에게 반드시 속히 되어질 일을 보이시고 계신다. 세상 끝날까지 우리와 항상 함께 하시고 오순절에 또 다른 보혜사 성령으로 함께 하고 계시며, 날마다 말씀으로 우리 곁에 와 계시다가, 세상 끝에 두 번째 나타나신다. 오실 이가 오실 이로서 오신다.

히 9:28 이와 같이 그리스도도 많은 사람의 죄를 담당하시려고 단번에 드리신 바 되셨고 구원에 이르게 하기 위하여 죄와 상관없이 자기를 바라는 자들에게 두 번째 나타나시리라(he will appear a second time) 10:37 잠시 잠깐 후면 오실 이가 오시리니 지체하지 아니하시리라(For in just a very little while, He who is coming will come and will not delay).

이 책의 서술 방식

　『쉽게 읽는 요한계시록』은 평신도가 읽어도 알기쉽게 이해할 수 있도록 기도하면서, 곁에서 도와주신 보혜사 성령님이 주시는 진리와 깨닫는 영과 감동의 마음으로 쓰려고 하였다. 이 책을 집필하기 위하여, 많은 강의, 책자, 주석, 강해 설교와 신대원 때 배웠던 교과서와 노트를 참고했다. 그러나 성경은 성경으로 풀고 복음서에서 주님이 직접 하신 말씀을 연결하는 데 최선을 다했다. "해 아래 새 것이 없고, 이전에 있던 일이 다시 있겠고"라는 전도서의 말씀으로 영적인 지혜와 세계사를 살피며 집필하였다.

　전 1:9 이미 있던 것이 후에 다시 있겠고 이미 한 일을 후에 다시 할지라 해 아래에는 새 것이 없나니 계시록을 이해하기 위해서는 다섯 가지 원칙이 필요하다. 첫째, 믿음의 원칙이 필요하다. '알기 위해 믿는다'라는 안셀름(Anselm of Canterbury, 1033~1109)의 명제처럼, 믿음을 통해서 진리를 알고 깨닫게 되기 때문이다. 둘째, 신학적인 지평을 가지고 성경 전체를 통전적으로 이해하고 있어야 한다. 셋째, 본문 안에서 말씀이 신구약, 묵시서 등에서 어떻게 나타나는지를 살펴야 한다. 넷째, 예수 그리스도께서 직접 말씀하신 종말론의 말씀 중 '마지막 때'와 '세상 끝'의 차이를 잘 살펴야 한다. 마지막으로, 교회사와 세계사에 대한 역사적 사실도 잘 이해하고 있어야 한다.

계시록의 조직신학적 분류는 '계시론, 묵시론, 종말론'에 해당한다. 요한이 썼지만 '예수 그리스도의 계시'이고, 구약과 묵시문학의 전통에서 사용한 단어의 용례들이 기록되었다. 계시록은 총 22장, 404절로 기록되었는데, 약 300절에서 구약의 용어가 쓰였기 때문에 구약의 이해는 필수적이다. 계시록에서는 선지서 말씀의 성취와 재확인, 근원부터 살핀 이야기, 단어의 재사용과 해석이 많다. 구약이 말해주는 '원인'과 신약이 말해주는 그 '결과' 그리고 계시록을 통해 '결말, 결국'을 잘 살펴야 한다. 전도서에서 말한 인생의 '결국' '사람의 본분' 그리고 역사적 종국(종말)을 알아야 한다. 구약에서 욥의 아름다운 결말, 복된 결말도 보았다. 사단의 참소와 시험에서 승리한 욥처럼, 성도들의 승리가 계시록의 결말, 결국이다. 그것은 우리 주 예수 그리스도께서 보장해 주신 승리요, 성도와 교회의 영광이다. 삼위일체 하나님의 궁극적 승리와 결국, 결말이다. 바둑 스포츠를 보면 원인과 결과가 있고, 마지막 '끝내기' 가 있는 것처럼, 계시록은 인류 역사에 대한 끝내기, '결국'의 기록이다. 마지막 끝내기는 '알파(the beginning)와 오메가(the end)' 되신 예수님의 승리였다.

　　　계시록의 많은 '비유, 상징, 사실, 압축, 반복, 삽입, 강조, 병행, 대조'를 구별하는 것이 중요하고, 요한이 말씀을 전하고 기록할 때의 '시간과 공간, 시제와 위치, 대상'도 잘 파악해야 한다. 요한이 어디로 이끌려서 언제, 누구에게, 어디서 말씀을 하고 있는지를 알아야 한다. 말씀은 말씀으로 해석하고 '비유와 상징과 사실'을 정확하게 구분해야 한다. 예를 들어 예수 그리스도의 십자가는 '비유나 상징'이 아니라, '사실'이다. 그러나 '일곱 별, 일곱 금 촛대, 일곱 교회, 일곱 천사, 일곱 등불, 일곱 인, 일곱 나팔, 일곱 우레, 일곱 산, 일곱 머리, 일곱 뿔, 일곱 대접, 일곱 천사' 등은 모두 상징이다. 상징은 원 개념과 비유 개념이 있다. 비유 개념을 통해 원 개념을 이해하게 한다. '흰말, 붉은 말, 검은 말, 청황색 말, 음녀, 바벨론, 짐승, 666'이 상징하고 가리키는 '원 개념'을 잘 파악해야 한다. 그것은 이미 복음서에서 예수님께서 말씀하신 종말과 사도행전, 서신서를 통해 검증되고 해석하며 확증할 수 있어야 한다.

특히 계시록을 읽고 나면 '기쁨과 감사, 승리와 찬양'이 넘쳐나야 한다. 계시록은 성도들에게 '복된 책, 승리의 책, 혼인 잔치의 책, 상받는 책, 공중에서 주님을 영접하게 하는 책, 깨어 있게 하는 책, 회개하는 책, 새 하늘과 새 땅을 향해 달려가게 하는 책'이기 때문이다. 예수님께서 초림 때에는 '구원'하러 오셨지만, 다시 오실 때는 '심판'하러 오신다. 예수님께서 입성하실 때는 겸손하시어 '나귀 새끼'를 타셨지만, 다시 오실 때에는 '백마'를 타고 오신다. 초림 때는 베들레헴 말구유에 오셨지만, 다시 오실 때는 공중에 구름을 타고 오시고, 철장으로 만국을 다스리실 '만왕의 왕, 만유의 주'로 오신다. 시편 150:6에서 중단되었던 '할렐루야'가 계시록 19장에서 다시 시작되니, 이 또한 어찌 기쁘지 아니한가? '할렐루야' 찬양하며 땅끝까지 천국 복음을 전파해야 한다.

마 7:24 그러므로 누구든지 나의 이 말을 듣고 행하는 자는 그 집을 반석 위에 지은 지혜로운 사람 같으리니

계 1:3 이 예언(預言;맡기신 말씀)의 말씀을 읽는 자와 듣는 자와 그 가운데에 기록한 것을 지키는 자는 복이 있나니 때가 가까움이라

그러므로 계시록은 무서운 책, 두려운 책, 어려운 책, 불안한 책이 아니다. 그러나 불신자와 적그리스도, 거짓 선지자, 옛 뱀, 마귀, 사단

에게는 무섭고 두려운 책이다. 주님 오실 때가 가까워졌다는 것은 마귀에게는 '자기의 때'가 얼마 남지 않았다는 것이다. 마귀는 그 사실을 잘 알고 있다. 그래서 할 수만 있다면 '택하신 자'라도 넘어뜨리고 '미혹, 배교'하게 하려고 '우는 사자'처럼 마귀는 입 벌리고 달려들고 있다. 그러나 우리 성도는 '빛의 사자'로서 '우는 사자' 마귀를 대적해야 한다. 세상 끝날까지 항상 함께 하시는 주님과 보혜사, 성령님으로 권능을 받아 땅끝까지 증인이 되어야 한다. 마지막 때를 살지만 두려워하지 말고, 놀라지 말아야 한다. 왜냐하면 마귀는 '공중 권세'를 잡고 있을 뿐이고, 우리 주 예수 그리스도께서는 '하늘과 땅의 모든 권세'를 가지고 세상 끝날까지 우리와 항상 함께 계시기 때문이다.

마 24:4 예수께서 대답하여 이르시되 너희가 사람의 미혹을 받지 않도록 주의하라 5 많은 사람이 내 이름으로 와서 이르되 나는 그리스도라 하여 많은 사람을 미혹하리라 11 거짓 선지자가 많이 일어나 많은 사람을 미혹하겠으며 24 거짓 그리스도들과 거짓 선지자들이 일어나 큰 표적과 기사를 보여 할 수만 있으면 택하신 자들도 미혹하리라

계 12:12 그러므로 하늘과 그 가운데에 거하는 자들은 즐거워하라 그러나 땅과 바다는 화 있을진저 이는 마귀가 자기의 때가 얼마 남지 않은 줄을 알므로 크게 분내어 너희에게 내려갔음이라 하더라

열두 제자들은 주의 강림이 곧 있을 것이라고 믿었다. 왜냐하면 예수님께서 친히 "내가 진실로 속히 오리라"라고 하셨기 때문이다. 그러나 주님의 오심은 점차 늦어지고 사도들은 순교(중인)의 길을 걸었다. 예수 그리스도의 다시 오심은, 지금까지도 더딘 것 같지만 수제자 베드로 사도께서 말씀하신 대로 '더딘 것'이 아니라, 한 사람이라도 더 구원하여 아무도 멸망치 않기를 원하시는 하나님의 자비와 긍휼과 사랑 때문이다. 주의 강림은 결코 더디지 않다. 주의 시간표는 인간의 시간표와 달라서 '하루가 천 년 같고, 천 년이 하루 같은 이 한 가지'를 잊지 말라고 하셨다. 하나님은 오래 참으시지만, 영원히 오래 참으시지는 않으신다. 로고스이신 예수님께서는 살아 있고 운동력 있는 말씀하신 대로 다시 오신다. 반드시 오신다. 빨리 오신다. 갑자기 오신다. 생각하지 못한 때에 오신다. 천 년이 하루같이 오신다.

벧전 4:7 만물의 마지막이 가까이 왔으니 그러므로 너희는 정신을 차리고 근신하여 기도하라

벧후 3:7 이제 하늘과 땅은 그 동일한 말씀으로 불사르기 위하여 보호하신 바 되어 경건하지 아니한 사람들의 심판과 멸망의 날까지 보존하여 두신 것이니라 8 사랑하는 자들아 주께는 하루가 천 년 같고 천 년이 하루 같다는 이 한 가지를 잊지 말라 9 주의 약속은 어떤 이들이 더디다고 생각하는 것 같이 더딘 것이 아니라 오직 주께서는 너희를 대하여 오래 참으사 아무도 멸망하지 아니하고 다 회개하기에 이르기를 원하시느니라

겔 33:11 너는 그들에게 말하라 주 여호와의 말씀이니라 나의 삶을 두고 맹세하노니 나는 악인이 죽는 것을 기뻐하지 아니하고 악인이 그의 길에서 돌이켜 떠나 사는 것을 기뻐하노라 이스라엘 족속아 돌이키고 돌이키라 너희 악한 길에서 떠나라 어찌 죽고자 하느냐 하셨다 하라

예수님께서 초림 때는 예언의 말씀을 따라 성경대로 베들레헴에 오셨고, 성경대로 죽으시고, 성경대로 부활하셨다. 그리고 성경대로 다시 오신다. 약속하시고 말씀하신 그대로 다시 오신다. 두 번째 나타나신다. 하나님께서 그의 종 선지자들이 전한 '복음과 같이' 지체하지 않으시고 오신다. 예수님께서 말씀하신 '징조(sign)'들이 다 이루어지고 성취되면 인자가 문 밖에 서 계신 줄 알아야 한다. 성부 하나님께서는 모든 것이 말씀대로 준비된 것을 보시면 '그 날과 그 시'를 정하신다. 여기서 '마지막 때'와 '세상 끝'을 구별해야 한다. 예수님께서는 '재난의 시작'을 마지막 때라고 하셨고, 천국 복음이 모든 민족에게 다 전파된 때를 '세상 끝'이라고 하셨다.

마 24:3 예수께서 감람산 위에 앉으셨을 때에 제자들이 조용히 와서 이르되 우리에게 이르소서 어느 때에 이런 일이 있겠사오며 또 주의 임하심과 세상 끝에는 무슨 징조가 있사오리이까 30 그 때에 인자의 징조가 하늘에서 보이겠고 그 때에 땅의 모든 족속들이 통곡하며 그들이 인자가 구름을 타고 능력과 큰 영광으로 오는 것을 보리라

예수님께서 말씀하신 징조에 따라 땅에서는 재난이 시작된다. 말씀하신 징조들이 다 이루어지면 "인자가 문밖에 이른 줄 알라"고 하셨다. 무화과나무가 잎이 연하여지고 가지를 내면 여름이 가까운 줄 아는 것처럼, 이 모든 일(징조)이 이루어지면 예수님께서 강림하시기 위하여 문밖에 서 계신 것을 알아야 한다. 예수님께서 말씀하신 '세상 끝'은 '추수 때'이다. 추수 때, 장막절(히, 숫콧)이 되어 '곡식이 희어졌다'고 하실 때, 천사들을 보내어 추수하신다. 천사들이 주의 택하신 자(알곡)들을 사방에서 불러 모으실 때이다. 그 말은 천국 복음이 모든 민족에게 전파되었다는 것을 뜻하고, 동시에 예루살렘과 온 유대와 사마리아와 땅 끝에 주님의 증인(순교)이 서 있음을 뜻한다. 그러면 세상은 끝이 된다. 천국 복음이 모든 민족에게, 유대인이나 이방인에게 다 전파되었기 때문이다. 그 날이 가까워지고 있다. 오늘 밤이라도 주님을 만날 준비하며 증인으로 살다가 지금 죽어도 천국에 갈 수 있고, 주님과 결산할 수 있으며 신부로 준비되어 있는 종말론적 신앙을 가지고 있어야 한다.

마 13:37 대답하여 이르시되 좋은 씨를 뿌리는 이는 인자요 38 밭은 세상이요 좋은 씨는 천국의 아들들이요 가라지는 악한 자의 아들들이요 39 가라지를 뿌린 원수는 마귀요 추수 때는 세상 끝이요 추수꾼은 천사들이니 40 그런즉 가라지를 거두어 불에 사르는 것 같이 세상 끝에도 그러하리라 예수님께서는 구약에 나오는 모든 절기(축제)의 완성자이시다. 구약의 모든 절기는 예수 그리스도를 상징하고 있기 때문이다. 일찍이 예수님께서 모세의 율법과 선지자의 글과 시편에 기록된 것이 '나'를 가리킨다고 하셨다. 그러므로 구약에 기록된 '봄 절기'와 '가을 절기'는 예수 그리스도를 가리키고, 절기를 완성시킨다. 예수님은 '하누카' 때 성탄하셨고 파샤트 유월절에 십자가를 지셨으며, '마짜' 무교절에 부활하셨다. 샤브오트 오순절에 성령으로 오셨고 주님의 몸인 교회를 세워주셨다. 주님께서는 '로쉬 하샤나' 나팔절의 전통을 따라서 하나님의 나팔과 천사장의 소리와 주님의 호령으로부터 강림하신다. 그리고 '숫콧' 장막절, 곧 추수절이기에 이한 낮으로 '알곡 성도와 가라지'를 거둬들이시고 심판하신다. 추수꾼인 천사들을 이쪽 끝에서 저쪽 끝까지 보내서서 주의 택하신 자(알곡)를 모으시고, 가라지는 모아 불에 던져 사르신다. 그러므로 주님께서는 봄 절기에서 십자가와 부활을 이루셨고, 가을 절기에서 나팔절과 추수절의 말씀을 완성하시고 이 땅에 오셔서 세상을 심판하신다.

> 눅 24:44 또 이르시되 내가 너희와 함께 있을 때에 너희에게 말한 바 곧 모세의 율법과 선지자의 글과 시편에 나를 가리켜 기록된 모든 것이 이루어져야 하리라 한 말이 이것이라 하시고

이번 집필은 각각의 문장마다 숫자를 표기하였다. 앞에 숫자는 계시록의 '장수'를 이야기하고, 뒤 숫자는 그 장의 이야기의 숫자이다. 예를 들어 '7~10'이 뜻하는 것은 계시록 7장에서 10번째 이야기, 주제라는 뜻이다. 계시록이 총 22장까지 있으므로 스물두 번째까지 번호를 붙였다. 서론은 '0-1'로 표기하였고, 계시록 1장은 '1-1'로 시작하여 계시록 각 장과 주제를 이해할 수 있게 서술하였다. 그렇게 함으로 계시록에 해당하는 장수를 쉽게 찾고, 언제든지 바로 찾아서 배우고 익힘으로 기억하기 쉽게 하려고 했다. 그리고 각 장마다 단락을 구분하여 쓴 이유는 쉽고 편하게 읽을 뿐 아니라, 여백을 두어서 '저자의 책'이 아닌 '독자의 책'이 되도록 하기 위함이다.

'성경이 성경을 해석한다'

(sacra Scriptura sui ipsius interpres)

요한계시록을 이해하기 위한 준비(prerequisite)

0-1   요한계시록을 잘 이해하기 위해서는 세 가지 지혜가 필요
하다. 첫째, 신구약 65권에 대한 통전적인 이해가 있어야 마지막 66
번째 성경인 계시록을 알게 되기 때문이다. 계시록은 성경 전체의
'결말, 결국'이고, 예수 그리스도의 궁극적 '승리'와 '하나님 나라'의 최종
적 완성이다. 마치 영화의 처음과 중간만 보면 결말과 결국을 알 수 없
고, 결말만 알면 중간의 과정을 모르는 것과 같다. 계시록은 신구약 성
경의 전체를 통해서 원인과 결과 그리고 결국을 알게 해준다. 둘째, 계
시록은 '하늘과 땅의 두 이야기'가 만나고 있어서 '하늘에 있는 일'과 '땅
에 있는 일' 그리고 '우주적으로 있는 일'을 구분해서 이해해야 한다. 계
시를 받은 요한의 위치와 시간, 공간 그리고 누구를 대상으로 하신 말
씀인지도 구분해야 하다. 셋째, 요한이 받은 계시의 '시제' 또한 중요하
다. 계시록은 순차적으로 기록되었지만 '과거, 현재, 미래, 회상, 반복,
압축, 도치, 강조' 등이 섞여서 기록되었기 때문에 흐름과 시제를 아는
것이 중요하다.

0-2　　성경은 예수 그리스도의 다시 오심에 대하여 '강림(에피파네이아)과 재림(파루시아)'이라는 두 단어를 사용하고 있다. 주님께서는 하늘에 올라 가심을 본 그대로 공중에 '강림'하시고 지상에 다시 오심(second coming)을 연속선상에서 말씀하고 있다. 주님께서 다시 오실 때 성도들은 구름 속 으로 끌어올려 공중에서 주님을 영접하여 그리하여 항상 주와 함께 있 게 된다. 인자 앞에 서도록 깨어 기도하고 있어야 한다. 주의 날이 이르 렀을 때 성도는 사명을 잘 감당하고 끝까지 믿음을 지켜서 승리와 복을 얻게 된다. "이 예언(預言)의 말씀을 읽고 듣고, 지키는 자들에게 복이 있 도다"라고 말씀한다. 그래서 계시록은 성도들에게 두려움과 무서움, 공 포를 주지 않는다. 이천 년 동안 믿고 따르며 사랑한 주님을 뵈옵고, 혼 인 잔치에 들어가는 기쁨과 하나님 나라의 궁극적 완성과 영광을 보기 때문이다. 찬송가 가사처럼 '구주를 생각만 해도 내 맘이 이렇게 좋거든 주 얼굴 뵈올 때에야 얼마나 좋으랴' '주님의 보좌 있는데 천한 몸 이르 러 주 영광 몸소 뵈올 때 내 기쁨 넘치리' 이 기쁨과 감사, 은혜와 영광을 미리 보여주는 책이다.

0-3　　주의 날이 불신자들에게는 '도적같이' 오지만, 깨어 준비하고 기다리는 성도들에게는 '도적같이' 임하지 않는다. 왜냐하면 주님께서 는 징조를 통해 인자가 문 앞에 이른 것을 알려주시기 때문이다. 예수 님께서는 "너희가 천기를 분별하는 것처럼 영적으로도 분별할 수 있어 야 한다"고 하셨다. 미혹과 어둠의 시대, 불순종의 아들들이 역사하는

시대에 보혜사 성령님이 '귀 있는 자들'에게 말씀하시고 인도해 주시고 계신다. 마지막 때의 징조들이 나타나 말씀이 이루어지는 것을 보면 '마지막 때'와 '세상 끝'을 구별하여 알 수 있다. 주의 날 "인자가 곧 구름을 타시고 영광과 큰 능력으로 오는 것을 보리라" 하신 날이 오고 있다. 그 날은 성도와 교회가 승리하는 날이요, 영광과 찬송의 날이다. 불신자들에게는 심판과 통곡의 날이요, 가슴을 치는 멸망의 날이다.

살전 5:4 형제들아 너희는 어둠에 있지 아니하매 그 날이 도둑같이 너희에게 임하지 못하리니

계 3:3 그러므로 네가 어떻게 받았으며 어떻게 들었는지 생각하고 지켜 회개하라 만일 일깨지 아니하면 내가 도둑같이 이르리니 어느 때에 네게 이를는지 네가 알지 못하리라

0-4 　성경 66권의 말씀은 모두 예수 그리스도를 향하고 있고 주님을 예표하고 있다. 예수께서 말씀하시길 "이 율법과 선지자의 말과 시편에 기록된 것이 나를 가리킴이라"고 하셨다. 구약은 예수 그리스도 메시야를 약속하고, 신약은 약속하신 메시야가 오셨으며, 계시록은 메시야께서 다시 오심으로 말씀하신 대로 심판하실 것을 기록하였다. 구약성경 39권을 히브리 성경으로 분류하면 '3부 24책'인데, '토라(율법), 느비님(예언서), 케투빔(시가서, 지혜서)'이다. 모세의 율법과 선지자들의 말씀, 시와

찬미의 신령한 노래와 지혜가 모두 '주 예수 그리스도'를(눅 24:44) 가리킨다. '서신서와 계시록(하워드 마샬 외, 2020, 성서유니온)'에 따르면 헬라어 신약성경은 구약 본문의 인용과 암시도표를 만들었는데, 이 도표에 의하면 '계시록의 405개 절이, 구약을 암시하는 대목으로 676개가 있다. 그 중에 이사야(128번), 시편(99번), 에스겔(92번), 다니엘(82번), 출애굽기(53번)을 암시한다'고 했다. 피오렌자는 "계시록은 구약 언어의 병기고를 사용하여 신학적으로 진술하였다"라고 했다. 그러므로 구약의 이해는 계시록을 이해하기 위하여 필수적이다.

0-5　　　요한계시록은 베드로 사도의 말씀처럼 결코 '사사로이' 그리고 '억지로' 풀 수 없다. 하나님의 말씀을 사사로이 풀면 망한다. 억지로 풀다가 시험에 들고 마귀가 역사하여 잘못된 길, 이단과 사이비로 전락하는 경우가 많다. 이단(異端)은 '같은데 다른 것'이고, 사이비(似而非)는 '비슷한데 아닌 것'이다. '하나님의 말씀은 살았고 운동력'이 있고 '진리와 자유, 생명'을 준다. 계시록을 통해서도 그 생명, 자유, 진리, 승리를 확신하고 땅 끝까지 예수님의 증인이 되고, 열매를 많이 맺어야 한다. 그래서 깨어 기도하며 겸손히 보혜사 성령님의 도우심과 '내적 조명'이 필요하다. 너희 속에 영원히 계시겠다고 하신 주님의 영, 진리의 영이신 성령님을 의지하고 도움을 받아 주님 가신 길을 따라가야 한다. 성도는 끝까지 '좁은 길, 좁은 문으로 들어가 생명 길'로 가며 열매를 맺어야 한다.

요 15:8 너희가 열매를 많이 맺으면 내 아버지께서 영광을 받으실 것이요 너희는 내 제자가 되리라

0-6   구약의 말씀은 예수 그리스도를 통해 완성되었다. 예수님께서도 십자가에서 말씀하시길 "다 이루었다$^{(It\ was\ finished)}$"고 하셨다. 하나님의 말씀대로 구원을 이루어 주셨다. 예수님께서 십자가에서 "다 이루었다" 하신 말씀의 뜻은 '법적'으로 죗값을 치르심으로 '자유와 해방' 그리고 갚을 수 없는 '경제적' 빚을 십자가의 핏값으로 속전을 치르셨다는 뜻이다. 예수 그리스도 안에서 속량, 곧 구속함을 얻게 하시고, 하나님의 의를 이루셨으며, 죄와 사망을 무덤에 장사 지내주셨다. 하나님의 아들이 세상에 나타나심으로 마귀의 일을 다 멸하셨으며 율법의 저주를 끝내주셨다. 주님은 부활 승천하셔서 하나님 우편에 앉아 계셨다가 거기로부터 다시 오신다. 제자들을 '고아'와 같이 버려두지 않으시고 보혜사 성령으로 오셨고 늘 지키시고 도우시며 인도하신다. 예수님께서 제자들과 약속하신 대로 지금은 '너희를 위하여 처소를 예비'하러 가셨지만, 처소를 예비하면 반드시 다시 와서 너희를 영접하여 나 있는 곳에 있게 하신다고 하셨다. 아버지 하나님께서는 아들을 위하여 잔치를 준비하시다가 '그 때와 시'가 되면 혼인 잔치를 시작하신다. 원수, 마귀의 목전에서 상$^{(床)}$을 차려주신다. '때와 기한'은 아버지의 권한에 두셨기에, 교회와 성도가 알아야 하고 할 일은 천국 복음을 모든 민족에게 전파함으로 예루살렘과 유대와 사마리아와 땅 끝까지 이르러 증인이 되는 것이

다. 주의 날에 성도는 주님 앞에서 '제자, 증인, 일꾼, 신부'여야 한다.

0-7   예수님의 구원 사역은 '십자가와 부활'로 완성되었다. 십자가 나무에 달리심으로 '율법의 저주에서 속량'해 주셨고, '생명의 성령의 법'으로 '죄와 사망의 법'을 끝내주셨다. 이제 하나님의 사랑에서 성도를 끊을 자는 없으며, 정죄와 송사, 대적할 수도 없게 되었다. 하나님의 아들이 세상에 나타나셔서 마귀의 일을 이미 멸하여 주셨기 때문이다. 하나님 나라가 '이미(already)' 시작되었다. 그러나 '아직(but not yet)' 완성되지는 않았다. 하나님 나라가 이미 성도 안에 있지만, 이 세상에는 아직 완성되지 않았다. 우리를 흑암의 권세에서 건져내시고(출애굽), '그의 사랑, 아들의 나라(하나님 나라의 유업, 후사)'로 옮겨주셨다. 그 나라의 최종적 완성은 예수 그리스도께서 강림하시고, 재림하셔서 이루어진다. 그 후에 '처음 하늘과 처음 땅'이 없어졌고, '새 하늘과 새 땅, 새 예루살렘'을 이루어 주신다. 복음서의 예수님은 "다 이루었다(It was finished)"고 하신 말씀은 계시록에서 "이루었도다(It is done)"라는 말씀으로 성취되었다.

계 21:6 또 내게 말씀하시되 이루었도다(It is done) 나는 알파와 오메가요 처음과 마지막이라

0-8　　복음서에서 예수님은 공생애의 첫 말씀을 세례요한과 같이 "회개하라 천국이 가까이 왔느니라"라고 하셨다. 성도는 이 세상을 지옥처럼 살다가 천국에 가는 것이 아니라 이 세상을 천국처럼 살고 전파하다가 완성된 천국에 들어간다. 그런 면에서 예수님은 "하나님의 나라는 너희 안에 있느니라"라고 하셨다. 하나님의 나라는 먼저 '나의 회개로부터, 나의 심령'에서 이루어져, 가정과 이웃과 열방으로 퍼져간다. 니고데모처럼 물과 성령으로 거듭나면 하나님 나라를 볼 수 있고 들어갈 수 있다고 하셨다. 구원의 확신으로 거듭난 사람은 천국에서 살며 지금 죽어도 천국에 갈 수 있다. 죄 많은 이 세상에 살아도 하늘에 속하여 새 하늘과 새 땅을 바라보고 산다. 그 나라가 예수님 오시면 완성된다. 찬송가 가사처럼 "어둔 밤 지나서 동튼다. 환한 빛 보아라 저 빛, 주 예수의 나라 이 땅에 곧 오겠네. 오겠네"

0-9　　예수님께서 마지막으로 부탁하신 마지막 지상명령(사명, 위탁, 부탁)은 "너희는 온 천하에 다니며 만민에게 복음을 전하라"는 것이었다. 복음서의 '구도자의 삶'은 사도행전의 '전도자의 삶'으로 이어져 확대되었다. 예수님은 사도행전에서 세 가지 부탁을 하셨다. 첫째, 예루살렘을 떠나지 말고 성령을 기다리라. 둘째, 너희는 몇 날이 못 되어 성령으로 세례를 받으리라. 셋째, 오직 성령의 권능을 받고 예루살렘에서부터 땅 끝까지 이르러 내 증인이 되라고 하셨다. 그렇게 사명을 감당하고 있으면 예수님께서 진실로 속히 오시겠다고 약속하셨다. 요한과 신

부들과 함께 대답했다. "아멘 주 예수여 오시옵소서" 소위 '마라나타' 신앙이다. 아람어 '마라나타'는 고전 16:22에 나오는데, '우리 주여 오시옵소서' 또는 '우리 주께서 임하셨도다'라는 뜻이다. 그리고 계시록 마지막 22장에서는 예수님의 최종적, 최후의 말씀으로 기록되었다. "내가 진실로 속히 오리라(헬, 나이 에르코마이 타쿠, 아멘 에르쿠 퀴리에 이에수스)" 결국 성경 66권, 1189장의 최종적 약속이며 속히 이루어질 약속은 바로 예수 그리스도의 다시 오심이다.

0-10 마지막 66번째 성경 요한계시록은, '묵시, 서신, 예언, 계시'로 성경 65권에 대하여 확인, 회고, 반복, 강조, 성취를 말씀하고 있다. 계시록은 성경 66권, 하나님 말씀의 네 가지 요소를 가지고 있다. 말씀의 '재현(recollection)' '상징(image)', '대언(substitution)' 그리고 '공유(sharing)'이다. 그래서 평소 신구약 성경 66권을 통독하고 배우고 익혀 통전적 이해가 선수(prerequisite)로 되어야 한다. 창세기를 시작으로, 예언서, 묵시서까지 하나님의 말씀을 잘 알고 있어야 한다. 그리고 예수님께서 직접 말씀하신 '묵시록, 종말론'의 장과 마지막 때와 세상 끝의 징조들을 잘 살펴야 한다. 서신서 말씀의 전체적 '네러티브', 송영, 교훈, 결국, 반복, 강조 등도 잘 파악해 두어야 한다. 말씀 중심에서 성령의 내적 조명을 따라 말씀 밖으로 넘어가지 말고 좌로나 우로나 치우치지도 말며 '억지로, 사사로이' 풀지 않아야 하고 성경은 성경으로 해석할 수 있어야 한다.

0-11　　　요한계시록의 '계시'를 한자로 쓰면 '啓示'이다. 이 뜻은 '열다 (開)'의 뜻이 아니라, '계도하여, 인도하여 보여준다'라는 뜻이다. 예수님께서는 요한을 통해 마지막 때에 어떤 일이 장차 있을지 인도하고, 계도하여 보여주셨다. 약속하신 말씀대로 그리스도의 강림과 재림에 대한 확신과 하나님 나라의 완성과 새 하늘과 새 땅으로 '계도, 인도'해 주는 계시이다. 지금 이 시대는 이사야 선지자가 잘 예언한 대로 눈이 있어도 보지 못하고, 귀가 있어도 듣지 못하며, 입이 있어도 말하지 못하는 시대다. 그래서 계시록에서는 "성령이 교회들에게 하시는 말씀을 귀 있는 자는 들을지어다"를 반복적으로 강조하고 있다. 마지막 때에 할례 받은 귀, 제사장이 주의 음성을 분별하기 위하여 귀에 피를 바른 것처럼 성도는 성령의 기름 부으심을 받아야 한다.

> **레 8:23** 모세가 잡고 그 피를 가져다가 아론의 오른쪽 귓부리와 그의 오른쪽 엄지손가락과 그의 오른쪽 엄지발가락에 바르고 **24** 아론의 아들들을 데려다가 모세가 그 오른쪽 귓부리와 그들의 손의 오른쪽 엄지손가락과 그들의 발의 오른쪽 엄지발가락에 그 피를 바르고 또 모세가 그 피를 제단 사방에 뿌리고 **30** 모세가 관유와 제단 위의 피를 가져다가 아론과 그의 옷과 그의 아들들과 그의 아들들의 옷에 뿌려서

0-12　　　예수님께서 초림하셨을 때는 '그의 백성에게' 오셨다(come down). 그러나 예수님께서 구름을 타고 공중에 강림하실 때는 '그의 백

성을 위하여' 오신다. 주께서는 말씀하신 대로 '인자가 구름을 타고 권능과 큰 능력으로 강림(appear; 현현 顯顯, 에피파네이아)하신다'고 하셨다. 히브리서에서는 "그가 우리에게 두 번째 나타나시리라"고 말씀했다. 그리고 모든 심판을 하신 후에 이 땅에 하나님 나라, 새 하늘과 새 땅을 이루시고 성도들과 함께 '재림(return, come back, 헬;παρουσία 파루시아)'하신다. 그래서 예수 그리스도의 초림(He comes to his people), 강림(He comes for his people), 재림(He comes with his people)을 구별해서 이해해야 한다. 주님께서는 약속하신 바를 다 이루시고 지키신다. 속히, 홀연히, 반드시 이루실 것이다. 교회와 성도, 신부는 인자(신랑) 앞에 서도록 깨어 기도해야 한다.

히 9:28 이와 같이 그리스도도 많은 사람의 죄를 담당하시려고 단번에 드리신 바 되셨고 구원에 이르게 하기 위하여 죄와 상관없이 자기를 바라는 자들에게 두 번째 나타나시리라

살전 4:14 우리가 예수께서 죽으셨다가 다시 살아나심을 믿을진대 이와 같이 예수 안에서 자는 자들도 하나님이 그와 함께 데리고 오시리라

0-13 세상은 심판으로 말미암아 '처음 땅과 처음 하늘'은 없어지지만, 여호와 하나님께서 "내가 만물을 새롭게 하노라" 말씀하실 때 '새 하늘과 새 땅'이 창조된다. 마귀와 짐승들, 사망과 음부도 불 못에 던져졌기에, 죄와 욕심, 탐심과 정욕이 하나도 없다. 그러니 어린양과 사자가

함께 뛰놀고, 어린아이가 독사 굴에 손을 넣고 장난하여도 물지 않는 '순수하고 순결하며 거룩한 하나님의 나라'가 완성되었다. 범죄하기 전의 창세기 1~2장의 에덴동산(낙원)과 같이 '새 하늘과 새 땅'이 되었으므로 다시 '생명나무 열매와 생수의 강'이 허락된다. '두루 도는 화염검'으로 지켰던 생명나무 과실을 주어 영원히 주리지 않고, 보좌로부터 흘러나오는 생명수의 샘물을 주어 영원히 목마르지 않게 하신다.

> **요 4:13** 예수께서 대답하여 이르시되 이 물을 마시는 자마다 다시 목마르려니와 **14** 내가 주는 물을 마시는 자는 영원히 목마르지 아니하리니 내가 주는 물은 그 속에서 영생하도록 솟아나는 샘물이 되리라… **6:35** 예수께서 이르시되 나는 생명의 떡이니 내게 오는 자는 결코 주리지 아니할 터이요 나를 믿는 자는 영원히 목마르지 아니하리라… **7:37** 명절 끝날 곧 큰 날에 예수께서 서서 외쳐 이르시되 누구든지 목마르거든 내게로 와서 마시라

0-14　　요한계시록에서 새 하늘과 새 땅이 완성되면, 그곳에 '성전'이 보이지 않는다. 이것은 창세기 1~2장에서 '성전'이 보이지 않는 것과 같은데, 그 이유는 '주 하나님 곧 전능하신 이와 및 어린양이 그 성전(계 21:22)'이 되셨기 때문이다. 예수님께서 재림하시기 전까지는 교회의 몸과 머리가 되시지만, 하나님 나라가 완성되면 '전능하신 하나님과 어린양 예수 그리스도께서 친히 성전'이 되신다. 이 땅에서는 교회가 '하나님의 성전'이었지만 하나님 나라가 완성되면 '성전이신 하나님'이

되신다. 그 때까지는 누구도 성전에 들어갈 수 없다. 그 때가 되면 주님께서는 말씀대로, 사람의 손으로 지은 성전에 계시지 않고 주님과 하나님이 친히 성전이 되셨다. 그때까지 성도는 이 땅에서는 그리스도 몸의 지체인 성전으로 살며 지어져 간다. 그리스도에게까지 자라간다. 성도들은 장차 새 예루살렘의 기둥이 되고 흰 돌에 새 이름이 기록된다. 예수 그리스도를 믿음으로 말미암아 '아브라함의 자손'이 된 열두 지파의 이름은 성전 문에 기록되고, 주님의 제자요 사도로서 땅 끝까지 증인(순교자)된 열두 사도의 이름이 성전 기초석에 새겨진다.

> **행 1:8** 오직 성령이 너희에게 임하시면 너희가 권능을 받고 예루살렘과 온 유대와 사마리아와 땅 끝까지 이르러 내 증인이 되리라 하시니라

> **계 21:22** 성 안에서 내가 성전을 보지 못하였으니 이는 주 하나님 곧 전능하신 이와 및 어린양이 그 성전이심이라

0-15 성경은 아브라함을 믿음의 조상이라고 했다. 예수님께서 말씀하시길 나사로가 낙원에 갔을 때, 그를 안아준 사람은 아브라함이었다. 하나님은 믿음의 조상, 아브라함을 통해 천하 모든 민족이 복을 받게 하셨다. 아브라함의 자녀는 혈통적, 육신적으로 난 자녀가 아니라 '이면적 유대인' 즉, 예수 그리스도를 믿음으로 말미암은 자들이 다 아브라함의 자손이다. 아브라함의 씨라고 해도 하나님의 말씀과 약속을 따라 난 자,

서문 ⋮

성령을 따라 난 자가 아브라함의 자손이라고 갈라디아서는 강조한다. 요한 사도는 일찍이 하나님의 자녀를 가리켜 "혈통으로나 육정으로 난 것이 아니요 하나님께로 난 자들" 즉 예수님을 믿고 영접한 자들이라고 했다. 마지막 때는 자칭 유대인의 모임이 있지만 '사단의 회'가 있음을 계시록은 가르쳐준다. 타협하고 미혹된 자들에게 주님께서는 "내가 도무지 알지 못하겠노라"고 하신다. 참 이스라엘이 아니다. 겉으로만 신부, 준비되지 못한 신부는 주님이 알지 못하여 혼인 잔치에 들어가지 못한다. 그리고 혼인 잔치의 문은 다시 열리지 않는다.

0-16   예수님께서 마지막 때에 성도의 구원에 대하여 몇 가지 중요한 말씀을 하셨다. 인자가 올 때는 '노아의 때, 롯의 때'와 같다고 하셨다. 두 때를 살펴보면 다섯 가지 사실을 알 수 있다. 첫째, 청함을 받은 사람은 많되 택함을 받는 사람은 적었다. 둘째, 먼저 된 자로서 나중 되고, 나중 된 자로서 먼저 되는 일이 많았다. 셋째, 한 사람은 데려감을 당하고 한 사람은 버려둠을 당한다. 다섯째, 천사들을 '추수꾼'으로 보내어 알곡과 같은 성도, 주의 택하신 자들을 사방에서 불러 모아 천국 창고로 들이시고, 악한 자의 아들, 즉 가라지는 '외식, 가식, 형식'적 신앙과 마귀를 따라 '광명의 천사, 의의 일꾼'으로 가장한 자들은 '불 못 (fire lake)' 심판에 던져진다. 마지막 때는 '노아와 롯의 때'와 같아서 영적으로 '몰이해, 몰감각, 몰상식'의 시대로 마귀를 따르다가 멸망한다. 넓은 길과 넓은 문으로 갔으니 멸망에 이른다. 하나님께서 방주의 문을 닫으시면 들

어갈 자 없다. 방주의 문은 노아가 닫은 것이 아니라 여호와께서 닫으셨다. 찬송가 가사대로 "한 번 닫힌 구원의 문, 또 열려지지 않으리 구원으로 인도하는 그 문은 참 좁으며 생명 길로 인도하는 그 좁은 길 갑시다" 깨어 있어야 한다.

> **창 7:15** 무릇 생명의 기운이 있는 육체가 둘씩 노아에게 나아와 방주로 들어갔으니 16 들어간 것들은 모든 것의 암수라 하나님이 그에게 명하신 대로 들어가매 여호와께서 그를 들여보내고 문을 닫으시니라

0-17   주의 호령과 천사장의 소리와 하나님의 나팔 소리로부터 예수님은 구름을 타시고 공중에 강림하신다고 했다. 그동안 세상을 미혹하던 거짓의 아비, 마귀가 공중 권세를 잡고 있었는데 마귀를 멸하러 오신 예수 그리스도께서는 영광의 주님으로 두 번째 나타나신다. 그 주님을 기다리고 사모하던 성도들의 기쁨은 한량이 없다. 주의 택하신 자들을 구름 속으로 끌어 올려 공중에서 주를 영접하게 하실 때의 영광은 크다. 한 사람은 '데려감'을 당하고 한 사람은 '버려둠'을 당한다고 했으니 올라간 자가 있고 남겨진 자가 있다. 알곡과 가라지로 나눠진다. 슬기로운 처녀 다섯과 미련한 처녀 다섯으로 나누어지고, 달란트를 남긴 종과 그렇지 못한 종으로 나눠진다. 성도의 이마에 아버지의 이름과 아들의 이름으로 인친 자와 적그리스도, 짐승의 표를 받고 우상숭배하며 신성모독한 자로 나누어진다. 이로써 하나님의 자녀들과 마귀의 자녀들

로 나타난다.

> **요일 3:10** 이러므로 하나님의 자녀들과 마귀의 자녀들이 드러나나니 무릇 의를 행하지 아니하는 자나 또는 그 형제를 사랑하지 아니하는 자는 하나님께 속하지 아니하니라

0-18   훗날에 인침을 받은 성도들의 이마에는 '아버지와 어린양의 이름'을 쓴 것이 있고, 불신자들의 이마와 오른손에는 '짐승의 표, 666(짐승의 수, 짐승의 이름, 사람의 수, 그 이름의 수)'을 받는 자들이 있어 알곡과 가라지로 구별된다. 하나님께 인침을 받은 성도들은 예수님을 만나 혼인 잔치와 주인의 잔칫상에 참여하고, 짐승의 표를 받은 자(우상숭배자, 음행, 바벨론에 참여한 자, 짐승이 표를 받은 자)는 모두 진노의 대접, 심판을 받는다. 불신자들은 하나님의 잔치에 모이게 하여 가증한 새들이 그들의 살을 먹는다. 이 땅에서는 기독교인과 세상 사람이 섞여 살지만 마지막 날에는 확연히 구별된다. 순간의 선택이 십 년도, 평생이 아닌 영생을 좌우한다.

> **출 8:22** 그 날에 나는 내 백성이 거주하는 고센 땅을 구별하여 그 곳에는 파리가 없게 하리니 이로 말미암아 이 땅에서 내가 여호와인 줄을 네가 알게 될 것이라… **9:26** 이스라엘 자손들이 있는 그 곳 고센 땅에는 우박이 없었더라

0-19　　하나님이 살아계시는 데도 왜 세상은 죄악이 가득하고 사단은 역사하는 것일까? 옛 뱀, 용, 마귀라고도 불리며 거짓의 아비였던 사단은 왜 세상에 와서 공중 권세를 잡고 있는가? 계시록에서는 정확한 대답을 한다. 계시록 12장에 보면 하늘에서 영적 전쟁이 있었는데 그 전쟁의 결과 사단은 패하고 하늘에 있을 곳이 없으므로 땅에 내려와 '세상 권세, 공중 권세 잡은 자'가 되었다. 천하를 두루 돌아 여기저기 다니며 꾀는 자이고 시험하는 자요, 악한 자, 절도요, 강도, 도적으로 항상 '빼앗고(to steal), 죽이고(to kill), 멸망시키는(to destroy) 일을 하는 '파괴자'였다. 그래서 마귀를 헬라어로 '디아블로스'라고 하는데 '파괴자'라는 뜻이다. 마귀는 오늘도 성도들을 파괴하고, 교회와 가정, 믿음과 말씀, 하나님 나라를 파괴한다. 이 일을 위해 우는 사자처럼 두루 돌아 여기저기 다니며 삼킬 자를 찾는다. 그러므로 하나님은 만물의 마지막이 가까웠으니 정신을 차리고 근신하여 깨어 기도하라고 하셨다.

욥 1:7 여호와께서 사단에게 이르시되 네가 어디서 왔느냐 사단이 여호와께 대답하여 이르되 땅을 두루 돌아 여기저기 다녀왔나이다

벧전 5:8 근신하라 깨어라 너희 대적 마귀가 우는 사자 같이 두루 다니며 삼킬 자를 찾나니

0-20 　　사단은 '거짓의 아비'이고 자신을 하나님으로 모방하고 가장하는 자이다. 할 수만 있으면 광명의 천사와 의의 일꾼으로 가장하는 일은 마지막 때에 이상하지 않다. 또한 사단은 하나님을 대적하고 비방할 뿐 아니라, 하나님을 모방하여 하나님의 영광, 능력, 보좌, 사역을 그대로 흉내낸다. 사단은 '짐승'인 적그리스도와 거짓 선지자를 사람들 가운데 세워 용의 '권세, 왕좌, 능력'을 주고 '용의 입'처럼 말하는 권세를 준다. 그 권세를 가지고 사람들을 '미혹, 배교'하게 한다. 믿음이 강한 자는 핍박, 대적, 참소, 정죄하고, 믿음이 약한 자는 미혹한다. 그래서 마지막 때는 배교하는 일이 먼저 있게 된다. 주님은 "너희가 미혹을 받지 않도록 주의하라"고 하셨다. 주의 날이 가까울수록 사단의 날은 얼마 남지 않았기 때문에, 거짓 기적과 표적까지 나타내 천하를 미혹한다. 그러므로 마지막 때 인자 앞에 서도록 기도하면서 영분별을 하고, 하나님의 말씀 곧 성령의 검을 가지고 마귀를 대적해야 한다. 우리 주 예수 그리스도를 변함없이 사랑하며, 끝까지 인내하고 믿음을 지키면서 달려갈 길을 마쳐야 한다.

눅 18:8 내가 너희에게 이르노니 속히 그 원한을 풀어 주시리라 그러나 인자가 올 때에 세상에서 믿음을 보겠느냐 하시니라

마 8:10 예수께서 들으시고 놀랍게 여겨 따르는 자들에게 이르시되 내가 진실로 너희에게 이르노니 이스라엘 중 아무에게서도 이만한 믿음을 보지 못하였노라

0-21   성경은 살아계신 하나님의 말씀, 진리이다. 세상이 변해도 말씀은 변할 수 없다. 어떤 사람도 하나님의 말씀을 완벽하게 깨달을 수는 없다. 그래서 독선에 빠지거나 예언의 말씀을 억지로 풀거나 사사로이 풀 수 없다. 어려울 때는 침묵 속에 보혜사 성령님을 기다릴 필요가 있다. 때가 되면 하나씩 풀리기 시작한다. 스가랴 선지자도 많은 환상을 보았지만 깨닫지 못하고 기다렸다. 기다리면 하나님께서 천사를 보내셔서 알게 하시고 성령의 감동을 주셔서 깨닫게 하시며 생각나게 하셨다. 조급해하지 말고 의심하지 말며, 말씀에 대한 갈급함과 사모함으로 지혜를 간구해야 한다. 때가 되면 지혜와 계시의 정신을 주사, 말씀이 말씀으로 풀리고 밝히 알게 된다.

> **슥 4:13** 그가 내게 대답하여 이르되 네가 이것이 무엇인지 알지 못하느냐 하는지라 내가 대답하되 내 주여 알지 못하나이다 하니 **14** 이르되 이는 기름 부음 받은 자 둘이니 온 세상의 주 앞에 서 있는 자니라 하더라

> **시 40:1** 내가 여호와를 기다리고 기다렸더니 귀를 기울이사 나의 부르짖음을 들으셨도다 **119:130** 주의 말씀을 열면 빛이 비치어 우둔한 사람들을 깨닫게 하나이다

요한계시록
1장

Revelation

1-1   요한계시록, 모든 성경은 하나님의 감동으로 기록된 것으로 살아계신 하나님의 말씀이다. 요한이 기록하였지만 정확하게는 예수님의 계시록이다. 그래서 첫 장, 첫 절은 '예수 그리스도의 계시라'고 시작한다. 기록한 저자의 편에서 '요한계시록'이라고 했고, 주님께서 직접 말씀하신 것이기에 '예수계시록'이다. 여기서 '계시'란 말은 헬라어 '아포칼립시스(apocalypsis)'를 번역한 단어다. 계시록에는 많은 환상과 비유, 상징으로 하나님께서 말씀하셨기 때문에 '묵시록'이라고도 한다. 앞에 설명한 대로 '계시(啓示, the Revelation)'의 뜻은 '열어 보여준다'는 뜻이 아니라 '인도하여, 계도하여 보여준다'라는 뜻이다. 요한이 본 것과 이제 세상에 있는 일과 즉 장차 될 일을 예수님께서 인도, 계도하여 성도들을 궁극적으로 완성된 하나님의 나라에 이르게 하신다.

계 1:1 예수 그리스도의 계시라 이는 하나님이 그에게 주사 반드시 속히 일어날 일들을 그 종들에게 보이시려고 그의 천사를 그 종 요한에게 보내어 알게 하신 것이라

합 2:2 여호와께서 내게 대답하여 이르시되 너는 이 묵시를 기록하여 판에 명백히 새기되 달려가면서도 읽을 수 있게 하라

1-2   성경 66권 중 마지막 성경, 요한계시록은 조직신학적으로 크게 '계시론' '종말론' '묵시록'에 해당한다. 인류 역사의 종국을 향해 가는

'하나님의 시간표' 안에서 요한이 '본 것과 지금 있는 일과 장차 될 일'을 기록하였다. 창세기가 하나님 말씀의 '알파'라면 계시록은 '오메가'의 말씀이다. 그리고 알파와 오메가 되신 분은 예수 그리스도이시다. 예수그리스도는 모든 것의 시작과 마침이 되신다. 그래서 구약을 모르면 '원인'을 모르고 신약을 모르면 '결과'를 모른다. 그리고 계시록을 모르면 '결말(결국)'을 모른다. 그렇기 때문에 계시록은 성경 전체를 통해 함께 이해되어야 한다. 마지막 66번째 성경은 앞의 성경 65권에서 하신 말씀을 이해하고 있어야 알 수 있다. 계시록은 신구약 66권의 말씀을 '인용, 반복, 회고, 확인, 강조, 해석'하고 있기 때문이다. 또한 모든 하나님 말씀의 최종적인 결국과 성취이기 때문이다. 계시록만 봐서는 계시록이 안 보인다. 성경 전체를 보면서 구약의 용례들, 선지서의 말씀들, 복음서와 서신서의 말씀들을 살펴보면서 나무와 숲으로 이해해야 한다.

계 10:7 일곱째 천사가 소리 내는 날 그의 나팔을 불려고 할 때에 하나님이 그의 종 선지자들에게 전하신 복음과 같이 하나님의 그 비밀이 이루어지리라 하더라

1-3   요한계시록에서는 많은 '상징, 비유, 암시, 비밀'의 뜻을 풀어야 하기에 '묵시록'이라고도 불린다. 계시록은 구약의 '묵시(默示, apocalypse)' 언어와 전통을 따르고 있다. 구약의 묵시록인 다니엘서, 에스겔서, 요엘서, 스가랴서, 이사야서 등과 밀접하게 연관되어 있다. 묵시는 잘 풀어

밝히 알아야 한다. 웃시야 왕 때, 스가랴 선지자는 '하나님의 묵시를 밝히 아는 자'라고 했는데 그가 웃시야를 교훈하는 동안에는 웃시야가 하나님을 찾았고, 모든 일에 형통(대하 26:5) 했다. 계시록이 어렵게 느껴지는 것은 묵시를 깨닫지 못하기 때문이다. 묵시는 억지로나, 사사로이 풀수 없다. 성경은 성경으로 풀고, 보혜사 성령님의 조명하에 성경에 나타난 묵시적 언어의 용례들을 살펴서 이해해야 한다.

겔 12:27 인자야 이스라엘 족속의 말이 그가 보는 묵시는 여러 날 후의 일이라 그가 멀리 있는 때에 대하여 예언하였다 하느니라

합 2:3 이 묵시는 정한 때가 있나니 그 종말이 속히 이르겠고 결코 거짓되지 아니하리라 비록 더딜지라도 기다리라 지체되지 않고 반드시 응하리라

1-4 요한계시록은 '하늘의 이야기'와 '땅의 이야기'가 만난다. 요한은 '밧모'라 하는 섬에 있었지만, 하늘이 열려 성령의 능력으로 올라가 예수 그리스도께서 보여준 계시를 듣고 기록하였다. 그래서 계시록에는 땅에서 장차 될 일과 하늘에서 장차 될 일을 함께 기록했다. 계시록에서 하신 말씀이 하늘의 이야기인지, 땅의 이야기인지, 성도들에게 하신 말씀인지, 불신자와 짐승에게 하신 말씀인지를 구분해야 한다. 계시록의 말씀 중에는 창세 전에 하늘에 있었던 영적 전쟁 이야기를 비롯해 과거, 현재, 미래의 말씀들이 섞여 있기에 그 시제와 대상을 잘 파악

해야 한다. 이 모든 일은 '하나님이 그의 종 선지자들에게 전하신 복음과 같이 하나님의 비밀(mystery)'이 신비스럽게 이루어진다. 그리고 그때가 가까워졌다.

계 1:2 요한은 하나님의 말씀과 예수 그리스도의 증거 곧 자기가 본 것을 다 증언하였느니라 3 이 예언의 말씀을 읽는 자와 듣는 자와 그 가운데에 기록한 것을 지키는 자는 복이 있나니 때가 가까움이라

1-5　요한계시록은 조직 신학적 관점에서 '종말론(eschatology)'과 '계시론(revelation)'에 해당한다. 종말론은 세상 끝에 관한 학문, 즉 '역사의 종국에 대한 말씀'이다. 주의하고 조심해야 할 것은 종말에 관한 '이론'과 성경 '말씀' 자체를 구별해야 한다. 특히 세대주의적 종말론처럼 역사의 종국의 때와 기한을 정해서 재림의 날짜를 맞추려는 것을 조심해야 하고, 그것은 종말론적 신앙의 참된 의미도 아니다. 예수님께서는 '때와 기한'은 아버지의 권한에 두셨고, 아들도 모르고 천사도 모른다고 말씀하셨기 때문이다. 사도행전에서는 '때와 기한은 너희의 알 바가 아니라고 하셨다. 우리가 알아야 할 바, 행해야 할 바는 예수님이 언제 오시든지 깨어 준비하고 땅 끝까지 증인이 되는 것이다. 하나님이 알게 하신 것을 모르는 것은 '태만'이고, 하나님이 알 바가 아니라고 하는 것을 알려고 하는 것은 '교만'이다. 신앙생활에서는 항상 '태만과 교만'을 주의하고, 보혜사 성령님께서 교회(성도, 신부)에게 하신 말씀대로 믿고 따르는 순종과 충성을 다해야 한다.

행 1:6 그들이 모였을 때에 예수께 여쭈어 이르되 주께서 이스라엘 나라를 회복하심이 이 때니이까 하니 **7** 이르시되 때와 시기는 아버지께서 자기의 권한에 두셨으니 너희가 알 바 아니요

마 24:34 내가 진실로 너희에게 말하노니 이 세대가 지나가기 전에 이 일이 다 일어나리라 **35** 천지는 없어질지언정 내 말은 없어지지 아니하리라 **36** 그러나 그 날과 그 때는 아무도 모르나니 하늘의 천사들도, 아들도 모르고 오직 아버지만 아시느니라

1-6 　　사도바울은 살전 5:1에서 그리스도의 재림의 때와 시기에 대하여는 쓸 필요가 없다고 했다. 여러 가지 이유가 있겠지만 예수님께서 말씀하신 것이 먼저 이루어져야 하기에 쉬 동심할 필요가 없다. 예수님께서는 제자들에게 '때와 기한'은 말씀하지 않으셨지만, 성도들이 준비할 수 있도록 징조(sign)들을 말씀하여 주셨다. 그러므로 예수님께서 말씀하신 징조들을 잘 살펴서 인자가 문 앞에 이른 것을 알게 된다. 성도는 그 날이 가까움을 볼수록 더욱 모이기에 힘쓰고 기도하여 인자 앞에 서도록 깨어 있어야 한다. 해산할 여인이 '안전하다, 평안하다'라고 할 때에 날이 갑자기 임하는 것처럼, 주님께서는 속히 오시고 홀연히 오시며 반드시 오신다. 주의 날이 도적같이 이를 줄을 알고 인자 앞에 서도록 깨어 기도해야 한다. 만약 도적이 올 줄 알면 준비하고 대비, 방비할 수 있다. 그러나 도적이 올 줄 모르고 있는 사람은 절도, 강도, 도적인 사단에게 늑탈 당하고 그 노략당함은 심하게 된다.

살전 5:1 형제들아 때와 시기에 관하여는 너희에게 쓸 것이 없음은 **2** 주의 날이 밤에 도둑 같이 이를 줄을 너희 자신이 자세히 알기 때문이라 **3** 그들이 평안하다, 안전하다 할 그 때에 임신한 여자에게 해산의 고통이 이름과 같이 멸망이 갑자기 그들에게 이르리니 결코 피하지 못하리라 **4** 형제들아 너희는 어둠에 있지 아니하매 그 날이 도둑 같이 너희에게 임하지 못하리니 **5** 너희는 다 빛의 아들이요 낮의 아들이라 우리가 밤이나 어둠에 속하지 아니하나니 **6** 그러므로 우리는 다른 이들과 같이 자지 말고 오직 깨어 정신을 차릴지라

1-7   종말론 신앙은 예수님이 오실 때까지 깨어 있어 주님을 맞을 준비하는 성도와 주인과 결산할 준비가 된 일꾼이 되는 것이다. 정신을 차리고 주님을 기다리고 악한 세상에서 시험에 들지 않도록 깨어 기도해야 한다. 신랑을 맞으러 나간 열 처녀의 비유에서도 등불뿐 아니라 기름까지 준비하고 깨어 있으라고 했다. 열 처녀는 신랑이 더디 오므로 모두 졸기도 했지만 주님은 반드시 오셨다. 생각지 못 한 때에 오셨다. "보라 신랑이로다"하는 음성이 갑자기 임하였을 때, 기름과 등불을 준비한 자들은 신랑과 함께 혼인 잔치에 들어갈 수 있었다. 준비하지 못한 자들이 기름을 사러 가는 동안에 신랑이 오셨고, 문은 닫혀 열려지지 않았다. 주님은 그들을 모른다고 하셨다. 노아의 때처럼 주님께서 방주의 문, 구원의 문을 닫으셨고 다시 열리지 않았다. "그런즉 깨어 있으라. 너희는 그 날과 그 때를 알지 못하느니라(마 25:13)" 건강한 종말론적 신앙은 언제나 깨어 있어 예수님을 맞이할 준비가 된 신부, 주인과 결산할 준비

가 되어 있는 그리스도의 일꾼, 복음의 일꾼이 되는 것이다.

마 24:42 그러므로 깨어 있으라 어느 날에 너희 주가 임할는지 너희가 알지 못함이니라

막 13:35 그러므로 깨어 있으라 집 주인이 언제 올는지 혹 저물 때일는지, 밤중일는지, 닭 울 때일는지, 새벽일는지 너희가 알지 못함이라

눅 21:36 이러므로 너희는 장차 올 이 모든 일을 능히 피하고 인자 앞에 서도록 항상 기도하며 깨어 있으라 하시니라

1-8 　예수님께서는 제자들에게 '때(크로노스)와 기한(카이로스)'은 너희의 알 바가 아니라고 하셨다. 여기서 '때(time)와 기한(date)'은 시간과 날짜인데 우리의 알 바가 아니다. 그날과 그때는 아들과 천사도 모르며, 오직 아버지의 권한에 두셨기 때문에 아버지 하나님만 아신다. 유대인의 결혼식 전통은 혼인 날짜를 아버지가 정하신다. 그러므로 시한부 종말론자들이 안다고 하는 날짜와 시간은 잘못되었고 위험하다. 한편 예수님께서는 주님 오실 '때와 날짜'를 가르쳐 주지 않으셨지만, 마지막 때의 '징조들'은 알려주셨다. 무화과나무가 가지를 내고 잎이 연하여지면 여름이 가까운 줄 아는 것처럼 인자가 문 앞에 이른 것을 알라고 하셨다. 말씀하신 모든 징조가 다 이루어지면 예수님께서 문 앞에 이른 줄 알아야 한다.

마 24:32 무화과나무의 비유를 배우라 그 가지가 연하여지고 잎사귀를 내면 여름이 가까운 줄을 아나니 **33** 이와 같이 너희도 이 모든 일을 보거든 인자가 가까이 곧 문 앞에 이른 줄 알라 **34** 내가 진실로 너희에게 말하노니 이 세대가 지나가기 전에 이 일이 다 일어나리라

1-9 　요한계시록은 살아계신 하나님의 말씀으로 복과 지혜, 승리와 기쁨을 주는 책이다. 예수님을 다시 만나는 책이다. 예수님께서 처소를 예비하러 가셨다가 다시 와서 나 있는 곳에 너희를 영접하겠다고 하셨다. 주님께서 장차 공중에 강림하시고, 이 세상에 다시 오신다. 믿는 자에게는 승리와 기쁨과 상을 주시는 말씀이고 불신자에게는 심판과 형벌을 주시는 말씀이다. 주님을 사랑하고 사모하면서 말씀대로 충성하는 성도에게는 두려움과 공포가 될 수 없다. 신랑으로 오시는 예수님을 맞이하는 신부에게 불안과 무서움이 될 수 없다. 만약 신부가 신랑을 만나기 두렵다면, 기름등불 준비되지 않은 신부이거나 잠자는 신부, 거룩하지 않는 신부, 준비되지 못한 신부, 미련한 다섯 처녀와 같기 때문이다. 믿는 자에게 계시록은 희망의 책, 승리의 책이다. 부활과 영생으로 가는 말씀, 혼인 잔치, 천국 잔치, 새 하늘과 새 땅으로 가는 잔치이기 때문에, 성도에게는 큰 기쁨과 복이 되는 책이다.

시 23:5 주께서 내 원수의 목전에서 내게 상을 차려 주시고 기름을 내 머리에 부으셨으니 내 잔이 넘치나이다 **6** 내 평생에 선하심과 인자하심이 반드시 나를 따르리니 내가 여호와의 집에 영원히 살리로다

1-10   올바른 종말론은 주님과의 '결산'과 '만남'을 준비하는 것이다. 주인께서 맡겨주신 달란트를 남겨서 착하고 충성된 종으로 주님을 만나야 한다. 남기지 못한 종은 한 달란트를 맡은 종처럼 슬피 울며 어두운 곳에 쫓겨난다. 주님의 재산이기 때문에 '본전'할 수 없다. 땅에 묻어 두었다가 그대로 가져올 수 없다. 주님께서 내게 주신 '건강, 재산, 실력, 가정, 직장'에서 달란트를 남기고, 믿음과 기도의 열매, 성령과 말씀의 열매, 전도의 열매를 맺어야 한다. 그래서 '착하고 충성된 종'으로 주인의 즐거움에 참여해야 한다. 주인이 오셨을 때 종은 세 가지 모습을 보이면 안 된다. '자거나, 놀거나, 취하거나' 하는 모습이다. 땅 끝까지 증인으로 주께 드릴 열매와 찬송을 가득 안고 만나야 한다. 유혹과 시험, 고난과 환란, 배교와 배도의 시대에도 인내함으로 환란을 이기고 벗어난 자여야 한다. 그래서 주인의 즐거운 잔치, 신랑의 혼인 잔치에 참여하게 된다. 그날을 예비하고 기다리며 성전에는 기도의 등불이, 성도에게는 복음의 등불이 꺼지지 않게 하면서 성령의 권능을 받아 땅 끝까지 증인과 순교적 삶으로, 주님 다시 오실 길을 예비하고 하나님 만나기를 예비해야 한다.

암 4:12 그러므로 이스라엘아 내가 이와 같이 네게 행하리라 내가 이것을 네게 행하리니 이스라엘아 네 하나님 만나기를 예비하라

1-11   예수님은 제자들에게 어디로 가시는지를 직접 말씀해주셨다. "내가 아버지께 가는 것이 유익하고, 너희를 위하여 거처를 예비하

러 가신다"고 하셨다. 너희를 위하여 거처를 예비하면 너희에게로 다시 와서 너희를 영접하여 나 있는 곳에 너희도 있게 하리라고 하셨다. 신랑 되신 예수님께서 준비되셨고, 신부들의 처소가 예비되었으니 혼인 잔치가 곧 시작된다. 주님께서 공중에 오시면 성도(신부, 증인)를 구름 속으로 끌어올려 주를 영접하게 하시고, 그때부터 우리는 항상 주와 함께 있게 된다. 무덤 속에 잠자던 자들도 다 잠잘 것이 아니요, 마지막 나팔 소리에 주안에서 생명의 부활로 일어나서 구름 속으로 끌어올려 공중에서 주를 영접하게 된다. 하나님께서 친히 지으신 집, 손으로 지은 것이 아니요, 하늘에 있는 영원한 집을 우리에게 주신다는 말씀도 이루어진다. 그러기에 사도바울은 주 예수께서 강림하실 때까지 너희의 온 영과 혼과 몸이 주 앞에 흠 없게 보존되기를 원한다고 하셨다.

요 14:2 내 아버지 집에 거할 곳이 많도다 그렇지 않으면 너희에게 일렀으리라 내가 너희를 위하여 거처를 예비하러 가노니 3 가서 너희를 위하여 거처를 예비하면 내가 다시 와서 너희를 내게로 영접하여 나 있는 곳에 너희도 있게 하리라

고후 5:1 만일 땅에 있는 우리의 장막 집이 무너지면 하나님께서 지으신 집 곧 손으로 지은 것이 아니요 하늘에 있는 영원한 집이 우리에게 있는 줄 아느니라 2 참으로 우리가 여기 있어 탄식하며 하늘로부터 오는 우리 처소로 덧입기를 간절히 사모하노라

1-12　　　예수님께서는 그동안 많이 말씀하셨다. "내가 진실로 속히 오리라. 인자가 구름을 타고 영광과 큰 능력으로 오는 것을 보리라"고 하셨다. 예수님은 반드시 오신다. 갑자기 오신다. 속히 오신다. 깨어 있지 못하고, 준비하지 못한 자에게는 생각하지 못 한때에 오신다. 예수님께서는 집 주인이 올 때는 혹시 저물 때일는지, 한밤중일는지, 닭 울 때인지, 새벽일는지 생각하지 못 한때에 오신다. 그래서 종은 언제든지 깨어 있어야 한다. 맡은 자로서 구할 것은 충성뿐이다. 우리 주 예수 그리스도를 변함없이 사랑하며, 죽을 때까지 충성하며 믿음을 지켜야 한다. 교회와 성도는 신부이기 때문에, 세상에서 '자고, 놀고, 취해' 있지 않아야 한다. 신부가 아니라면 문은 다시 열리지 않으며, 구원의 문은 한번 닫힌 후에는 또 열리지 않는다. 보라 지금이 믿을만한 때요, 구원의 날이요, 은혜받을 만한 때다. 기회를 놓치지 말아야 한다.

막 13:35 그러므로 깨어 있으라 집 주인이 언제 올는지 혹 저물 때일는지, 밤중일는지, 닭 울 때일는지, 새벽일는지 너희가 알지 못함이라

마 25:10 그들이 사러 간 사이에 신랑이 오므로 준비하였던 자들은 함께 혼인 잔치에 들어가고 문은 닫힌지라 11 그 후에 남은 처녀들이 와서 이르되 주여 주여 우리에게 열어 주소서 12 대답하여 이르되 진실로 너희에게 이르노니 내가 너희를 알지 못하노라 하였느니라

1장 ⋮

1-13   요한계시록의 해석법은 크게 4가지가 전통적으로 있었다. 과거적 해석법, 역사적 해석법, 영적 해석법, 미래적 해석법이다. 그러나 가장 좋은 것은 성경적 해석법이며, 하나님의 약속의 완성으로 말씀을 이해해야 한다. 왜냐하면 계시록은 마지막 성경 '오메가'의 말씀이기 때문에, 신구약 66권을 완성하고 성취하고 있기 때문이다. 계시록은 장차 하나님 나라가 완성되어 주 예수 그리스도, 사랑의 아들의 나라가 완성되는 결국을 보여준다. 그러므로 계시록은 성경 전체의 말씀을 과거, 현재, 미래에 이루어진 사실과 진리로 보아야 한다. 예수 그리스도께서 복음서에서 직접 말씀하신 '마지막 때'와 '세상 끝'을 잘 이해하고, 땅 끝까지 복음을 전파하여 하나님 나라, 즉 새 하늘과 새 땅을 바라보면서 사도들의 서신서를 연결하고 살펴서 성경적 종말론, 예수 그리스도의 계시(묵시)로 이해해야 한다.

> **계 10:7** 일곱째 천사가 소리 내는 날 그의 나팔을 불려고 할 때에 하나님이 그의 종 선지자들에게 전하신 복음과 같이 하나님의 그 비밀이 이루어지리라 하더라

1-14   요한계시록의 역사적 배경을 아는 것은 중요하다. 요한이 계시록을 기록할 당시, 로마의 황제는 플라비우스 가문에서 나왔다. 요한이 밧모섬에 유배를 가게 되고, 주의 날에 예수 그리스도의 계시를 받았다. 로마의 황제는 도미티아누스(Titus Flavius Domitianus;81~96년)가 재위하였는데, 그의 삼부자(三父子)를 아는 것이 중요하다. 도미티아누스의

아버지는 베스파샤누스(Titus Flavius Vespasianus;69-79년 재위)였고, 그의 형은 티투스(Titus Flavius Caesar;79-81년 재위) 장군이었다. 티투스는 AD 70년 이스라엘을 공격하여 예루살렘 성전을 무너뜨렸다. 티투스 황제를 이어 황제가 된 자가 도미티아누스이다. 플라비우스 가문의 삼부자는 네로 이후 가장 강력하게 기독교를 박해하였다. 그래서 사람들은 네로가 환생하였다고 했다. 특히 도미티아누스는 자기 이름대로, '주님과 하나님(Domineus et Deus)'이라 하며 '황제숭배'를 강요했다. 소아시아 일곱 교회는 두려워 떨었고 적지 않은 배교, 배도, 미혹이 있었다. 도미티아누스는 성경에서 말씀하고 있는, 장차 나타날 적그리스도(Anti Christ)의 표상과 예표된 인물이 되었다.

1-15   하나님을 대적하는 적그리스도(Anti-Christ)는 누구인가? 성경은 3가지로 말씀한다. 첫째, 자기를 가리켜 하나님이라고 하는 자이다. 하나님보다 자기를 더 높여 신(神)이라고 불리우는 자이다. 둘째, 그는 불법의 사람이요, 멸망의 아들로, 하나님의 성전에 앉아 신성모독 하는 자이다. '멸망의 가증한 것을 거룩한 곳에 세우게 한 자'로서, 예배와 제사를 폐하고, 말씀과 기도를 못 하게 하는 박해자이다. 셋째, 바다에서 올라오는 '첫째 짐승(Beast)'이 적그리스도인데 그는 사단에게 '능력(power)과 보좌(seats)와 권세(authorities)'를 받아 강력한 통치를 하는 자이다. 그래서 많은 사람을 우상숭배하게 하고 '짐승의 표'를 이마나 오른손에 받게 하는 자가 바로 적그리스도이다.

살후 2:3 누가 어떻게 하여도 너희가 미혹되지 말라 먼저 배교하는 일이 있고 저 불법의 사람 곧 멸망의 아들이 나타나기 전에는 그 날이 이르지 아니하리니 4 그는 대적하는 자라 신이라고 불리는 모든 것과 숭배함을 받는 것에 대항하여 그 위에 자기를 높이고 하나님의 성전에 앉아 자기를 하나님이라고 내세우느니라

마 24:15 그러므로 너희가 선지자 다니엘이 말한 바 멸망의 가증한 것이 거룩한 곳에 선 것을 보거든(읽는 자는 깨달을진저)

계 13:2 … 용이 자기의 능력과 보좌와 큰 권세를 그에게 주었더라… 4 용이 짐승에게 권세를 주므로 용에게 경배하며 짐승에게 경배하여 이르되 누가 이 짐승과 같으냐 누가 능히 이와 더불어 싸우리요 하더라 5 또 짐승이 과장되고 신성 모독을 말하는 입을 받고 또 마흔두 달 동안 일할 권세를 받으니라 6 짐승이 입을 벌려 하나님을 향하여 비방하되 그의 이름과 그의 장막 곧 하늘에 사는 자들을 비방하더라

1-16　　예수님께서는 다니엘의 말 한 바, 멸망의 가증한 것이 거룩한 곳에 선 것을 보거든 깨달으라고 하셨다. 적그리스도의 출현을 말씀하신 것이다. 헬라제국의 알렉산더 왕이 일찍 사망함에 따라, 다니엘의 예언대로 그의 나라는 네 왕국으로 나눠진다. 북 왕국의 시리아(셀주크스 왕조)의 안티오쿠스 에피파네스 4세(Ἀντίοχος Ἐπιφανής, BC 215~164년)가 애굽을 치러 갔다가 예루살렘에 와서 성전을 더럽히고, 제우스 신상을 세

우며 거룩한 제사장들과 성도들을 핍박하였다. 안티오쿠스 에피파네스는 그 이름의 뜻은 '신의 현현자'란 뜻이다. 성전을 더럽히고, 신성모독하며 자기를 하나님이라고 하며 제사와 말씀을 폐함으로 핍박한 그는 마지막 때의 나타날 적그리스도의 예표였다.

> **단 11:31** 군대는 그의 편에 서서 성소 곧 견고한 곳을 더럽히며 매일 드리는 제사를 폐하며 멸망하비 하는 가증한 것을 세울 것이며 32 그가 또 언약을 배반하고 악행하는 자를 속임수로 타락시킬 것이나 오직 자기의 하나님을 아는 백성은 강하여 용맹을 떨치리라 12:8 내가 듣고도 깨닫지 못한지라 내가 이르되 내 주여 이 모든 일의 결국이 어떠하겠나이까 하니… 11 매일 드리는 제사를 폐하며 멸망하비 할 가증한 것을 세울 때부터 천이백구십 일을 지낼 것이요

1-17   초대 교회 사가였던 요세프스는 이렇게 말했다. "도미티아누스 황제는 2차 박해자로 하나님께 도전한 네로의 후계자였다." 그런 자가 적그리스도의 유형인데, 역사적으로 실존한 인물이었다. 마카비 상서 1:40~50에 보면 그가 예루살렘에 와서 저지른 악행과 신성모독은 다음과 같다. 안티오쿠스 에피파네스 4세는 예루살렘 성전에 들어와 적그리스도로서 일곱 가지 악행을 저질렀다.

1) 율법과 할례 금지함
2) 예배와 제사, 기도 금지함
3) 이방 문화와 세상 풍조를 따르게 하고 이교도 풍습 강요함

4) 성전 제단에 제우스 신상 세우고 음행함

5) 성전을 모욕하여 부정한 짐승, 돼지 피를 뿌림

6) 경건한 제사장들을 살해함

7) 자신과 우상에게 경배하지 않는 자를 핍박하고 죽임

이와 같이 행하는 자가 적그리스도이다. 다니엘은 이것을 이미 예언했기에, 예수님께서는 다니엘이 말한 바를 기억하라고 하셨다.

1-18　　　위의 사실은 다니엘이 예언한 말씀이 그대로 이뤄진 역사적 사건이었다. 일찍이 단 11:31 "군대는 그의 편에 서서 성소 곧 견고한 곳을 더럽히며 매일 드리는 제사를 폐하며 멸망케 하는 미운 물건을 세울 것이며"라고 했었다. 이에 저항하는 경건한 유대인이 나타나서 용맹을 떨칠 것 또한 예언했다. 단 11:32 "그가 또 언약을 배반하고 악행하는 자를 궤휼로 타락시킬 것이나 오직 자기의 하나님을 아는 백성은 강하여 용맹을 발하리라" 이것이 신구약 중간시대의 역사에 있었던 유다 마카비 혁명이다. 유다 마카비는 이교와 타협하고 배교했던 제사장들을 폐하고 성전을 깨끗하게 하여 율법과 제사를 다시 회복하였는데, 이것이 수전절(하누카)의 시작이었다. 예수님께서도 이 땅에 계셨을 때 겨울에 수전절을 지키셨다.

　　　요 10:22 예루살렘에 수전절이 이르니 때는 겨울이라

1-19　　　시리아의 북방 왕, 안티오쿠스 에피파네스 4세가 성경에서 예언한 대로 나타난 적그리스도(Anti-Christ)였다. 그는 1260일, 즉 3년 반, 42개월(167~164) 동안 예루살렘 성전을 짓밟았다. 적그리스도, 안티오쿠스 에피파네스 4세에 저항한 사람이 유다 마카비우스이다. 신구약 중간사에서는 '마카비우스 혁명'이라고 한다. 이때 배교하고 왕과 타협한 제사장을 죽이고, 성전을 정화하였는데 이것이 '수전절(하누카 חנוכה, 167년)'의 시작이었다. 복음서에서 예수님은 수전절을 지켜 성전에 들어가셨고 "내 아버지의 집을 강도의 굴혈로 만들지 말라. 내 아버지의 집은 만민이 기도하는 집이라"고 말씀하셨다. 이 때가 수전절 겨울이었다.

> **단 7:25** 그가 장차 말로 지극히 높으신 자를 대적하며 또 지극히 높으신 자의 성도를 괴롭게 할 것이며 그가 또 때와 법을 변개코자 할 것이며 성도는 그의 손에 붙인 바 되어 한 때와 두 때와 반 때를 지내리라

1-20　　　적그리스도가 나타나 천하를 미혹하도록 그에게 '보좌, 권세, 능력'을 준 자가 사단이다. 옛 뱀, 용, 마귀라고도 하는 사단이 적그리스도, 짐승의 배후에 있어서 세상을 미혹한다. 적그리스도에게는 정치, 경제, 군사, 사회 등 많은 권세와 능력을 주고, 거짓 선지자 짐승에게는 '용의 입'처럼 말하게 권세를 주었으며, 거짓 기사와 표적을 나타내 보이도록 한다. 그러나 그들, 짐승이 활동하는 날은 정해져 있는데, 1260일, 42개월, 3년 반, 또는 한 때와 두 때와 반 때 동안만 허락되었다. 정한 기한이 끝나면 주께서 나타나 멸하시고 심판하신다. 적그리스도와

거짓 선지자가 활동하는 기간은 성도들에게 있어서 핍박과 환란의 시간이다. 이때 배교하지 않고 미혹되지 않고 끝까지 믿음을 지키고 인내해야 한다. 땅 끝에 선 증인과 신부로 주님이 세상에 오실 때 믿음을 보여드려야 한다.

> **계 13:4** 용이 짐승에게 권세를 주므로 용에게 경배하며 짐승에게 경배하여 이르되 누가 이 짐승과 같으냐 누가 능히 이와 더불어 싸우리요 하더라 **5** 또 짐승이 과장되고 신성 모독을 말하는 입을 받고 또 마흔두 달 동안 일할 권세를 받으니라 **6** 짐승이 입을 벌려 하나님을 향하여 비방하되 그의 이름과 그의 장막 곧 하늘에 사는 자들을 비방하더라

> **마 24:15** 그러므로 너희가 선지자 다니엘의 말한 바 멸망의 가증한 것이 거룩한 곳에 선 것을 보거든(읽는 자는 깨달을진저) **16** 그 때에 유대에 있는 자들은 산으로 도망할지어다

> **요일 3:8** 죄를 짓는 자는 마귀에게 속하나니 마귀는 처음부터 범죄함이라 하나님의 아들이 나타나신 것은 마귀의 일을 멸하려 하심이라

1-21   하누카(חנוכה, 봉헌) 즉 수전절은 11~12월에 있고, 8일 동안 계속된다. 유대인들의 전승에 의하면 하누카가 봉헌이란 뜻이기에, 모세의 성막 봉헌과 솔로몬의 성전 봉헌도 하누카 기간에 8일 동안 계속되었다. 히스기야는 대하 29:15~17에서 성전 정화를, 느헤미야는 스 6:3~16

에서 예루살렘을 봉헌할 시기도 하누카 기간과 맞아 떨어진다. 무엇보다도 예수 그리스도께서는 수전절, 하누카 절기에 맞춰 성전정화를 행하셨다. 교회가 하누카 신앙이 없으면, 강단에 세상이 이미 들어온다. 만민이 기도해야 할 하나님의 집이 사람의 집과 강도의 굴혈이 되고 만다. 그러므로 시험에 들지 않도록 깨어 기도하고 인자 앞에 서도록 또한 번 기도해야 한다.

요 10:22 예루살렘에 수전절이 이르니 때는 겨울이라 **23** 예수께서 성전 안 솔로몬 행각에서 거니시니

1-22   적그리스도가 다시 나타나 이방인의 뜰에서 멸망의 가증한 것을 세우고 성전과 예배, 기도, 말씀을 폐하는 사건이 계시록 11장에 나온다. 두 증인은 적그리스도에 맞서서 끝까지 증인, 순교의 길을 걸었다. 두 증인은 스가랴서의 전통을 따라, 예수 그리스도의 증인으로 땅 끝에 선 '두 감람나무와 두 촛대'로서 순교의 길을 걷는다. 그들이 마지막 땅 끝에서 증인이 되었다는 것은 예수님의 천국 복음은 모든 민족에게 다 전파되어 땅 끝까지 이르게 되었다는 것이다. 그러면 그때가 세상 끝이다. 마지막 때가 아니라, 세상 끝이다. 세상 끝에 예수님은 오시고, 그를 전하고 사랑하며 사모하는 자들에게 두 번째 나타나신다. 또한 그때는 세상 끝이기에 곧 추수 때요, 알곡과 가라지로 거두어 심판하시는 때이다. 그 말씀을 이루시기 위하여 주님께서는 다시 오신다.

마 24:14 이 천국 복음이 모든 민족에게 증언되기 위하여 온 세상에 전파되리니 그제야 끝이 오리라

행 1:7 이르시되 때와 시기는 아버지께서 자기의 권한에 두셨으니 너희가 알 바 아니요 **8** 오직 성령이 너희에게 임하시면 너희가 권능을 받고 예루살렘과 온 유대와 사마리아와 땅 끝까지 이르러 내 증인이 되리라 하시니라

계 11:2 성전 바깥마당은 측량하지 말고 그냥 두라 이것은 이방인에게 주었은즉 그들이 거룩한 성을 마흔두 달 동안 짓밟으리라 **3** 내가 나의 두 증인에게 권세를 주리니 그들이 굵은 베옷을 입고 천이백육십 일을 예언하리라 **4** 그들은 이 땅의 주 앞에 서 있는 두 감람나무와 두 촛대니

1-23   요한계시록은 많은 비유, 상징, 축약, 압축, 삽입, 병행, 반복, 강조 등을 통해 기록되었다. 성경 66권에 있어 왔던 환상, 상징을 사용하여 요한이 위치한 땅과 하늘을 오가며, 현재, 과거, 미래를 기록하였다. 계시록은 신앙과 성도, 교회, 세상의 마지막 종국, 결국, 결말을 보여준다. 영원한 복음, 주 예수 그리스도의 말씀대로, 복음의 비밀이 하나님의 시간표대로 이루어진다. 그리고 최후의 승리자, 심판자, 우리의 왕, 메시야, 신랑, 주님은 우리에게 오신다. 예수그리스도는 2000년 전에 성경대로 오셨고 성경대로 죽으셨으며 성경대로 부활하사 하나님 우편에 계시다가 성경대로 다시 오신다. 하나님 보좌, 거기로부터 산 자와 죽은 자를 심판하시러 오신다. 하늘로부터 친히 구름을 타

고 공중에 강림하셔서 나타나신다. 2000년 전 제자들이 본 그대로, 약속대로 다시 오신다.

막 14:62 예수께서 이르시되 내가 그니라 인자가 권능자의 우편에 앉은 것과 하늘 구름을 타고 오는 것을 너희가 보리라 하시니

행 1:9 이 말씀을 마치시고 그들이 보는데 올려져 가시니 구름이 그를 가리어 보이지 않게 하더라 10 올라가실 때에 제자들이 자세히 하늘을 쳐다보고 있는데 흰 옷 입은 두 사람이 그들 곁에 서서 11 이르되 갈릴리 사람들아 어찌하여 서서 하늘을 쳐다보느냐 너희 가운데서 하늘로 올려지신 이 예수는 하늘로 가심을 본 그대로 오시리라 하였느니라

살전 4:17 그 후에 우리 살아 남은 자들도 그들과 함께 구름 속으로 끌어올려 공중에서 주를 영접하게 하시리니 그리하여 우리가 항상 주와 함께 있으리라

계 1:7 볼지어다 그가 구름을 타고 오시리라 각 사람의 눈이 그를 보겠고 그를 찌른 자들도 볼 것이요 땅에 있는 모든 족속이 그로 말미암아 애곡하리니 그러하리라 아멘

히 10:37 잠시 잠깐 후면 오실 이가 오시리니(He who is coming will come) 지체하지 아니하시리라

1-24   예수 그리스도께서는 제자들에게 거처(mansion)를 예비하러 가셨다가 거처를 예비하면 너희에게 다시 오시겠다고 약속하셨다. 부활 승천하실 때는 너희가 본 그대로 다시 구름을 타고 오리라고 하셨다. 다시 오실 때 예수님은 조용히 오시지 않는데, 번개가 동이 서에서 번쩍임 같이 인자가 오리라고 하셨기 때문이다. 그리스도가 골방과 광야에 있다고 하는 거짓 선지자들의 가르침을 믿지 말고, 나가지도 말라고 하셨다. 거짓 선지자들이 자기를 그리스도라고 할 때, 믿지 말라고 하셨다. 왜냐하면 우리의 주, 하나님이신 예수 그리스도께서 다시 오실 때는 광야와 골방이 아니라 하늘로부터 공중에 오시기 때문이다. 천하 만민이 다 알 수 있고, 주님을 찌른 자들도 볼 수 있게 오신다. 초림 때 베들레헴 말구유에 나타나셨던 주님은 두 번째 나타나실 때는 공중에 구름을 타고 영광과 큰 능력으로 오신다. 이것이 주의 강림, 현현이다. 히브리서에 말씀하신 '자기를 바라는 자들에게 두 번째 나타나심'이다.

> **마 24:23** 그 때에 사람이 너희에게 말하되 보라 그리스도가 여기 있다 혹은 저기 있다 하여도 믿지 말라… 25 보라 내가 너희에게 미리 말하였노라 26 그러면 사람들이 너희에게 말하되 보라 그리스도가 광야에 있다 하여도 나가지 말고 보라 골방에 있다 하여도 믿지 말라 27 번개가 동편에서 나서 서편까지 번쩍임 같이 인자의 임함도 그러하리라

> **히 9:28** 이와 같이 그리스도도 많은 사람의 죄를 담당하시려고 단번에 드리신 바 되셨고 구원에 이르게 하기 위하여 죄와 상관 없이 자기를 바라는 자들에게 두 번째 나타나시리라

1-25   그러므로 예수님께서 초림 때는 베들레헴에 오셨지만, 강림 때는 공중에 오신다. 초림 때는 말구유에 누우셨지만, 강림 때는 구름 위에 계신다. 예루살렘에 입성하실 때는 겸손하셔서 나귀 새끼를 타셨지만, 재림 때에는 승리하셔서 백마를 타고 오신다. 초림 때는 십자가에 죽으시러 오셨지만, 재림 때에는 부활하셔서 살아계신 주님으로 오신다. 초림 때는 만백성을 구원하러 오셨지만, 재림 때는 만백성을 심판하러 오신다. 초림 때는 예수께서 광야와 골방에 계셨지만, 재림 때에는 하늘로부터 친히 구름을 타고 공중에 계신다. 초림 때는 청함을 받은 백성을 부르셨지만, 재림 때에는 청함을 받고 택함을 받은 백성을 모으신다. 초림 때는 좋은 씨를 뿌리러 오셨지만, 재림 때에는 추수하기 위해 오신다. 초림 때는 제자들을 파송하기 위해 오셨지만, 재림 때는 제자들을 하늘 이 끝에서 저 끝까지 사방에서 모으려고 오셨다. 초림 때는 성도들이 고난을 받았지만, 재림 때는 세상을 이기고 혼인 잔치하도록 신부들을 데리러 오신다. 초림 때는 제자들에게 사명을 주시려 오셨지만, 재림 때는 상을 주시려 오신다.

마 24:29 그 날 환난 후에 즉시 해가 어두워지며 달이 빛을 내지 아니하며 별들이 하늘에서 떨어지며 하늘의 권능들이 흔들리리라 30 그 때에 인자의 징조가 하늘에서 보이겠고 그 때에 땅의 모든 족속들이 통곡하며 그들이 인자가 구름을 타고 능력과 큰 영광으로 오는 것을 보리라 31 그가 큰 나팔 소리와 함께 천사들을 보내리니 그들이 그의 택하신 자들을 하늘 이 끝에서 저 끝까지 사방에서 모으리라

1장 ⋮

1-26   요한계시록은 복음서의 말씀대로 예수 그리스도께서 최후 승리자이심을 확인해 준다. 하늘과 땅과 공중까지 모든 권세를 가지신 주님께서 "내가 세상을 이기었노라"고 말씀을 완성하신다. 성도들이 세상에서 환란을 당하나 담대하여 예수님과 함께 승리하게 된다. 세상 끝날까지 주님이 함께 하시기 때문이다. 주님은 전에도 계셨고 지금도 계시며 장차 '오실 이'로서 우리를 나라와 제사장으로 삼으셨다. 이미 승리하셨고 또 승리하신다. 십자가에서 인류의 죄를 박살 내시고 무덤에서 죽음을 죽이시고 승리하셨다. 승리하신 주님은 지금 하나님 보좌 우편에 앉아 계시다가 거기로부터 산 자와 죽은 자를 심판하러 오신다. 예수 그리스도의 복음은 '옳으냐? 그르냐?' 논쟁의 대상이 아니라 '믿을 거냐? 안 믿을 거냐?' 문제다. 믿지 않는 자는 벌써 심판을 받았고 사망의 그늘에 앉아 있다. 예수 그리스도의 복음은 십자가의 속죄와 부활과 천국 영생은 이미 검증이 끝났고 연구가 끝났다. 성도는 그 일을 믿고 경험하여 전파하는 증인이다.

1-27   예수 그리스도는 구약의 절기를 완성하셨다. 구약의 말씀과 절기는 예수 그리스도를 가리키고 있기 때문이다. 예수님은 수전절 전통을 따라 이 땅에 나셨다. 유월절 전통을 따라 유월절의 하나님의 어린 양으로 십자가에 죽으셨다. 그리고 무교절^(맛짜) 기간에 부활하셨다. 부활하사 40일을 더 세상에 계시다가 승천하신 후에 약속대로 오순절^(샤브오트)에 성령으로 오셨다. 누구든지 회개하고 믿으면 구원을 주시는 대속죄일^(욤키푸르)을 이루어 주셨고, 복음이 다 전파되어 알곡 신앙이 채워

지면 추수절(숫콧)에 심판하신다. 이를 위하여 나팔절(로쉬 하사냐)과 함께 공중에 구름 타고 다시 오시며, 추수꾼인 천사들을 보내어 하늘 이 끝에서 저 끝까지 사방에서 주의 택하신 자를 불어 모으신다.

> **마 24:30** 그 때에 인자의 징조가 하늘에서 보이겠고 그 때에 땅의 모든 족속들이 통곡하며 그들이 인자가 구름을 타고 능력과 큰 영광으로 오는 것을 보리라 **31** 그가 큰 나팔소리와 함께 천사들을 보내리니 그들이 그의 택하신 자들을 하늘 이 끝에서 저 끝까지 사방에서 모으리라

1-28　　구약의 절기들이 신약의 복음, 예수 그리스도를 통해서 어떻게 이루어졌는지를 알아야 한다. 모세의 글과 선지자의 글, 시편에 기록된 글이 예수 그리스도를 말하고 있기 때문이다.

봄절기(feast 봄의 축제)		가을절기(festival, 가을축제)	
하누카, 수전절	성탄, 주의 몸성전, 정화	욤키푸르, 대속죄일	마지막회개,구원,부흥 presence
파샤트, 유월절 마초트, 무교절	십자가, 부활	로쉬하샤나, 나팔절 descend, appear	예고, 깨움, 공중강림 에피파네이아, 강림
샤브오트, 오순절, 맥추절	성령 강림	숫콧 추수(장막)절	세상끝,알곡추수심판 return, come back
	유대인+이방인= 한새사람		파루시아, 재림

1-29   예수님께서는 추수 때를 세상 끝이요, 천사들을 추수꾼으로 보내어 알곡을 모아 창고에 들이시고, 가라지는 모아 불구덩이에 던지는 것으로 세상의 끝과 심판을 말씀하셨다. 추수 후에는 알곡 성도, 신부들에게는 추수 잔치, 어린양 혼인 잔치, 아들을 위해 잔치를 베푼 임금, 하나님 아버지의 잔치가 열렸다. 교회와 성도는 그리스도의 신부가 되어 신랑을 맞이한다. 모든 이방인과 유대인들은 복음으로 말미암아 그리스도 안에서 '한 새사람(one new man)'이 되어 잔치에 참여한다. 나의 사랑, 나의 어여쁜 자들이 사랑의 노래, 아가(오페라:노래 중의 노래)를 부르며 참여한다. 마치 보아스와 룻이 함께 추수 잔치에 참여하는 것과 같다. 마지막 때는 유대인의 구원과 이방인의 구원의 충만한 수가 차게 되어 하나님의 구원을 완성하게 된다.

> **마 13:37** 대답하여 이르시되 좋은 씨를 뿌리는 이는 인자요 **38** 밭은 세상이요 좋은 씨는 천국의 아들들이요 가라지는 악한 자의 아들들이요 **39** 가라지를 뿌린 원수는 마귀요 추수 때는 세상 끝이요 추수꾼은 천사들이니 **40** 그런즉 가라지를 거두어 불에 사르는 것 같이 세상 끝에도 그러하리라

1-30   룻기서와 요한계시록은 깊은 상관관계를 가지고 있는데 크게 다섯 가지이다. 첫째는 '기업 무를 자'인데 이것은 주님 오시는 날, 우리가 그리스도의 후사, 하나님의 양자로 상속자임을 예시한다. 둘째는 보아스가 룻을 아내로 삼는데, 이는 유대인의 구원과 이방인의 구원

이 하나되어 완성되는 것을 보여준다. 셋째는 보아스가 룻을 옷자락으로 덮어주고 값으로 사주었는데, 이것은 그리스도께서 보혈로 덮어주시고, 핏값으로 사주셨으며 대속해 주신다는 것을 보여준다. 고전 6:20 "값으로 산 것이 되었으니 그런즉 너희 몸으로 하나님께 영광을 돌리라" 고전 7:23 "너희는 값으로 사신 것이니 사람들의 종이 되지 말라" 넷째는 혼인 잔치이다. 보아스와 룻의 혼인 잔치는 맥추절(오순절) 잔치였고, 장차 그리스도께서 오셔서 이루실 어린양의 혼인 잔치는 추수절(장막절) 잔치로 이어진다. 마지막으로 보아스와 룻을 통해 다윗의 가문이 계속되었고, 장차 어린양의 혼인 잔치를 통하여 '유다지파의 사자, 다윗의 뿌리(계 5:5)'가 이기셨음과 '아브라함과 다윗의 자손 예수 그리스도의 세계(generation)'를 완성하게 된다.

1-31   예수님께서는 어떻게 오시고, 어디에 오시는가? 예수님이 오실 때는 하늘에 징조가 있다. 구름, 번개, 뇌성, 천사장의 소리, 주의 호령, 하나님의 나팔이다. 해와 달과 별들도 천체 이상 현상을 보인다. 예수님의 초림 때에도 하늘에 징조가 있었는데 '큰 별, 그의 별'이 있었다. 갈보리 십자가에 운명하셨을 때, 해가 빛을 잃고 지진이 있었다. 주님이 다시 오실 때도 하늘과 땅과 성전에 징조가 있다. 주님은 절대 조용히 오시지 않는다. 최후의 승리자, 심판자, 개선장군, 만왕의 왕, 만유의 주님이신 예수 그리스도께서는 조용히 오실 수 없다. 주님은 천사들을 사방에 보내어 택하신 자들을 불러 모아 추수하신다. 롯의 때에 소

돔과 고모라에 온 주의 사자는 롯의 손을 잡아 그 성에서 끌어내신 것처럼 끌어내신다. 세상 끝은 추수 때다. 추수 때는 알곡들에게는 축제이고, 가라지들에게는 불에 던져지는 심판으로 슬퍼 울며 이를 갊이 있다.

> **살전 4:16** 주께서 호령과 천사장의 소리와 하나님의 나팔 소리로 친히 하늘로부터 강림하시리니 그리스도 안에서 죽은 자들이 먼저 일어나고 **17** 그 후에 우리 살아 남은 자들도 그들과 함께 구름 속으로 끌어 올려 공중에서 주를 영접하게 하시리니 그리하여 우리가 항상 주와 함께 있으리라

1-32   예수 그리스도께서 오심을 노래한 찬송가를 기억할 필요가 있다. '저 공중에 구름이 일어나고 큰 나팔이 울려날 때' 주님이 오신다. 하나님의 나팔 소리가 천지진동할 때 천사들이 성도들, 익은 곡식을 불러 모으신다. 나팔 불 때 어린양 생명책에 기록된 나의 이름을 불러주신다. 무덤 속에 잠자던 자들, 주안에서 죽은 자들은 다 잠잘 것이 아니요, 홀연히 변화하여 무덤에서 일어나 주님을 뵈옵게 된다. 마지막 나팔 불 때에 홀연히 변화한다. 주안에서 자는 자들이 다 잠잘 것이 아니요, 주의 음성을 들을 때가 오나니 듣는 자는 살아난다. 불신자는 심판의 부활로 나아오고, 성도는 생명의 부활로 나아온다. 주의 택하신 자들의 이마에 아버지와 아들의 이름을 쓴 것이 있어, 인침 받은 성도들임을 알 수 있다. 한 사람은 데려감을 당하고, 한 사람은 버려둠을 당한다. 한 사람은 공중으로 끌어 올려가고, 한 사람은 땅에 남겨진다.

계 1:7 볼지어다 그가 구름을 타고 오시리라 각 사람의 눈이 그를 보겠고 그를 찌른 자들도 볼 것이요 땅에 있는 모든 족속이 그로 말미암아 애곡하리니 그러하리라 아멘

고전 15:51 보라 내가 너희에게 비밀을 말하노니 우리가 다 잠 잘 것이 아니요 마지막 나팔에 순식간에 홀연히 다 변화되리니 52 나팔 소리가 나매 죽은 자들이 썩지 아니할 것으로 다시 살아나고 우리도 변화되리라 53 이 썩을 것이 반드시 썩지 아니할 것을 입겠고 이 죽을 것이 죽지 아니함을 입으리로다

1-33　　미혹하는 자, 거짓 선지자들과 이단들은 세 가지 잘못된 주장을 한다. 첫째, 자기들은 때와 기한을 안다고 말한다. 그러나 성경은 때와 기한은 아버지의 권한에 두셔서 아들과 천사도 모른다고 하셨다. 예수님께서는 그것이 너희의 알 바가 아니라고 하셨다. 둘째, 그리스도의 강림이 골방과 광야에 조용히 자기들에게만 온다는 것이다. 그러나 주님은 모든 사람이 볼 수 있게, 찌른 자들도 볼 수 있게 오신다. 구름을 타고 올라 가심을 본 그대로 하늘로부터 공중에 오신다. 주의 호령과 천사장의 소리와 하나님의 나팔 소리로부터 공중에 강림하시기 때문에 조용히 오실 수가 없다. 셋째, 종말이 가까이 왔으니 직장, 학업, 가정, 물질을 포기하라고 한다. 그러나 주님께서 오실 때까지, 하나님이 주신 자기 자리에서 달란트를 남기는 착하고 충성한 종이 되어야 한다고 성경은 말씀한다. 주님께서 주신 사명과 삶의 자리에서 밭을 갈다가, 맷돌

1장 ⋮

갈고 있으면 주님이 데려가신다. 마지막 때는 '미혹, 배교'의 때이기에, 그렇게 되지 않으려면 늘 깨어 기도해야 한다. 말씀으로 무장해야 한다. 성령 충만하여 영을 다 믿지 말고 분별해야 한다. 예수님은 성경대로, 선지자들이 전한 복음과 같이 오신다. 성경대로 죽으시고, 성경대로 부활하셨으며, 성경대로 다시 오신다.

> **계 10:7** 일곱째 천사가 소리 내는 날 그의 나팔을 불려고 할 때에 하나님이 그의 종 선지자들에게 전하신 복음과 같이 하나님의 그 비밀이 이루어지리라 하더라

1-34   도마는 예수님께서 어디로 가시는지 알 수 없다고 했다. 이에 대해 예수님께서는 "내가 곧 길이요, 진리요, 생명이니 나로 말미암지 않고는 아버지께로 올 자가 없느니라"라고 하셨다. 예수님께서는 아버지께로 가신 것이다. 아버지께로 가서서 제자들을 위하여 거처를 예비하고 계시고, 하나님 보좌 우편에 앉으셔서 지금도 우리를 위하여 친히 간구하고 계신다. 우리의 믿음이 떨어지지 않도록 제자들이 하나 되도록, 말씀을 세상 끝날까지 지키고 땅 끝까지 전파하며 증인으로 승리하기를 원하신다. 주님께서는 우리 거처를 다 예비하신 후, 다시 와서 너희를 영접하여 나 있는 곳에 너희도 있게 하시겠다고 하셨다. 우리는 하늘에 속한 자이고, 우리의 처소는 하늘에 있다. 사람의 손으로 짓지 아니한 장막 집, 하나님이 지으신 영원한 집이 하늘에 있다. 성도의 시

민권이 하늘에 있다.

> **요 14:2** 내 아버지 집에 거할 곳이 많도다 그렇지 않으면 너희에게 일렀으
> 리라 내가 너희를 위하여 거처를 예비하러 가노니 **3** 가서 너희를 위하여 거
> 처를 예비하면 내가 다시 와서 너희를 내게로 영접하여 나 있는 곳에 너희
> 도 있게 하리라

1-35 요한계시록에서 요한이 본 예수님의 모습은 계 1:4~8까지
잘 기록해 놓았다. 예수님께서는 성경대로 죽으시고 성경대로 부활하
셔서 세상 끝날까지 우리와 함께 하시며, 하나님 보좌 우편에 앉아 계시
다가 약속하신 대로, 살아있는 자와 죽은 자를 심판하러 다시 오신다.
요한이 본 예수님의 모습은 모두 일곱 가지다.

  1) 이제도 계시고, 전에도 계셨고, 장차 오실 이

  2) 죽은 자들 가운데서 먼저 나신 자

  3) 땅의 임금들의 머리가 되신 예수 그리스도

  4) 우리를 사랑하사 그의 피로 우리 죄에서 우리를 해방하신 자

  5) 아버지 하나님을 위하여 우리를 나라와 제사장으로 삼으신 이

  6) 볼지어다 장차 구름을 타고 오실 이

  7) 알파와 오메가로서 이제도 있고 전에도 있었고 장차 올 자요, 전능한 자

1-36   제자들은 예수님께 주님의 강림과 세상 끝의 징조에 대하여 물었다. 마 24:3 "예수께서 감람산 위에 앉으셨을 때에 제자들이 조용히 와서 이르되 우리에게 이르소서 어느 때에 이런 일이 있겠사오며 또 주의 임하심과 세상 끝에는 무슨 징조가 있사오리이까" 그 때 예수님께서는 제일 먼저 성전(교회)에 대하여 말씀하시면서 "사람의 미혹을 받지 않도록 주의하라"고 하셨다. 그래서 예수님 오시기 전에 많은 미혹과 배교가 있다는 것이다. 그래서 계시록에 보면 첫 장에서 환란과 핍박 중에 있는 교회를 붙잡고 계신 예수님을 보여준다. 땅의 임금들의 머리가 되신 예수님은 세상 권세를 넘어, 하늘과 땅의 모든 권세를 가지시고 세상 끝날까지 교회(성도)와 함께 하시고 지키신다. 이제 요한은 교회의 머리 되시고, 몸 되신 예수 그리스도의 교회에 전할 주님의 메시지를 받았다. 교회와 신부들은 깨어 준비하고, 단장하며 충성해야 한다.

딤후 4:3 때가 이르리니 사람이 바른 교훈을 받지 아니하며 귀가 가려워서 자기의 사욕을 따를 스승을 많이 두고

벧전 1:14 너희가 순종하는 자식처럼 전에 알지 못할 때에 따르던 **너희** 사욕을 본받지 말고 15 오직 너희를 부르신 거룩한 이처럼 **너희**도 모든 행실에 거룩한 자가 되라 16 기록되었으되 내가 거룩하니 **너희**도 거룩할지어다 하셨느니라

1-37　　　요한계시록이 기록될 당시의 로마의 황제는 도미티아누스였다. 도미티아누스는 자신을 주님과 하나님이란 뜻으로 이름하였고 황제숭배를 강요하면서 교회(성도)를 박해하였다. 그러나 예수 그리스도께서는 땅의 임금들의 머리가 되시고, 사망과 음부의 열쇠를 가지고 온 세상과 교회를 다스리고 계셨다. 일찍이 예수님께서는 땅의 임금을 두려워하지 말라고 하셨다. 마 10:28 "몸은 죽여도 영혼은 능히 죽이지 못하는 자들을 두려워하지 말고 오직 몸과 영혼을 능히 지옥에 멸하실 수 있는 이를 두려워하라" 로마 황제의 핍박을 두려워하지 말고, 지옥을 멸하시고 심판하시는 여호와 하나님을 두려워하라고 하셨다. 교회(성도)가 배교, 배도하고 미혹되면 주님께서는 누구를 막론하고 촛대(메노라: המנורה)를 옮기시겠다고 하셨다.

1-38　　　요한이 보았던 살아계신 예수 그리스도께서는 영광과 승리의 일곱 가지 모습으로 나타나주셨다. 주님은 핍박받는 교회와 성도들에게 힘과 능력과 위로가 되셨다. 계시록 1장은 예수님을 '충성된 증인'이라고 기록했다. 계 1:5 "또 충성된 증인으로 죽은 자들 가운데에서 먼저 나시고 땅의 임금들의 머리가 되신 예수 그리스도"다. 예수님이 충성된 증인이셨다면 우리도 당연히 그래야 한다. 죽도록 충성하며 땅 끝까지 증인이어야 함을 상기시켜 준다.

　1) 발에 끌리는 옷을 입고 가슴에 금 띠를 띠고 계신 왕.
　2) 머리털의 희기가 흰 양털 같고 눈과 같았으며, 눈은 불꽃과 같았다.

3) 발은 풀무 불에 단련한 빛난 주석 같고, 음성은 많은 물소리, 폭포와 같았다.

4) 오른손으로는 별과 같이 빛나는 일곱 교회를 붙잡고 계셨다.

5) 입에서는 좌우에 날 선 검, 즉 관절과 골수를 찔러 쪼개기까지 하는 성령의 검, 말씀이 있었다.

6) 얼굴은 해보다 더 밝고, 해 같이 힘 있게 비치고 있었다.

7) 세세토록 살아 있어 사망과 음부의 열쇠를 가지고 계셨다.

1-39   예수님께서는 베드로의 신앙고백 위에 "네 반석 위에 내 교회를 세우리라"고 하셨다. 베드로가 신앙고백한 장소는 가이사랴 빌립보였다. 당시 빌립보는 가이사르 황제의 도시가 가이사랴 빌립보였다. 로마의 황제는 카이사르 디베료, 티베리우스(14~37년재위)였다. 베드로는 황제의 도시에서 "주는 그리스도시요, 살아 계신 하나님의 아들이시니이다"라고 고백했다. 황제가 아닌 예수님을 왕, 주님, 그리스도, 살아계신 하나님의 아들로 고백했다. 예수님은 복되다고 하셨고, 그 위에 교회를 세우셨다. 그리고 두 가지 권세를 주셨는데, 첫 번째는 '천국 열쇠'였고, 두 번째는 '음부의 권세를 이기는 권세'를 주셨다. 예수님께서는 다시 오실 때까지 교회의 사명과 권세, 이 두 가지는 유효하고 합법적이다. 황제숭배와 우상숭배를 거부하고, 성령의 권능을 받아 예루살렘과 유대와 사마리아와 땅 끝까지 증인이 되어야 한다.

1-40　　　요한계시록은 크게 세 가지로 예수님께서 보여주시고 명령하신 것을 기록하였다. 그래서 요한은 '본 것'과 '이제 있는 일'과 '장차 될 일'을 기록하였다. 계 1:19 "그러므로 네가 본 것과 지금 있는 일과 장차 될 일을 기록하라" 요한이 본 것은 땅의 임금들의 머리가 되신 예수 그리스도, 알파와 오메가 되신 예수 그리스도, 이제도 있고 전에도 있었고 장차 오실 자요, 전능한 자, 예수 그리스도를 본 그대로 기록하였다. 그리고 요한이 본, 지금 있는 일(계 1:11)은 소아시아의 일곱 교회에 있는 일이었다. 평소 예수님께서 인자의 징조가 성전에 나타날 것을 말씀하셨기 때문이다. AD 70년에 예루살렘 성전이 무너진 것처럼 마지막 때의 징조는 성전에서 나타나는데, 촛대를 옮겨야 할 만큼 성전이 타락한다는 것이다. 그렇게 되지 않도록 교회를 사랑하시고 책망하시며, 칭찬하신 것이 계시록 2~3장이다. 마땅히 장차 될 일은 4장부터 22장까지다.

계 4:1 이 일 후에 내가 보니 하늘에 열린 문이 있는데 내가 들은 바 처음에 내게 말하던 나팔 소리 같은 그 음성이 이르되 이리로 올라오라 이 후에 마땅히 일어날 일들을 내가 네게 보이리라 하시더라

요한계시록
2장

Revelation

2-1　　　요한계시록 2장부터는 예수님께서 요한을 통해 '이제 있는 일' 즉 교회들의 영적 상태를 보여주셨다. 소아시아의 일곱 교회를 통하여 지상의 모든 교회에게 말씀하셨고, 성령이 교회들에게 하시는 말씀을 들으라고 하셨다. 교회에는 '칭찬과 상급, 책망과 회개'를 분명히 말씀하셨다. 주님이 칭찬하신 것은 계속 이어가고, 책망하신 것은 돌이켜 회개해야 한다. 한편 지상의 교회가 부족하고 책망이 있어도 주님께서는 모든 교회와 주의 종들을 붙잡고 계신다. 일곱 금 촛대(교회)사이를 거니시니 일곱 별(사자: 주의 종)을 붙잡고 계셨다. 잘한 일에는 상급을 약속하셨고, 잘못한 일은 책망(반대. against)하시며 회개할 기회를 주셨다. 예수님은 교회의 머리, 근본, 터, 피, 반석, 모퉁이 돌, 산돌, 몸이시기에 지상의 모든 교회를 끝까지 사랑하신다. 성전마다 '금 촛대(메노라: המנורה)'가 있었는데, 그 사이를 주님께서 걷고 계시고 다스리시며, 교회와 주의 종들을 붙잡고 계셨다. 교회가 고난 중에 있게 허락하시지만, 또한 고난 중에 붙잡고 계신 분도 주님이셨다. 성전 강단의 금 촛대에 기도의 불, 성령의 불, 말씀의 불, 전도의 불, 기도의 불이 꺼지지 않도록 해야 하고, 많은 사람을 옳은 대로 돌아오게 하는 자들, 성령의 권능을 받기 위해 깨어 기도하는 자들, 그 권능으로 땅 끝까지 복음을 전하는 증인(순교)의 사명을 모든 교회가 감당해야 한다.

2-2　　　예수 그리스도께서 하신 사역은 크게 세 가지였는데, 지상에 있는 교회에게 본을 보이시고 맡기시며 파송하셨기에, 우리도 감당해

야 한다. 예수님께서는 3년의 공생애 동안 전도(전파, 설교, 선포)하시는 사역(preaching ministry)과 어디서나 하나님 나라를 가르치시는 사역(teaching ministry)과 모든 병과 약한 것을 고치시는 사역(healing ministry)을 하셨다. 그 사역을 위하여 교회는 예수 그리스도의 신부로서 세 가지로 단장해야 한다. 첫째, 거룩과 순결이다. 둘째, 교회의 주인, 반석, 모퉁이 돌, 터는 예수 그리스도이셔야 하고, 신부로서 신랑 되신 주님을 사모하고 기다리며 깨어 있어야 한다. 셋째, 신부 된 교회는 신랑이 올 때까지 고난을 인내하고 마귀에게 미혹되지 않아야 한다. 깨어 기도하며 성령충만해야 한다. 귀 있는 자는 성령이 교회들에게 하시는 말씀을 들을지어다 그렇지 않다면 주님께서는 촛대를 옮기신다. 신랑이 오실 때에 도무지 알지 못한다고 하시면 안 된다. 신랑의 음성을 들을 때 기름과 등불, 둘 다 준비되어 있어야 한다. 착하고 충성된 종으로 칭찬과 상급과 영광에 들어가는 신부 된 교회가 되어야 한다.

호 2:19 내가 네게 장가 들어 영원히 살되 공의와 정의와 은총과 긍휼히 여김으로 네게 장가 들며 20 진실함으로 네게 장가 들리니 네가 여호와를 알리라

아 2:10 나의 사랑하는 자가 네게 말하여 이르기를 나의 사랑, 내 어여쁜 자야 일어나서 함께 가자

2-3   소아시아 일곱 교회에게 주신 말씀은 한 교회를 향한 주님의 권면을 넘어, 지상의 모든 교회에 대한 권면이다. 그래서 성령이 교회들에게 하시는 말씀은 모두 복수(複數)로 되어 있다. 소아시아의 일곱 교회뿐만 아니라, 지상의 모든 교회가 들어야 할 말씀, 주님의 성전 된 우리가 들어야 할 말씀이기 때문이다. 지상의 모든 교회는 일곱 교회에게 주신 말씀대로, 책망받은 것은 회개하고 조심하며, 칭찬하신 것은 굳게 잡아 힘써 지켜야 한다. 그래서 지상의 모든 교회를 일곱 가지로 나눌 수 있다.

  1) 에베소 교회처럼 사역은 매우 잘하지만 처음 사랑(행위)이 떨어진 교회

  2) 서머나 교회처럼 고난 가운데 있지만, 인내하고 핍박을 견디는 교회

  3) 버가모 교회처럼 니골라 당과 발람의 교훈이 들어와 타협하는 교회

  4) 두아디라 교회처럼 음행하는 교회, 이세벨을 용납하고 우상숭배하는 교회

  5) 사데 교회처럼 살았다고 하는 이름은 가졌으나 죽은 믿음, 죽은교회

  6) 빌라델비아 교회처럼 작지만 강하고 주의 이름을 배반하지 않은 교회

  7) 라오디케아 교회처럼 미지근한 교회, 열정이 식어버린 교회, 착각하는 교회, 예수님을 문밖에 세워두는 교회, 예수님을 못 들어오게 하고 자기들끼리 좋아하는 교회

주님께서 지금은 회개할 기회를 주고 계신다. 처음 사랑을 버린 것, 타협한 것, 음행한 것, 죽어 있는 것, 미지근한 것, 착각하고 있는 것을 회개하라고 하신다. 교회(성도)에게 주시는 상급과 면류관을 빼앗기지 말라고 말씀하셨다.

2-4   라오디케아 교회는 칭찬은 없고 책망만 있다. 그러나 책망이 나쁜 것만은 아니다. 아버지가 사랑하는 자식을 징계하는 것이 당연하다. 여전히 그들(교회)을 기대하고 사랑하신다는 뜻이기 때문이다. 기회를 주실 때 회개하면 더 크고 합당하게 쓰신다. 육신의 아버지가 징계하여도 고치는 것처럼, 영의 아버지 하나님께서 징계하실 때 고치고 회개하면 복이 된다. 책망과 징계가 없으면 사생자라고 했다. 계시록에서 책망이란 단어는 반대(against)한다라는 뜻이다. 교회와 성도들이 요나처럼 주님과 반대로 갈 때 주님께서 대항하셨다. 라오디케아 교회의 경우 주님은 크게 세 가지를 반대하셨다. 첫째, 성도의 믿음이 뜨겁지도 아니하고 차지도 아니하여 미지근한 것을 반대하셨다. 둘째, 눈먼 교회를 반대하셨다. 골로새와 라오디케아 지방에서 생산되는 유명한 안약을 사서 눈에 바르고 눈을 뜬 것처럼 영적으로 눈을 뜨길 원하셨다. 가련, 가난, 곤고, 눈 멀고, 벌거벗은 교회를 반대하셨다. 셋째, 주님을 문밖에 세워 두는 교회, 주님께서 계속해서 문을 두드려도 열지 않아 예수님 없는 교회, 주님과 사귐, 교제할 줄 모르는 교회를 반대하셨다.

2-5   지상의 모든 교회는 요한계시록에서 말씀한 일곱 교회의 교훈을 잘 들어야 한다. "귀 있는 자는 성령이 교회들에게 하신 말씀을 들을지어다" 그렇지 않으면 신부 된 교회로 신랑 되신 주님을 맞이하지 못하며 주님은 "내가 너희를 도무지 모른다"라고 말씀하신다. 오늘날 교회가 에베소 교회처럼 사역은 잘 하지만 주님에 대한 처음 사랑을 잃어버린 교회를 모른다고 하신다. 서머나 교회처럼 고난과 핍박 중에 있는

교회가 있다. 버가모 교회처럼 세상과 타협하는 교회가 있다. 두아디라 교회처럼 거룩하지 못하고 음행하는 교회가 있다. 사데 교회처럼 죽은 교회, 죽어가는 교회가 있다. 그런 교회에 가보면 기도가 죽어 있고, 찬송과 예배, 전도와 사랑과 믿음이 죽어가고 있다. 또한 빌라델비아 교회처럼 세상에는 작아도 강한 교회, 작은 능력을 가지고도 주의 이름을 배반하지 않는 교회가 있다. 라오디케아 교회처럼 미지근한 교회가 있어 주님이 토하여 내치시는 교회가 있다. 스스로 부요하다고 했지만 주님은 "너희가 가난한 것과 가련한 것과 곤고한 것과 병든 것과 벌거벗은 것과 눈먼 것을 모른다"고 하셨다. 결국 주님께 칭찬 받을 교회와 책망 받을 교회가 있다. 알곡과 같은 교회와 가라지와 같은 교회가 있다. 즉 신부 된 교회와 신부가 아닌 교회가 있다.

2-6   주님께서는 일곱 교회가 책망을 듣고도 회개하지 않으면 교회의 머리 되신 예수님께서 촛대^(메노라; המנורה)를 옮기시겠다고 하셨다. 성령이 교회들에게 하시는 말씀을 듣고 크게 일곱 가지를 회개해야 한다. 그렇지 않으면 행한 대로 심판하신다.

  1) 처음 사랑이 어디서 떨어졌는지도 모르고 처음 행위를 가지지 않는 교회
  2) 장차 받을 고난이 두려워 생명의 면류관을 빼앗기는 교회
  3) 발람과 니골라당의 교훈을 받아드리고 타협한 교회
  4) 자칭 거짓 선지자, 이세벨을 용납하고 그와 더불어 음행하는 교회
  5) 죽음 믿음, 죽은 행실을 일깨어 회개하지 않고 잠자는 교회

6) 사단의 회당, 곧 자칭 유대인이라 하나, 그렇지 아니한 자들과 타협하는 교회

7) 예수님을 문밖에 세워두고 주님과 교제하지 않고 세속적, 형식적, 물량화, 인간화된 교회는 회개해야 한다. 교회는 그리스도 예수의 신부로서 날마다 거룩으로 단장해야 한다.

레 19:1 여호와께서 모세에게 말씀하여 이르시되 **2** 너는 이스라엘 자손의 온 회중에게 말하여 이르라 너희는 거룩하라 이는 나 여호와 너희 하나님이 거룩함이니라

롬 12:1 그러므로 형제들아 내가 하나님의 모든 자비하심으로 너희를 권하노니 너희 몸을 하나님이 기뻐하시는 거룩한 산 제물로 드리라 이는 너희가 드릴 영적 예배니라

2-7 　　지상의 교회들에게 주님이 약속하신 축복과 상급이 있다. 신부 된 교회, 증인 된 교회, 주님이 세우라고 하신 교회에는 일곱 가지 칭찬이 있다. 일곱 교회에 공통적으로 하신 말씀은 '이기는 자, 승리하는 교회'가 되라고 하셨다.

1) 이기는 그에게는 낙원에 있는 생명나무의 열매를 주워 먹게 하리라.

2) 환란과 시험을 이기고 죽도록 충성하는 이에게는 생명의 관을 주리라.

3) 이기는 그에게는 감추었던 만나와 흰 돌을 주고 그 이름을 새겨주리라.

4) 이기는 자와 끝까지 지키는 그에게는 통치의 권세를 주고, 새벽 별을 주

리라.

5) 자기의 옷을 더럽히지 않고 이기는 자는 흰옷을 입고 나와 함께 다니게
   하리라.

6) 이기는 자는 내 하나님의 성전에 기둥이 되게 하리라.

7) 이기는 그에게는 내가 보좌에 함께 앉게 하여 주리라.

당시에 로마 법정에서 무죄를 입증한 자에게는 흰 돌을 주었고, 유죄는
검은 돌을 주었다고 한다. 이긴 자에게 흰 돌을 주어 그 위에 이름을 새
겨주었다. 그리고 버가모 지역의 자연석은 검은색이었는데 귀한 건축
에 쓰인 돌은 흰 돌이었다. 그 위에 이름을 새겨놓은 것처럼 주님께서는
최후 승리자에게 흰 돌과 어린양 생명책에 이름을 새겨주신다. 계시록
21장에서는 성전 문과 기초석에는 열두 지파의 이름과 열두 사도의 이
름이 기록되어 있다고 했다.

2-8   예수 그리스도의 일꾼이요, 증인이며 신부 된 자, 성전 된 성
도가 받는 상은 크게 네 가지이다. 첫째, 의의 면류관이다. 둘째, 생명의
관이다. 셋째, 썩지 아니할 면류관이다. 사도바울은 로마 시대의 올림
픽처럼 운동장에서 달음질(마라톤)하는 자가 다 달릴지라도 오직 상 받는
자는 하나라고 했다. 이같이 상 받기를 힘쓰고, 그렇게 되기 위해 절제
하고, 조심하고, 인내하며 끝까지 달려갈 길을 법대로 가야 한다. 받을
상은 잔치 상(床)으로 주인의 즐거움에 참여하게 하신다. 최후의 상급을
받기까지 충성해야 한다.

고전 9:25 이기기를 다투는 자마다 모든 일에 절제하나니 그들은 썩을 승리자의 관을 얻고자 하되 우리는 썩지 아니할 것을 얻고자 하노라

딤후 4:8 이제 후로는 나를 위하여 의의 면류관이 예비되었으므로 주 곧 의로우신 재판장이 그 날에 내게 주실 것이며 내게만 아니라 주의 나타나심을 사모하는 모든 자에게니라

계 2:10 너는 장차 받을 고난을 두려워하지 말라 볼지어다 마귀가 장차 너희 가운데에서 몇 사람을 옥에 던져 시험을 받게 하리니 너희가 십 일 동안 환난을 받으리라 네가 죽도록 충성하라 그리하면 내가 생명의 관을 네게 주리라

2-9　예수 그리스도께서는 땅의 임금들의 머리가 되시면서 교회의 머리가 되신다. 로마 시대에 핍박과 환란이 있지만 그래도 교회를 붙잡고 깨우시고 계시는 분은 예수님이셨다. 소아시아의 일곱 교회와 그의 사자(종)들이 부족하고 책망을 받기도 했지만, 주님께서는 여전히 교회와 주의 종들을 사랑하시고 붙잡고 계신다. 성령을 통하여 날마다 말씀하시고 이끌어 주시며 교회를 새롭게 하신다. 또한 예수 그리스도께서는 모든 교회의 상황과 형편, 칭찬과 책망을 다 알고 계셨으며 교회마다 찾아 거닐며 문을 두드리고 계셨다.
  1) 일곱 별(교회의 사자)을 붙잡고 일곱 금 촛대(교회) 사이를 거니시는 이
  2) 처음이요, 마지막이요 죽었다가 살아나신 이

3) 좌우에 날 선 검을 가지신 이

4) 그 눈이 불꽃 같고 그 발이 빛난 주석과 같으신 하나님의 아들

5) 하나님의 일곱 영과 일곱 별을 가지신 이

6) 거룩하고 진실하사 다윗의 열쇠를 가지신 이

7) 아멘이시오 충성되고 참된 증인이시오 하나님의 창조의 근본이신 이

2-10   예수 그리스도께서는 소아시아의 일곱 교회를 비롯한 지상의 모든 교회의 영적 형편과 처한 문제를 다 알고 계셨다. 사람이 몰라줘도 주님은 알고 계셨다. 소아시아의 중심 도시였던 에베소 교회의 모든 것을 주님은 알고 계셨다. "내가 네 행위와 수고와 네 인내를 알고, 또 악한 자들을 용납하지 아니한 것과 자칭 사도라 하되 아닌 자들을 시험하여 그의 거짓된 것을 네가 드러낸 것과 또 네가 참고 내 이름을 위하여 견디고 게으르지 아니한 것을 아노라." 일을 잘하고, 영을 분별할 줄 아는 에베소 교회임을 아셨다. 그리고 에베소 교회가 처음 사랑을 버렸고 떨어진 것도 아셨다. 처음 행위를 다시 가지라고 명령하셨다.

2-11   예수 그리스도께서는 아시아의 면류관이라 불린 서머나 교회의 형편 또한 알고 계셨다. "내가 네 환난과 궁핍을 알거니와"라고 말씀한다. 교회가 혼자 고난을 당하는 것이 아니라 주님이 그 가운데 계셨다. 예수 그리스도께서는 버가모 교회의 사정도 알고 계셨다. 그들이 있는 곳은 사탄의 권좌가 있는 곳인데, 주님의 충성된 증인인 안디바

(Antipas)가 죽임을 당할 때도 믿음을 저버리지 아니하였다는 것을 알고 계셨다. 고난이 아무리 힘들어도 반드시 모든 고난에 정한 시간(짧은 시간)에만 허락되었다. 구약성경에 나오는 욥의 고난과 바벨론 포로 생활도 기한이 정해져 있었다. 성도는 고난의 시간을 인내의 말씀과 믿음으로 이기고, 우리 주 예수 그리스도를 변함없이 사랑하고 충성해야 한다.

2-12   서머나 교회와 버가모 교회의 특징은 순교자(martyr), 증인(마르튀스, μάρτυς)이 언급되었다는 점이다. 서머나 교회의 폴리캅은 역사적으로 잘 알려진 인물로서 사도 요한의 직계제자로 순교하였다. 요한은 끝까지 남은 주님의 제자였기 때문에 그의 제자들이 많았는데 직계제자가 서머나의 폴리캅, 히에라폴리스의 파피아스, 안디옥의 이그나티우스이다. 서머나의 폴리캅의 직계제자가 이레니우스이다. 버가모 교회에도 충성된 주님의 증인이 있었는데 안디바(Antipas)였다. 안티파스라는 이름의 뜻은 세상과 반대로 산 사람, 죄와 우상에 반대하였다는 의미가 있다. 그래서 그는 사탄의 권좌가 있는 곳에서 죽임을 당할 때도 예수님에 대한 믿음을 저버리지 않았고, 좌우에 날선 검과 같은 말씀으로 신앙을 지켰다. 이와 같이 모든 교회와 성도는 마지막 때 '배교, 배도, 미혹'되지 않도록 깨어 기도해야 한다.

계 2:10 너는 장차 받을 고난을 두려워하지 말라 볼지어다 마귀가 장차 너희 가운데에서 몇 사람을 옥에 던져 시험을 받게 하리니 너희가 십 일 동안 환난

을 받으리라 네가 죽도록 충성하라 그리하면 내가 생명의 관을 네게 주리라

2-13   버가모(페르가모)는 제우스 신의 고향으로 알려졌고, 의사의 신이라고 하는 아스클레피오스(asklepios) 신전이 있었다. 버가모 교회에 나타나신 주님께서는 날선 검을 들고 오셔서 교회가 세상과 타협한 것을 크게 책망하셨다. 교회는 날선 검과 같은 말씀을 가지고 세상을 이겨야 하는데 세상과 타협한 것은 용납될 수 없다. 하나님의 말씀은 살았고 운동력(활력)이 있어 좌우에 날선 검, 성령의 검 곧 하나님의 말씀으로 마귀를 대적해야 한다. 사탄의 권좌가 있는 곳에서도 날선 검을 가지고 믿음을 지킨 안디바(Antipa: 타협하지 않음)처럼 죽음 앞에서도 믿음을 지켜야 한다. 그러나 버가모 교회는 시간이 지나면서 타협하고 배도하였다. 발람의 교훈과 니골라당의 교훈이 들어와 복음을 변질시켰다. 교회는 날마다 새로워지지 않으면 타락하고 타협하게 된다. 그렇게 하고도 회개하지 아니하면 주님의 입에서 나온 검으로 싸우시겠다고 하셨다. 깨어 기도하지 않으면 세상과 마귀가 틈을 타고 온다. 정신을 차리고 시험에 들지 않도록 깨어 기도해야 한다. 일찍이 주께서는 말씀으로 가시 울타리를 쳐서 스스로 조심하지 않으면 이방인의 풍속이 들어와 너희에게 올무와 눈에 가시와 옆구리에 채찍이 된다고 경고하셨다. 그러면 아름다운 땅, 하나님의 나라를 유업, 기업으로 주어져도 얻지 못한다.

눅 9:62 예수께서 이르시되 손에 쟁기를 잡고 뒤를 돌아보는 자는 하나님의

나라에 합당하지 아니하니라 하시니라

수 23:13 확실히 알라 너희의 하나님 여호와께서 이 민족들을 너희 목전에서 다시는 쫓아내지 아니하시리니 그들이 너희에게 올무가 되며 덫이 되며 너희의 옆구리에 채찍이 되며 너희의 눈에 가시가 되어서 너희가 마침내 너희의 하나님 여호와께서 너희에게 주신 이 아름다운 땅에서 멸하리라

2-14　　　두아디라의 명칭은, 셀쥬크스 왕조의 딸 이름이다. 딸을 위하여 지은 도시로, 제우스의 아들인 아폴로 신전이 있었다. 사도행전 16장에 나오는 자색 옷감 장사, 루디아도 두아디라 교회 출신이었다. 예수님께서는 두아디라 교회의 사정도 잘 알고 계셨다. 두아디라 교회의 사업과 사랑, 믿음과 섬김, 인내도 아셨고 나중 행위가 처음 것보다 많다는 것도 아셨다. 그러나 사업으로 부요해진 성도들과 교회는 차츰 자칭 선지자, 이세벨을 용납하고 그와 더불어 음행하였다. 이세벨은 구약에 나오는 시돈 왕 '엣바알. אֶתְבַּעַל'의 딸로서 아합의 아내가 되어 우상숭배, 살인, 음행으로 남 유다까지 전멸시키려고 했다. 그런 이세벨을 용납하고 음행하였으니 주님께서는 안타까워 회개할 기회를 주셨지만, 교회가 회개하고자 하지 아니한 것도 아셨다. 게다가 우상의 제물까지 먹게 하였으니 주님께서 철장을 가지고 질그릇 깨트리는 것과 같이 심판하시겠다고 하셨다. 예수님이 질그릇 안에 계셔야 보배인데 안 계시니 보잘 것없는 질그릇으로 깨트림을 당하고, "그 행위대로 갚아주어 그를 침상과 환난에 던질 것이라"고 하셨다. 마지막 때에 사람의 미혹을 받지 않

도록 주의하라는 말씀을 기억해야 한다.

마 24:4 예수께서 대답하여 이르시되 너희가 사람의 미혹을 받지 않도록 주의하라

2-15   주님께서는 마지막 때를 사는 교회(성도)에게 "회개하라"고 하셨다. 회개에는 세 가지 뜻이 있다. 첫째, 방향의 전환(U-turn)이다. 교회의 목표와 가치, 방법 등이 하나님을 향해 방향 전환을 해야 한다. 둘째, 성경 말씀으로 돌아가는(come back) 것이다. 하나님의 말씀이 원칙, 질서, 규칙, 법규(Law), 틀(frame), 폼(form)이기 때문이다. 셋째, 옛 사람의 구습을 버리고 이전 것들이 다 지나가 버려야 한다. 고치고 개혁하는 정도가 아니라 새롭게 해야 한다. 거듭남이란 재 태어남(re-born)이 아니라 다시 태어남(born again)이다. 땅에서가 아닌, 위로부터 하나님으로부터 다시 태어나야 한다. 기회를 주실 때 회개하지 않으면 자기 책임이다. 지금은 회개운동을 할 때다.

마 4:17 이 때부터 예수께서 비로소 전파하여 이르시되 회개하라 천국이 가까이 왔느니라 하시더라

요 3:18 그를 믿는 자는 심판을 받지 아니하는 것이요 믿지 아니하는 자는 하나님의 독생자의 이름을 믿지 아니하므로 벌써 심판을 받은 것이니라

2장 :

2-16 소아시아 일곱 교회를 통해서 지상의 모든 교회에게 주신 말씀대로 힘써야 할 것이 있다.

첫째, 주님과의 처음 사랑이 떨어지지 않고, 처음 행위가 변함없는 교회 되자!

둘째, 고난 중에도 끝까지 충성하는 교회 되자!

셋째, 미혹되거나 타협하지 않는 교회 되자!

넷째, 순결하고 거룩하며 음행하지 않는 교회 되자!

다섯째, 죽었어도 그 믿음으로 말하는 살아 있는 교회 되자!

여섯째, 작아도 주의 이름을 배반하지 않는 교회 되자!

일곱째, 차갑든지 뜨겁든지 확실한 교회 되자!

그래서 주님이 끝까지 일곱 금 촛대와 일곱 별을 붙잡아 주시는 모든 교회가 되어야 한다. 지상의 모든 교회는 주님 오실 날이 가까웠으므로 회개를 통하여 자기 두루마기를 어린양의 피에 씻어 빠는 복 있는 자가 되어야 한다.

요한계시록
3장

Revelation

3-1   요한계시록 3장은 소아시아의 교회를 통해 지상의 모든 교회를 향한 주님의 말씀이다. 그래서 성령이 교회들에게 하신 말씀이 계속되었다. 교회의 머리, 몸 되신 예수님께서는 '하나님의 일곱 영(슥 4:10)'을 가지시고 모든 교회의 사정과 형편을 감찰하시고 계셨다. 주님께서는 사데 교회의 형편도 알고 계셨는데 살았다하는 이름은 있으나 죽은 자와 같은 교회였다. 형식만 있고 내용이 없는 교회였다. 사데(사르디스)는 고대로부터 유명한 도시로 사금이 많이 나서, 한때 크로이소스 왕국의 수도이기도 했고, 헤라크레스 왕가, 기게스 왕조가 거기서 시작되었고 하나님이 쓰신 고레스의 나라였다. 사데 교회는 당시 유명한 교회였지만 예수님께서는 "네가 살았다 하는 이름은 있으나 죽은 교회라 네 행위의 온전한 것을 찾지 못하였노니"라고 하셨다. 말씀대로 살았으나 실상은 죽은 교회가 있다고 오늘날도 말씀하고 있다. 교회는 사람이 보는 대로 존재하는 것이 아니라, 주님이 보시는 대로 존재한다. 주님이 보시는 가치가 마지막 가치이다. 세상의 평판, 인기, 유명세, 명예가 아닌 하나님 앞에서(coram Deo) 영광과 칭찬을 들어야 한다.

벧전 1:7 너희 믿음의 확실함은 불로 연단하여도 없어질 금보다 더 귀하여 예수 그리스도께서 나타나실 때에 칭찬과 영광과 존귀를 얻게 할 것이니라

3-2   빌라델비아의 지금 지명은 알라세히르인데, 네오 가이사랴로 로마 황제가 세운 신도시였는데 작은 아테네라고 불렸다. 주님께서는 빌라델비아 교회(형제 사랑의 교회)의 사정도 잘 알고 계셨는데 "내가 네 행

위를 아노니 네가 작은 능력을 가지고도 내 말을 지키며 내 이름을 배반하지 아니하였도다"라고 하셨다. 작지만 강한 교회였다. 그래서 주님께서는 빌라델비아 교회에 열린 문이 되어 주셨다. 신약성경에는 예수님께서 말씀하신 세 가지 문이 있는데, '좁은 문, 양의 문, 열린 문'이다. 그리고 그 문은 예수 그리스도이시다. 교회가 어려워도 좁은 문, 좁은 길로 갈 때 양의 문이 되신다. 양들은 주님의 음성을 듣고 따르고 주님은 양들의 이름을 아신다. 그 양은 생명을 얻되 풍성히 얻었고 나오며 들어가며 꼴을 얻는다. 마지막 때는 미혹의 시대로 많은 사람이 미혹과 배교의 길을 걷는다. 그러므로 마지막 때에 적그리스도 앞에 '배교, 배도'하지 않고 인자 앞에 서도록 깨어 기도하고 주님이 말씀하신 좁은 문, 좁은 길, 말씀의 길, 십자가의 길을 가야 한다.

고전 4:5 그러므로 때가 이르기 전 곧 주께서 오시기까지 아무 것도 판단하지 말라 그가 어둠에 감추인 것들을 드러내고 마음의 뜻을 나타내시리니 그 때에 각 사람에게 하나님으로부터 칭찬이 있으리라

3-3   라오디게아 교회는 골로새 교회, 히에라볼리 교회와 인접해 있었다. 예로부터 금융, 의류, 의약품이 발달한 도시였다. 예수님은 라오디게아 교회의 믿음과 형편도 잘 알고 계셨는데, 성도들이 뜨겁지도 아니하고 차지도 아니하며 미지근하였다. 진리에 대하여는 냉철함이 없었고, 사랑에 대하여는 열정이 없었다. 라오디게아 교회의 자신

들이 "부자, 부요, 부족한 것이 없다"고 했지만, 예수님께서는 반대로 "네 곤고한 것과 가련한 것과 가난한 것과 눈먼 것과 벌거벗은 것을 알지 못 한다"고 하셨다. 라오디게아 지방에 유명한 것이 두 가지인데 양복, 트리미타와 의약품, 브르기야 안약이다. 주님께서는 "교회가 벌거벗었으니 그 옷으로 수치를 가리고, 눈이 멀었으니 그 안약을 사서 발라 눈을 뜨라"고 하셨다. 라오디게아는 주님께 부끄럽고 수치스러운 교회였다. 예수님을 문밖에 세워두고 자기들끼리 모여 좋아하는 교회였다. 주님은 문밖에 서서 계속 두드리셨지만 문을 열지 않아 못 들어오게 했다. 오늘도 예수님 없는 교회, 주님과 교제할 줄 모르는 교회, 착각하는 교회가 되는 것을 조심해야 한다. 미지근한 교회, 수치스러운 교회, 예수님 없이 자기들끼리 모여 좋아하고 있는 교회들이 없다고 할 수 있을까?

눅 21:34 너희는 스스로 조심하라 그렇지 않으면 방탕함과 술취함과 생활의 염려로 마음이 둔하여지고 뜻밖에 그 날이 덫과 같이 너희에게 임하리라 35 이 날은 온 지구상에 거하는 모든 사람에게 임하리라

골 4:13 그가 너희와 라오디게아에 있는 자들과 히에라볼리에 있는 자들을 위하여 많이 수고하는 것을 내가 증언하노라… 15 라오디게아에 있는 형제들과 눔바와 그 여자의 집에 있는 교회에 문안하고 16 이 편지를 너희에게서 읽은 후에 라오디게아인의 교회에서도 읽게 하고 또 라오디게아로부터 오는 편지를 너희도 읽으라

3장 :

3-4 　　　성지 순례를 가면 히에라볼리스, 즉 거룩한 도시라는 뜻을 가진 도시를 만나게 된다. 현재 지명은 데니즐리(Denizli)인데 온천이 크게 발달하였다. 어떤 곳은 산 전체가 노천온천이다. 1988년 세계문화유산으로 유네스코에 등재되었다. 히에라볼리스에서 뜨거운 온천 물이 10km 정도 흘러 내려와 라오디게아(파묵칼레, Pamukkale)에 이르면 '미지근'해졌다. 온천물이 내려오면서 개천의 물과 섞여서 비린내가 나 역겨웠다. 주님께서는 라오디게아 교회의 믿음이 꼭 그와 같다고 하셨다. 주님께서는 "내가 너를 토하여 버리리라"고 하시면서도 회개를 촉구하셨다. 그런데 주님은 그런 교회도 사랑하시고 회개하기를 기다리신다. 주님께서 사랑하시는 몸 된 교회이기 때문이다. 계속해 말씀하셨다. "내가 네 행위를 아노니 네가 차지도 아니하고 뜨겁지도 아니하도다. 네가 차든지 뜨겁든지 하기를 원하노라 아멘". 하나님은 분명한 믿음, 확실한 믿음, 뜨거운 믿음, 진실한 믿음을 원하신다. 적당히 세상과 섞인 비린내 나는 믿음과 혼합주의의 믿음이 아니다. 하나님과 우상을, 그리스도와 벨리알이, 하나님과 재물을 겸하여 섬기면 토하여 내치신다. 하나님은 어느 시대나, 어느 교회나 동일하게 말씀하신다.

히 11:6 믿음이 없이는 하나님을 기쁘시게 하지 못하나니 하나님께 나아가는 자는 반드시 그가 계신 것과 또한 그가 자기를 찾는 자들에게 상 주시는 이심을 믿어야 할지니라

3-5　　　신약의 4복음서 다음에 이어지는 성경이 사도행전인데 그 순서에 의미가 크다. 복음서에서는 예수님이 길이요, 진리요, 생명이며, 부활인 것을 증거한다. 복음서를 통해서 예수 그리스도의 도(道), 십자가의 도(道)가 아버지께로 가는 '길', 구도자의 길을 알게 되었다. 성도는 그 복음을 믿어 구원받게 되었다. 그런데 거기서 끝나지 않는다. 사도행전으로 나아가면 전도자, 증인의 삶을 요구한다. 즉, '구도자'의 삶에서 '전도자'의 삶으로 나아가게 한다. 예수 그리스도께서도 마지막 사명을 "그러므로 너희는 가서 모든 민족을 제자 삼으라, 너희는 온 천하의 만민에게 복음을 전파하라"고 하셨다. 예루살렘과 유대와 사마리아와 땅 끝까지 전도하는 교회들의 행진, 복음의 행진을 말씀하셨다. 그렇게 천국 복음을 모든 민족에게 전파되어 땅 끝에서 마지막 증인들이 서게 되면 그제야 세상의 끝이 된다. 교회마다 이 사명을 감당하기 위해 성령의 권능을 받아 땅 끝까지 증인과 신부로 달려가야 한다.

3-6　　　교회는 하나님 아버지께서 아들의 핏값으로 사신 곳이다. 교회는 살아계신 하나님의 집으로 진리의 기둥과 터이다. 주님께서 머리 되시고 몸 되신 곳, 반석과 터가 되시고, 친히 모퉁이 돌이 되신 곳, 만민이 기도하는 아버지의 집이다. 세상 나라는 망해도 교회는 망하지 않는다. 예수 그리스도께서 교회의 몸과 머리 되시기 때문이다. 교회와 주님은 영영 왕성하다. 교회는 땅 끝까지 천국 복음을 전파하는 거룩한 신부이다. 지상의 모든 교회는 주님이 주신 사명을 붙잡고, 순결함으로 변

함없이 주님을 사랑하며, 성령이 교회들에게 하시는 말씀을 듣고, 어린양이 어디로 인도하든지 따라가는 증인이어야 주님을 만날 수 있고 어린양 혼인 잔치에 들어갈 수 있다. 새 하늘과 새 땅, 새 예루살렘 성에 참여함을 얻고 하나님 나라를 유업으로 받을 수 있다. 그런 교회의 촛대는 결코 옮겨지지 않고 무너지지도 않는다.

3-7   예수님께서 사데 교회에게 말씀하시길 "만일 일깨지 아니하면 내가 도둑같이 이르리니 어느 때에 네게 이를는지 네가 알지 못하리라"고 하셨다. 깨어 있는 자는 주님 오실 징조를 통해서 알게 되지만, 깨어 있지 않은 자는 알지 못하여 주님께서 도둑같이 임하시게 된다. 미련한 다섯 처녀처럼 준비되지 않으면 문이 닫히고 늦었으며, 한번 닫힌 문은 또 열려지지 않는다. 주님께서는 신부인지 알지 못한다고 하셨다. 예수님께서는 마지막 때를 '노아의 때'와 '롯의 때'와 같다고 하셨다. 두 때의 공통점은 여섯 가지다. 첫째, 멸망의 날이 갑자기 임했다. 둘째, 준비되지 못한 자들이 많았다. 셋째, 구원받는 자의 수가 적었다. 넷째, 그들은 하나님의 말씀과 심판을 농담으로 알았다. 다섯째, 택함 받은 성도는 하나님의 은혜로 손잡아 이끌어 주셔서 구원받았다. 여섯째, 두 시대는 마치 해산할 여인이 '안전하다. 평안하다' 하고 있었다. 그래서 예수님께서는 만물의 마지막이 가까우면 정신을 차려 "인자 앞에 서도록 깨어 기도하라"고 하셨다. 주님이 오시는 날은 혹 저물 때 일는지, 한 밤 중 일는지, 새벽일는지, 닭 울 때 일는지 알지 못한다. 그 날과 그때는 아버지만 아시는데, 때와 기한을 아버지의 권한에 두셨기 때문이다.

마 24:42 그러므로 깨어 있으라 어느 날에 너희 주가 임할는지 너희가 알지 못함이니라

3-8 　　 인자의 임함이 노아의 때와 같다고 하셨다. 노아의 아버지는 라멕, 할아버지는 므두셀라다. 므두셀라가 369세 되던 해, 손자 노아가 태어났다. 므두셀라의 이름의 뜻은 '종말, 심판'이라는 뜻이어서 므두셀라가 죽던 해에 홍수 심판이 시작되는데, 그 때는 노아가 600세 되던 해였고, 므두셀라의 수한은 969세였다. 므두셀라의 나이가 중요한 이유는 그가 죽던 해, 969세 때는 노아가 600세였고, 여호와께서 말씀하신 대로 홍수 심판이 시작되었기 때문이다. 말씀대로 세상의 종말, 심판이 왔기 때문이다. 그러나 그때까지 사람들은 먹고 마시고 시집가고 장가 가면서 세상과 죄악에 취해 있었고, 심중의 생각과 계획은 항상 악하였기 때문에, 하나님은 세상에 사람 지으셨음을 한탄하시고 근심하시며 후회하셨다. 마지막 때도 그렇다. 그래서 성도는 깨어 있어야 한다. 하나님은 말씀과 심판의 때를 생각하며, 세월을 아껴 기회를 사서 하나님의 은혜를 입어야 한다. 심판이 시작되면 구원의 기회는 없다. 방주의 문이 닫히면 들어갈 수 없다. 한 번 닫힌 방주의 문은 또 열리지 않는다. 지금 믿고, 지금 전도해야 한다.

마 24:37 노아의 때와 같이 인자의 임함도 그러하리라 38 홍수 전에 노아가 방주에 들어가던 날까지 사람들이 먹고 마시고 장가들고 시집가고 있으

3장

면서 39 홍수가 나서 그들을 다 멸하기까지 깨닫지 못하였으니 인자의 임함도 이와 같으리라… 42 그러므로 깨어 있으라 어느 날에 너희 주가 임할는지 너희가 알지 못함이니라

3-9 예수님께서 인자의 임함은 롯의 때와 같다고도 하셨다. 소돔과 고모라로 간 롯의 가정은 말씀보다 인간적·세상적인 생각으로 옮겨갔다. 소돔과 고모라는 여호와의 동산과 같고 애굽과 같아 보였지만 여호와께 큰 죄인들이었고 죄악의 성읍이었다. 우상과 세상 문화, 음행과 동성애, 살인과 탐욕, 혈기와 분노, 욕심으로 사는 도시였다. 아브라함의 기도가 없었다면 소돔과 고모라를 엎으실 때에 롯의 가정은 구원받지 못했다. 그나마 '나흘의 하나님'을 기억해주셨다. 그것도 롯과 가족들이 지체하매 천사가 손을 잡아 끌어내 주셔서 나올 수 있어서 다행이었다. 롯의 사위들은 하나님의 말씀을 농담으로 여겼고, 롯의 아내는 말씀을 경홀히 여겨 뒤를 돌아다 본고로 소금기둥이 되었다. 구원받은 롯과 두 딸은 겸손과 거룩은커녕, 아버지와 동침하여 모암과 암몬 족속이 시작되었는데, 그 뜻은 근친상간의 민족이란 뜻이다. 마지막 때 정신을 차리고 이 세대를 본받지 말고 마음을 새롭게 하며 빛의 갑옷과 하나님의 전신갑주를 입고 마귀를 대적하며 땅 끝까지 신부와 증인으로 남아 있어야 한다.

골 3:5 그러므로 땅에 있는 지체를 죽이라 곧 음란과 부정과 사욕과 악한 정욕과 탐심이니 탐심은 우상 숭배니라

딤후 4:3 때가 이르리니 사람이 바른 교훈을 받지 아니하며 귀가 가려워서 자기의 사욕을 따를 스승을 많이 두고 **4** 또 그 귀를 진리에서 돌이켜 허탄한 이야기를 따르리라

3-10 주님께서 교회를 "책망하신다"라고 하셨을 때, 그 뜻의 원어적 의미는 '반대한다'인데, 마지막 때가 되면 주님과 반대로 가는 교회들이 많다. 그러나 주님은 여전히 기다리시고 회개의 기회를 주시며 사랑하고 계신다. 마지막 때에 주님께서 기뻐하시고 칭찬하시며 상급과 면류관 받는 교회, 승리하는 교회가 되길 원하신다. 그래서 예수님은 복음서에서 "인자가 올 때에 믿음을 보겠느냐"고 하셨고 "열매를 찾으시겠다"고 하셨다. 우리가 세상적으로 가진 것, 배운 것, 이룬 것이 아닌 주님께 대한 '믿음'을 보시겠다고 하셨다. 그런 교회가 되도록 부활하신 주님께서는 땅의 임금들의 머리가 되시고 만왕의 왕으로 '일곱 금 촛대와 일곱 별'을 붙잡고 계신다. 돌이켜 회개하지 않으면 촛대를 옮기신다. 아직까지는 회개할 기회가 주어졌으니 깨어 기도해야 한다. 성령이 교회들에게 말씀하신 것을 잘 듣고 회개하며 돌이켜야 한다.

계 3:22 귀 있는 자는 성령이 교회들에게 하시는 말씀을 들을지어다

3장 ⋮

요한계시록
4장

하늘이 열려 올라감
회개하라
하늘나라 천상예배
면류관도 벗어서

Revelation

4-1   요한계시록 4장에서 요한의 위치는 옮겨져 하늘에 올라가 있었다. 3장까지의 요한의 위치는 밧모섬이었지만 4장에서는 하늘로 끌어 올라갔다. 요한은 환상 중에 "이리로 올라오라"는 음성을 들었고 하늘이 열려, 성령에 감동되어 하늘로 올라가 '마땅히 일어날 일들을' 계시 받았다. 요한이 올라가 본 것은 크게 세 가지이다. 첫째, 제일 먼저 예수 그리스도의 보좌를 보았다. 주님의 보좌, 좌우편에는 아버지께서 앉게 하여 주신다는 이십사 보좌가 있었다. 둘째, 이십사 보좌에는 흰옷을 입고 머리에 금관을 쓰고 있는 장로들을 보았다. 셋째, 보좌 앞에 수정같이 맑은 유리 바다와 주위에 네 생물(사자, 송아지, 사람 얼굴, 독수리: 에스겔 1장 환상재현)을 보았는데, 그들은 밤낮 쉬지 않고 거룩하신 하나님과 세세토록 살아계셔서 영광과 존귀와 감사를 받으시기에 합당하신 주 하나님을 찬양하고 있었다. 그리고 요한은 천국에서 천상예배를 보면서, 승리한 교회와 성도들의 모습을 보고 기록하였다.

4-2   일찍이 예수님과 세례요한은 "회개하라 천국이 가까이 왔느니라" 외쳤다. 예수님께서 이 땅에 오심으로 하나님 나라가 가까이 오게 되었다. 예수님께서는 십자가 복음을 통하여 아버지의 나라에 가는 길이요, 진리요, 생명이 되셨다. 예수님으로 말미암지 않고는 아버지께로 갈 자가 없다. 천 년이 하루 같고 하루가 천 년 같지만, 예수님 때문에 천국은 이미 시작되었고, 물과 성령으로 거듭나면 하나님 나라를 보게 되고 들어가게 된다. 예수님을 믿는 사람은 이 땅에서도 천국을 세

가지로 경험해야 한다. 하나님 나라가 '우리 안'에 있어야 한다. 그리고 '가정'과 '교회' 안에 있어야 한다. 이 세상을 지옥처럼 살다가 천국에 가는 것이 아니라, 내 안에 하나님 나라를 경험한 사람이 완성된 하나님 나라에 간다. 그리고 천국은 혼자 갈 수 없기에 전도함으로 땅 끝까지 주님의 증인이 되어야 진정한 그리스도인이다.

요 3:3 예수께서 대답하여 이르시되 진실로 진실로 네게 이르노니 사람이 거듭나지 아니하면 하나님의 나라를 볼 수 없느니라

4-3   요한은 하늘에 올라가 보좌에 앉으신 예수님을 보았다. 사도신경의 고백대로 예수님께서는 부활 승천하셔서 하나님 보좌 우편에 앉아 계셨다. 곧 "거기로부터 산 자와 죽은 자를 심판하러 오신다" 스데반도 순교할 때 "보라 하늘이 열리고 인자(주님)가 하나님 우편에 서신 것을 내가 보노라"고 했다. 또한 요한은 지상의 교회에서 계시록 2~3장의 말씀대로 믿음을 지키다가 최후 승리한 자들의 하늘 영광과 천상예배를 보았다. 수정같이 맑은 유리 바다에서 네 생물이 찬양으로 영광과 존귀와 감사를 돌리는 것을 들었다. 이곳 4장에서 나오는 생물과 계시록 13장, 17장에 나오는 짐승과 구별해야 한다. 여기서 생물은 케룹, 스랍으로 하나님을 찬양하는 천사를 말한다. 그 모양이 '사자, 송아지, 사람, 독수리' 같다고 한 것은 에스겔 1장에 나오는 용어로 유대인들이 잘 아는 단어로 사용하였다. 최후 승리자들은 나의 나 된 것은 오직 하나님의 은혜인

줄 알기에, 자기들이 받은 면류관을 벗어 주 앞에 드리며 찬양과 경배를 드렸다. 찬송가 가사처럼 '면류관 벗어서 주 앞에 드리세' 라고 말이다.

겔 1:10 그 얼굴들의 모양은 넷의 앞은 사람의 얼굴이요 넷의 오른쪽은 사자의 얼굴이요 넷의 왼쪽은 소의 얼굴이요 넷의 뒤는 독수리의 얼굴이니

요한계시록
5장

Revelation

5-1   요한계시록 5장은 요한이 4장과 같이 하늘에서 보고 들은 말씀이 계속된다. 하늘에 올라가 천상예배를 드리며 승리한 성도들을 보았고, 요한은 '장차 될 일'이 기록되어 봉인한 두루마리를 보았다. 봉인되어 있던 두루마리의 말씀은 다윗의 뿌리로써 승리하신 예수 그리스도, 어린양께서 그 인을 떼시기에 합당하시었다. 이때 땅에서 성도들의 기도가 하늘 보좌에 상달되었는데 향이 가득한 금 대접에 담겨 올라왔다. 성도들의 기도는 절대로 헛되지 않고 하나님께 향기가 되어 상달되고 있었다. 성도들을 피로 사서 하나님께 드리신 주 예수 그리스도께 새 노래로 찬양하는 것도 보았다. 천천만만의 천군 천사들이 신령한 노래로 화답하였다. 2000년 전 갈보리 십자가에 달리신 예수님께서 "죽임을 당하신 어린양은 능력과 부와 지혜와 힘과 존귀와 영광과 찬송을 받으시기에 합당하도다" 경배를 받으셨다. 모든 피조물도 하나되어 찬양하였고, 이십사 장로는 "아멘"하며 다음과 같이 화답하였다. "어린양에게 찬송과 존귀와 영광과 권능을 세세토록 돌릴지어다"

살전 5:23 평강의 하나님이 친히 너희를 온전히 거룩하게 하시고 또 너희의 온 영과 혼과 몸이 우리 주 예수 그리스도께서 강림하실 때에 흠 없게 보전되기를 원하노라

5-2   요한이 본 두루마리에는 주님의 말씀으로 '장차 될 일'들이 안팎으로 써졌는데 봉인되어 있었다. 어린양 예수님께서 그 두루마리의

봉인을 떼시기에 합당하셨는데, 그 이유는 세 가지였다. 첫째, 하나님께서는 심판을 아들에게 다 맡기셨기 때문(요 5:22)이다. 둘째, 다윗의 뿌리 예수 그리스도께서 이기셨기 때문이다. 셋째, 예수 그리스도께서는 알파와 오메가, 처음과 나중이 되시어 인류 역사를 주관, 섭리, 진행하시고 마치셨기 때문이다. 예수님께서 이미 복음서에서 말씀하신 대로 징조, 즉 장차 될 일이 봉인된 두루마리에 그대로 기록되어 있었다. 예수 그리스도께서는 초림 때는 인류의 구원자이셨고, 재림 때는 온 세상의 심판자로 다시 오신다. 진실로 속히 오신다.

> **요 5:22** 아버지께서 아무도 심판하지 아니하시고 심판을 다 아들에게 맡기셨으니 **23** 이는 모든 사람으로 아버지를 공경하는 것 같이 아들을 공경하게 하려 하심이라 아들을 공경하지 아니하는 자는 그를 보내신 아버지도 공경하지 아니하느니라

5-3 　　　 이 땅에서 끝까지 믿음을 지키고 주님의 증인이 되었던 성도들의 천상예배는 영광과 찬송으로 가득하였다. 그들은 이 땅에서 어린 양 예수 그리스도께서 어디로 인도하시든지 따라가는 자들이었고, 여자(세상, 바벨론)와 더불어 더럽히지 않고 순결한 신부들이었다. 주님의 마지막 지상명령대로 땅 끝까지 이르러 주님의 증인이었고, 그들의 이마에는 아버지와 아들의 이름을 쓴 것이 있었다. 이 땅에서 하나님의 자녀로 예수 그리스도와 합하여 세례 받고, 그리스도로 옷 입었으며, 성령께

서 친히 우리 영으로 더불어 하나님의 자녀인 것을 증거하는 인침(sealed)을 받은 자들이었다. 그들은 또한 어린양 생명책에 이름이 기록(녹명)된 자들이었다. 이들만이 자기 두루마기를 어린양의 피에 씻어 옷을 희게 하였으므로 새 노래를 배워 알고, 부를 수 있었다.

계 17:18 또 네가 본 그 여자는 땅의 왕들을 다스리는 큰 성이라 하더라. … 18:2 힘찬 음성으로 외쳐 이르되 무너졌도다 무너졌도다 큰 성 바벨론이여 귀신의 처소와 각종 더러운 영이 모이는 곳과 각종 더럽고 가증한 새들이 모이는 곳이 되었도다 3 그 음행의 진노의 포도주로 말미암아 만국이 무너졌으며 또 땅의 왕들이 그와 더불어 음행하였으며 땅의 상인들도 그 사치의 세력으로 치부하였도다 하더라

5-4   보좌에 앉으신 주님의 좌우편에 앉은 이십사 장로들은 흰옷을 입고 머리에 금관을 쓰고 생물(스랍, 세라핌, 천사)들과 함께 영광스러운 찬송으로 화답하고 있었다. 찬송의 내용은 '거룩하다 거룩하다 거룩하다 주 하나님 곧 전능하신 이'와 '보좌에 앉으사 세세토록 살아 계시는 이에게 영광과 존귀와 감사'였다. 스랍들의 찬양에 대하여 이십사 장로들도 시와 찬미와 신령한 노래로 서로 화답하였다. 그들은 "우리 주 하나님이여 영광과 존귀와 권능을 받으시는 것이 합당하도다. 보좌에 앉으신 이와 어린양에게 찬송과 존귀와 영광과 권능을 세세토록 돌릴지어다"라고 찬양을 하였다. 천국은 찬송의 나라였다. 예수 그리스도의 승리, 영광, 위대하심을 찬양하는 천국이었다.

5-5   요한계시록 5장부터는 두루마리의 인봉이 떼어져 장차 될 일이 기록되어 있기에 본격적으로 마지막 때의 '징조(sign)들'과 '하나님의 시간표'를 알려준다. 복음서에서 제자들이 예수님께 묻기를, "세상 끝에는 무슨 징조가 있으리이까?"하였다. 이에 대해 예수님께서는 구체적으로 대답하셨다. 때(time)와 기한(date) 즉 연월일시는 알 수 없지만, 주님께서는 마지막 때임을 알 수 있는 징조들을 알려 주셨다. 성도에게는 도적같이 임하지 않도록 징조를 알려주셨다. 예수님께서는 "무화과나무의 가지가 연하여지고 잎사귀를 내면 여름이 가까운 것을 아는 것처럼, 징조들이 다 이루어지면 인자가 문 앞에 이른 것을 알라"고 하셨다. 하나님의 시간표를 이해하기 위해 말씀하신 징조들이 구약과 신약, 특히 복음서, 서신서의 말씀과 함께 잘 이해되어야 한다. 하나님의 시간표는 신구약의 모든 말씀과 연관되어 성취되기 때문이다. 신구약 성경이 이미 보여준 상징과 비유, 사실과 역사적 회고, 축약과 압축, 반복과 강조, 도치와 예표를 잘 구별해서 깨달아야 한다.

> **마 24:3** 예수께서 감람산 위에 앉으셨을 때에 제자들이 조용히 와서 이르되 우리에게 이르소서 어느 때에 이런 일이 있겠사오며 또 주의 임하심과 세상 끝에는 무슨 징조가 있사오리이까

5-6   천상에서 요한은 보좌에 앉으신 이의 오른손에 있는 두루마리를 보았다. 구약의 전통을 따라 예레미야와 에스겔을 통하여 말씀하신 두루마리(scroll)에는 하나님의 말씀과 심판, 예언이 기록되어 왔기 때문

이다. 주님의 오른손에 들려진 두루마리에는 '장차 될 일들과 마땅히 일어날 일'이 기록되어 있었다. 이것을 펴거나 보기에 합당하신 분은 예수 그리스도이셨다. 주님은 유다 지파의 사자로, 다윗의 뿌리가 되어 세상을 이기시고 그 두루마리를 주시고, 인을 떼시기에 합당하셨기에 요한에게 말씀을 계시(啓示)로 보여주셨다.

> **렘 36:2** 너는 두루마리 책을 가져다가 내가 네게 말하던 날 곧 요시야의 날부터 오늘까지 이스라엘과 유다와 모든 나라에 대하여 내가 네게 일러 준 모든 말을 거기에 기록하라

> **합 2:2** 여호와께서 내게 대답하여 이르시되 너는 이 묵시를 기록하여 판에 명백히 새기되 달려가면서도 읽을 수 있게 하라

5-7 봉인된 두루마리의 인을 떼시자 주님께서 말씀하셨던 징조들이 나타났고, 하나님의 시간표에 따라 심판이 이루어질 것을 기록하였다. 그래서 일곱 인이 떼질 때, 스랍들과 이십사 장로들은 새 노래로 주님을 찬양하였다. 심판의 날, 주의 날, 여호와의 크고 두려운 날이 가까워졌다. 이날은 성도들에게는 기쁨의 날, 승리의 날, 복된 날이 된다. 예수 그리스도의 궁극적 승리, 성도와 신부, 증인과 제자들의 승리와 잔치로 나아가기 때문이다. 주님은 마땅히 찬양과 경배를 받으셨다. 두루마리를 가지시고 그 인봉을 떼기에 합당하시도다 일찍이 죽임을 당하사 각 족속과 방언과 백성과 나라 가운데서 사람들을 피로 사서 하나

5장 ⋮

님께 드리시고 우리 하나님 앞에서 나라와 제사장들을 삼으셨으니 그들이 땅에서 왕 노릇하리로다. 죽임을 당하신 어린양은 능력과 부와 지혜와 힘과 존귀와 영광과 찬송을 받으시기에 합당하도다. 보좌에 앉으신 이와 어린양에게 찬송과 존귀와 영광과 권능을 세세토록 돌릴지어다. 아멘

5-8   요한계시록은 성도들에게 영광과 승리, 감사와 기쁨의 책이다. 성도는 깨어 있어 등불과 기름을 준비한 신부로 신랑 되신 주님을 만나, 천국 잔치에 들어가게 되고, 착하고 충성된 종들은 주인과 결산하여 상을 받고 주인의 즐거움에 참여하게 된다. 법대로 경기한 자들과 믿음을 지킨 자들, 끝까지 달려갈 길을 다 마친 자들에게 '의의 면류관, 생명의 면류관, 썩지 않을 면류관'을 상(賞)으로 주신다. 신부가 신랑을 만나는 설레임과 기쁨으로 혼인 잔치의 예복을 준비하고 단장하여 주님과 약속한 새 포도주에 참여하게 된다. 복음서에서 예수님은 마지막 성찬을 하시면서 제자들에게 "이제부터 하나님 나라가 임할 때까지 이 잔을 다시 마시지 않겠다"고 하셨다. 그때의 기쁨, 영광, 은혜, 승리는 상상만 해도 감격스럽다.

눅 22:18 내가 너희에게 이르노니 내가 이제부터 하나님의 나라가 임할 때까지 포도나무에서 난 것을 다시 마시지 아니하리라 하시고

요한계시록
6장

Revelation

6-1　요한계시록 6장은 주님께서 일곱 개의 인을 떼실 때, 마땅히 일어날 일(징조, sign)들을 알려준다. 첫째 인을 시작으로 여섯 개의 인이 떨어질 때마다 주님이 말씀하셨던 징조들이 복음서의 말씀과 같이 성취되었다. 그리고 마지막 인, 즉 일곱 번째 인이 떨어지면 일곱 개의 나팔이 시작되고 더 많은 징조들이 나타난다. 여섯 개의 인, 모두 예수님이 복음서에서 말씀하신 징조를 상징을 통해 기록한 것인데, 주께서 말씀하신 세상 끝의 징조와 일치한다. 징조들은 복음서에서 이미 예수님이 말씀하신 것이기에, 억지나 사사로이 풀어서는 안 된다. 복음서에서 소위 '소 묵시록'이라고 하는 마태복음 24장, 마가복음 13장, 누가복음 21장이 계시록에서 말씀한 징조들이 확실하게 반복되었다. 계시록은 예수 그리스도의 계시이기 때문인데 주님이 복음서에서 말씀하신 그대로 마지막 때의 징조, 재난의 시작들이 나타났다.

> **마 24:3** 예수께서 감람산 위에 앉으셨을 때에 제자들이 조용히 와서 이르되 우리에게 이르소서 어느 때에 이런 일이 있겠사오며 또 주의 임하심과 세상 끝에는 무슨 징조가 있사오리이까… **34** 내가 진실로 너희에게 말하노니 이 세대가 지나가기 전에 이 일이 다 일어나리라 **35** 천지는 없어질지언정 내 말은 없어지지 아니하리라

6-2　어린양 예수그리스도께서 첫째 인을 시작으로 인을 뗄 때 말(馬)과 그 탄 자가 나왔다. 그 탄 자가 누구인지를 본문이 스스로 설명한

다. 이런 환상들은 다니엘서와 에스겔서의 기록을 반복하고 있어서 유대인에게 매우 익숙한 개념이다. 요한이 본 네 생물은 '흰 말, 붉은 말, 검은 말, 청황색 말'이었다. 첫째 인을 떼니, 흰 말이 나왔고 그 탄 자가 이기고 이기려고 했다. 인을 떼신 분이 예수님이시기 때문에, 흰말을 탄 자는 예수님이 아니다. 그리고 예수님은 이기고 이기려는 분이 아니라 이미 이기신 분이시기 때문에 그리스도를 가리키지 않는다. 또한 예수님은 면류관을 받으신 분이 아니라 면류관을 주시는 분이시기에 흰 말을 탄 자는 그리스도가 아니다. 이것은 예수님이 복음서에서 말씀하신 난리와 대적과 전쟁의 소문과 땅과 하늘의 영적 전쟁까지를 가리킨다. 악한 마귀, 사탄, 대적자, 거짓의 아비, 원수가 실제 땅의 전쟁과 하늘의 영적 전쟁, 우는 사자처럼 달려와 택하신 자라도 미혹하는 영적전쟁을 말한다. 사도바울이 말한 육신의 소욕과 성령의 소욕, 이 둘이 싸우는 세상이기도 하고, 우리의 씨름이 혈과 육이 아닌 악한 영들과 싸움, 마지막 날까지 영적인 전쟁이다. 또한 마지막 때가 되면 전쟁과 난리의 소문, 민족이 민족을 대적하는 일이 많아진다.

> **마 24:6** 난리와 난리 소문을 듣겠으나 너희는 삼가 두려워하지 말라 이런 일이 있어야 하되 아직 끝은 아니니라 **7** 민족이 민족을, 나라가 나라를 대적하여 일어나겠고 곳곳에 기근과 지진이 있으리니 **8** 이 모든 것은 재난의 시작이니라

> **약 4:7** 그런즉 너희는 하나님께 복종할지어다 마귀를 대적하라 그리하면 너희를 피하리라

6-3   예수님께서 말씀하셨던 민족이 민족을, 나라가 대적하는 난리와 전쟁의 소문은 실제로 지금까지 많았다. 오늘날 세계사는 전쟁의 역사라고 해도 과언이 아니다. 고대부터 많은 전쟁으로 패권국과 제국이 생겨났다. 지중해 패권 전쟁에서 승리한 로마제국을 시작으로, 20세기 제1, 2차 세계대전 후 영국과 미국이 강대국으로 등장하여 지금까지 세계 도처에서 전쟁이 계속되고 있다. 내전, 난민 전쟁, 민족 전쟁, 정복 전쟁, 식민지 전쟁, 쿠데타 전쟁, 게릴라 전쟁, 테러 전쟁, 인종 전쟁, 경제 전쟁 등이 있었다. 이렇게 전쟁이 많아지면 사람들은 불안해하고, 두려워하며 신앙을 포기하고 타협, 배교하게 된다. 그래서 예수님은 미혹되지 말라고 하셨다. 그런 상황에서 순교자(증인)도 나타나게 된다. 진실한 알곡 성도와 가라지 성도로 나눠진다. 난리와 전쟁 중에 신앙을 지킬 사람이 얼마나 될까? 연약한 인간은 자신이 없기에 깨어 기도하고 시험에 들지 않도록 미리 대비하고 준비해야 한다.

> **마 24:6~7** 난리와 난리 소문을 듣겠으나 너희는 삼가 두려워하지 말라 이런 일이 있어야 하되 아직 끝은 아니니라 민족이 민족을, 나라가 나라를 대적하여 일어나겠고

6-4   예수님이 오실 때가 되면 마귀도 '자기의 때'가 얼마 남지 않았음을 잘 알고 있다. 예수님께서 오실 때가 가까웠다는 것은 마귀에게는 끝날이 되고 심판의 날이 된다. 그래서 마귀는 우는 사자처럼 성도

(교회)를 삼키려고 달려들며 할 수만 있으면 택하신 자들도 미혹하려 한다. 마귀는 간교하고 교활하게 자신을 광명의 천사와 의의 일꾼으로 가장하여 세대마다 나타나 일한다. 사람의 미혹도 많아진다. 거짓 선지자는 기사와 표적을 보여, 할 수만 있으면 주의 택하신 자들도 미혹, 유혹, 시험한다. 사단은 그렇게 할 수 있는 권세를 거짓 선지자에게 주어 용의 입처럼 말하게 함으로 사람을 미혹한다. 거짓 선지자들은 "그리스도가 여기 있다. 저기 있다. 골방과 광야에 있다"고 하면서 미혹하려고 한다. 그러나 예수님께서는 믿지도 말고 나가지도 말라고 하셨다. 예수님께서는 제자들을 파송하실 때 이리 가운데 양을 보냄과 같다고 하셨다. 그러므로 정신을 차리고 깨어 기도하여 영을 다 믿지 말고 분별하고, 시험에 들지 않고 인자 앞에 서도록 기도와 말씀에 전무하여 성령으로 충만해야 한다.

마 24:4 예수께서 대답하여 이르시되 너희가 사람의 미혹을 받지 않도록 주의하라 **5** 많은 사람이 내 이름으로 와서 이르되 나는 그리스도라 하여 많은 사람을 미혹하리라

6-5   예수님께서 두 번째 인을 떼실 때, 요한은 붉은 말을 보았다. 그 탄 자가 허락을 받아 땅에서 화평을 제하여 버리고 서로 죽이게 하였다. 때가 차면 땅에서 화평을 제하고 전쟁이 많이 일어난다. 오늘날 전쟁의 소문은 늘어가고 실제로 지역 간, 민족 간, 나라와 나라 간의 전쟁

이 많아지고 있다. 국제정치학에서는 인간의 본성과 패권 국가의 본성 자체가 전쟁을 수반하게 된다고 말한다. 국가 간에는 오늘의 영원한 적(敵)도, 내일의 영원한 친구도 없다. 대륙국가와 해양국가의 각기 평화조약과 민족 간에 평화조약도 맺어보지만 언제든지 파기되어 전쟁이 시작된다. 복음서에서 예수님이 말씀하신 '난리와 전쟁'을, 계시록에서는 '붉은 말'로 표현하였다. 이것은 주의 말씀에 대한 기억과 예언의 확실함을 재확인시켜 성도들을 깨우고 있다.

6-6   세 번째인이 떼어질 때, 요한은 '검은 말'을 보았다. 예수님께서 셋째 인을 떼실 때 검은 말을 탄 자가 손에 저울을 가지고 외치기를 "한 데나리온에 밀 한 되요, 한 데나리온에 보리 석 되로다"라고 했다. 밀 한 되와 보리 석 되가 노동자의 하루 품삯이면 엄청난 기근이 시작되었다. 물가상승과 화폐의 가치가 떨어지는 인플레이션이 기근으로 이어졌다. 전쟁 후에는 언제나 경제문제 기근이 따랐다. 역사적으로 세계적인 대기근과 대공황 등이 발생했다. 하나님의 심판 도구는 언제나 '전쟁, 기근, (전)염병'이 있었다. 예수님께서도 세상 끝에는 처처에 난리의 소문, 전쟁뿐 아니라 기근이 있을 것을 말씀하셨다. 유엔식량기구(FAO)는 세계 인구의 절반이 굶고 있다고 발표하기도 했다. 예수님이 말씀하신 징조대로 기근도 심해지고 있다. 창세기에 나오는 요셉의 때에 7년 흉년이 있었는데 하나님의 구원을 들어내는 사건이었다. 예수님께서는 이런 징조를 보거든 깨어 있으라고 하셨다. 이런 일은 재난의 시작이지

6장 :

세상 끝이 아니라고 하신 것도 잘 기억해야 하고, 세상 끝은 추수 때인 것과 잘 구별할 수 있어야 한다.

> **마 24:7** 민족이 민족을, 나라가 나라를 대적하여 일어나겠고 곳곳에 기근과 지진이 있으리니 **8** 이 모든 것은 재난의 시작이니라 **13:39** 가라지를 뿌린 원수는 마귀요 추수 때는 세상 끝이요 추수꾼은 천사들이니 **40** 그런즉 가라지를 거두어 불에 사르는 것 같이 세상 끝에도 그러하리라

6-7 　　　주님께서 넷째 인을 떼실 때, 요한은 '청황색 말'을 보았다. 청황색 말은 그 이름이 '사망과 음부'라고 가르쳐 주셨다. 전쟁, 기근, 전염병이다. 청황색 말의 뒤에 따르는 것이 사망과 음부였기 때문에, 청황색 말은 예수님께서 말씀하신 '전염병(pestilence)'이다. 즉 질병에 의한 사망을 말한다. 의사 출신인 누가는 예수님께서 누가복음에서만 말씀하신 징조 중에 마지막 때에 나타날 '전염병'을 찾아 기록하였다. 오늘날 코로나 팬데믹으로 인해 640만 명 이상 죽었다. 전염병에는 반드시 사망과 음부가 뒤따르고 있어, 믿지 않고 죽은 자들은 음부에 던져짐을 알려준다. 예로부터 전염병은 하나님의 심판 도구, 진노의 채찍으로 등장하였다. 예레미야와 에스겔서에 보면, 하나님께서는 타락한 이스라엘 백성에게 앗수르와 바벨론을 칼과 기근과 (전)염병이라는 진노의 막대기로 심판하셨다.

눅 21:11 곳곳에 큰 지진과 기근과 전염병(pestilences)이 있겠고 또 무서운 일과 하늘로부터 큰 징조들이 있으리라

렘 14:12 그들이 금식할지라도 내가 그 부르짖음을 듣지 아니하겠고 번제와 소제를 드릴지라도 내가 그것을 받지 아니할 뿐 아니라 칼과 기근과 전염병으로 내가 그들을 멸하리라

6-8 하나님께서 이스라엘 백성을 출애굽 하게 하실 때, '독종, 악종'등 전염병으로 바로와 애굽을 심판하셨다. 전염병은 고대부터 많이 있었고, 중세의 흑사병은 유럽 인구의 1/3을 사망에 이르게 했다. 현대사에 전무후무한 코로나 폐렴 바이러스는 2019년 11월 17일 중국 우한에서 시작하여 229개 나라에서 세계 대유행하고 있다. 2021년 2월 말 기준으로, 4억 명이 확진되었고 600만 명이 사망하였다. 1918년에는 스페인 독감, 1970년에는 폐결핵, 1980년에는 에이즈 바이러스, 1990년부터 바이러스가 급증하였는데 싸스, 메르스, 조류독감, 아프리카 돼지열병, 급기야 코로나 팬데믹이 있었다. 지금까지 필자가 살면서 들어온 바이러스, 전염병을 열거하면 홍역, 수두, 폐병, 이질, 결핵, 콜레라, 백일해, 볼거리, 에이즈, 광견병, 장티푸스, 말라리아, 조류독감, O-157, 유행성 출혈증, 아데노 바이러스, 렙토스피라, 비브리오 폐혈증, 엔터로 바이러스, 신종 인플루엔자, 구제역, 사스, 조류 독감, 아프리카 돼지열병, 메르스, 코로나 바이스러스 등이다. 실로 마지막 때는 '고통하는 때(딤

후 3:1)'라고 성경은 말한다. 결국 넷째 인까지 떼지면 세상에는 난리, 전쟁, 기근, 전염병이 주님의 말씀대로 나타나, 사람들이 사망과 음부에 던져지고 있다. 그러므로 지금 마지막 때가 오고 있는 것이 아니라, 지금이 마지막 때다.

6-9   첫째 인부터 넷째 인까지의 재난은 순차적으로 일어나는 것이 아니라, 반복적이면서 랜덤으로 나타난다. 난리와 전쟁, 기근과 전염병 등이 처처에서 반복적으로 일어난다는 것을 유의해야 한다. '난리의 소문, 전쟁, 기근, 전염병, 지진 등'은 사람들의 신앙을 흔들리게 하고 미혹되기가 쉽다. 거짓 선지자들이 나타나 쉽게 미혹하고, 적그리스도 짐승 앞에서 쉽게 배교하게 된다. 이런 재난을 겪게 되면서 참된 믿음과 거짓 믿음으로 나누어진다. 알곡과 가라지로 나누어진다. 깨어 있는 자에게는 회개의 기회와 준비하는 기회가 된다. 한편 사단의 종인 거짓 선지자와 적그리스도의 두 짐승이 나타나서 할 수만 있으면 택하신 교회와 성도들을 미혹하고 배교하게 만든다. 그래서 예수님께서는 마지막 때에 첫 번째 하신 말씀은 "먼저 너희가 사람의 미혹을 받지 않도록 주의 하라"고 하셨다. 이런 재난을 볼수록 정신을 차리고 인자 앞에 서도록 깨어 기도해야 한다. 성령으로 충만해야 한다. 주님이 하신 말씀을 기억해야 한다. "인자가 올 때 세상에서 믿음을 보겠느냐"

눅 21:35 이 날은 온 지구상에 거하는 모든 사람에게 임하리라 **36** 이러므로

너희는 장차 올 이 모든 일을 능히 피하고 인자 앞에 서도록 항상 기도하며 깨어 있으라 하시니라

6-10　　이렇게 세상은 마지막 때를 맞아 재난이 가중되어 종말을 향해 간다. 그동안의 재난 즉 영적 전쟁, 국가 간 전쟁, 기근과 지진, 전염병으로 고통받고 있을 때, 다섯째 인이 떼어지고 하늘에 가 있는 영혼들은 주님께 신원과 탄원의 기도를 드리고 있는 것을 요한이 보았다. 그들은 하나님의 말씀과 예수 그리스도의 증인들로서, 자신들이 가진 증거로 말미암아 죽임을 당한 영혼으로 제단 아래서 기도하고 있었다. 그들의 탄원 기도 제목은 '거룩하고 참되신 대주재(大主宰)여, 땅에 거하는 자들을 심판하여 우리 피를 갚아주지 아니하시기를 어느 때까지 하시려 하시나이까?'였다. 이 기도는 역사에서 많은 순교자의 기도와 탄식, 그리고 시편의 신원, 탄원의 기도였다. 먼저 하늘에 간 성도들은 어서 속히 주의 심판의 날, 여호와의 큰 날, 진노의 날, 하나님의 승리의 날이 오도록 기도하고 있었다. 주의 심판은 이미 시작되었고, 주님 오실 날이 가까워졌다. 그들은 예수님과 함께 성도(교회)를 위해서 간구하셨고, 보혜사 성령께서도 말할 수 없는 탄식으로 친히 성도를 위하여 간구하셨다. 성도들도 인자 앞에 서도록 항상 깨어 기도해야 한다.

눅 21:35 이 날은 온 지구상에 거하는 모든 사람에게 임하리라 **36** 이러므로 너희는 장차 올 이 모든 일을 능히 피하고 인자 앞에 서도록 항상 기도하며

6-11　　순교자들은 모두 하나님의 말씀과 예수의 증거 때문에 죽임을 당한 자들이었다. 순교자들의 탄원의 기도에 대하여 주님께서는 세 가지를 말씀하셨다. 첫째, 각각 그들에게 흰 두루마기를 주셨다. 둘째, "아직 잠시 동안은 쉬라"고 하셨다. 셋째, "그들의 동무 종들과 형제들도 죽임을 당하여 그 수가 차기까지 기다리라"고 하셨다. 왜냐하면 지금은 마지막 때이지 세상 끝이 아니기 때문이다. 예수님께서는 세상 끝을 "이 천국 복음이 모든 민족에게 전파되어야 하리리 그제야 끝이 오리라 (마 24:14)"고 하셨다. 예수님의 십자가와 부활의 복음이 땅 끝까지 전파되어 증인의 수, 순교자의 수가 차야하고, 사도행전 1:8 말씀대로 모든 민족에게 복음이 다 전파되어야 세상 끝이 오기 때문이다. 그때까지 하늘에 있는 성도들은 기다리고 쉬게 된다. 흰 두루마기를 입고 하나님께서 원하시는 구원의 총수, 즉 유대인과 이방인 중에서 구원의 수가 찰 때까지 잠시 쉬라고 하셨다.

계 11:11 삼 일 반 후에 하나님께로부터 생기가 그들 속에 들어가매 그들이 발로 일어서니 구경하는 자들이 크게 두려워하더라 **12** 하늘로부터 큰 음성이 있어 이리로 올라오라 함을 그들이 듣고 구름을 타고 하늘로 올라가니 그들의 원수들도 구경하더라

6-12   어린양 주님께서 여섯 번째 인을 떼실 때 하늘의 천체이상 현상이 나타났다. 해와 달과 별들의 천체이상으로 땅에서는 지진이 일어났다. 모든 천제는 거리와 시간의 질서를 따라 움직이는 데 천체이상이 생기면 밀물과 썰물의 차이, 지진, 해일, 쓰나미 등이 처처에서 일어난다. 일찍이 예수님께서는 마지막 때의 징조로써 처처에 지진과 천체이상을 말씀하셨다. 구약의 전통에서 지진은 주의 심판의 큰 징조였다. 아모스 시대에도 아주 큰 지진이 있었고, 주께서 십자가에서 운명하셨을 때 해는 빛을 잃었고 낮이 캄캄해졌으며 지진이 일어났다. 구글에서 '지진'을 검색하면 지금 계속되는 많은 지진기록이 있다. 또한 해가 검은 털로 짠 상복(총담: 말 털로 두껍게 짠 담요)같이 검어지고, 달은 온통 피같이 되는 기록도 많다. 이것은 요엘 2장, 이사야 34장, 50장, 에스겔 32장에도 기록되어 있다. 하늘의 별들, 소행성이 무화과나무가 대풍에 흔들려 설익은 열매가 떨어지는 것처럼 떨어진다. 베드로 사도는 지구를 구성하는 물질(체질, the element)도 불에 녹아 풀어져서 지구는 파괴된다고 했다. 로마서 8장에서는 피조물도 탄식하며 하나님의 아들들이 나타나길 고대한다고 했다. 예수님께서는 주의 날에 대해 말씀하시길 "번개가 동편에서 나서 서편까지 번쩍임같이 인자의 임함도 그러하리라(마 24:27)"고 하셨다. 주님 오실 때가 되면 하늘에 큰 징조가 나타난다. 초림 때에 동방박사들에게 큰 별이 하늘에 나타났던 것처럼 말이다.

벧후 3:12 하나님의 날이 임하기를 바라보고 간절히 사모하라 그 날에 하늘이 불에 타서 풀어지고 물질이 뜨거운 불에 녹아지려니와 13 우리는 그의 약속대로 의가 있는 곳인 새 하늘과 새 땅을 바라보도다

욜 2:30 내가 이적을 하늘과 땅에 베풀리니 곧 피와 불과 연기 기둥이라 31 여호와의 크고 두려운 날이 이르기 전에 해가 어두워지고 달이 핏빛 같이 변하려니와 32 누구든지 여호와의 이름을 부르는 자는 구원을 얻으리니 이는 나 여호와의 말대로 시온 산과 예루살렘에서 피할 자가 있을 것임이요 남은 자 중에 나 여호와의 부름을 받을 자가 있을 것임이니라

6-13   예수 그리스도께서 이 땅에 오실 때 많은 사람이 가장 잘 알고 볼 수 있는 징조는 '하늘'에 보이는 것이다. 결정적으로 주님이 오실 때의 징조는 하늘에 나타난다. 모든 사람이 볼 수 있고, 알 수 있도록, 주님께서는 공중에 강림하시기 때문이다. 예수님께서는 승천하실 때도 구름을 타고 올라가셨고, 다시 오실 때도 500여 형제들이 본 그대로 주님은 하늘로부터 구름을 타고 오신다고 하셨다. 마 24:27 "번개가 동편에서 나서 서쪽까지 번쩍임같이 인자의 임함도 그러하리라"고 하셨다. 만왕의 왕, 만유의 주님께서 승리자와 심판자로 오시는데, 어찌 하늘이 잠잠하겠는가? 천천만만의 천군 천사의 개선가와 승전가와 함께 예수님은 '주의 호령과 천사장의 소리와 하나님의 나팔 소리에 하늘로부터 친히 구름을 타시고 영광과 큰 능력'으로 오시기 때문이다. 예수 그리스도께서 재림하실 때는 조용히 오지 않으시고 천지를 진동하고 오신다. 초림 때처럼 조용히 베들레헴 말구유에 오시지 않는다. 거짓 선지자들의 말처럼 골방, 광야에 계시지 않는다. 예수 그리스도께서는 하늘과 땅의 큰 징조들을 나타내시고 공중에 구름을 타고 오신다. 예수님께서 초

림 때에는 '구원자 메시야'로 오셨지만, 재림 때에는 '심판자, 만왕의 왕, 만주의 주'로 오신다. 하늘과 땅의 모든 권세를 가지시고 땅의 임금들 머리가 되신 주님은 승리자, 영광의 주로 오신다. 속히 오신다.

> **요 3:18** 그를 믿는 자는 심판을 받지 아니하는 것이요 믿지 아니하는 자는 하나님의 독생자의 이름을 믿지 아니하므로 벌써 심판을 받은 것이니라 **5:22** 아버지께서 아무도 심판하지 아니하시고 심판을 다 아들에게 맡기셨으니

6-14   예수님의 초림 때는 하늘에서 큰 별이 나타나 주님 오신 징조가 되었다. 동방박사들은 별의 인도를 따라 주님 나신 곳에 이르렀다. 예수님의 재림 때에도 하늘에 징조가 여섯 가지가 있는데, '해, 달, 별, 구름, 번개, 우레'이다. 예수님께서는 감람산에서 구름을 타고 올라가심을 본 그대로 다시 오신다고 천사가 증언했다. "주의 호령과 천사장의 소리와 하나님의 나팔소리로부터 강림하신다"고 했다. 신부 된 교회와 성도들에게 "보라 신랑이로다" 음성이 들려온다. 그때 신랑의 음성을 듣는 자는 살아나고 무덤에서 잠자던 자들도 이들의 음성을 듣게 되는데 듣는 자는 살아난다고 하셨다. 주안에서 죽은 자들은 다 잠잘 것이 아니요, 홀연히 변화하여 생명의 부활로 일어나 구름 속으로 끌어 올려져 공중에서 주님을 영접하게 된다. 주님 말씀대로 한 사람은 데려감을 당하고 한 사람은 버려둠을 당한다. 마귀의 자녀로 악한 일을 행한 자는 심

6장 :

판의 부활로 나아가게 된다. 그래서 사도바울은 사도행전 19장에서 악인의 부활과 의인의 부활로 구별해 말씀했다. 이때는 "바다가 그 가운데서 죽은 자들을 내 주고 또 사망과 음부도 그 가운데서 죽은 자들을 내 주매(계 20:13)" 모두가 부활하여 심판을 받는다. 성도는 부활의 첫 열매 되신 주님을 믿기에 죽어도 살고, 무릇 살아 있는 자들은 영원히 죽지 아니하며 둘째 사망의 해, 즉 '불 못'의 심판도 받지 않는다.

계 1:7 볼지어다 그가 구름을 타고 오시리라 각 사람의 눈이 그를 보겠고 그를 찌른 자들도 볼 것이요 땅에 있는 모든 족속이 그로 말미암아 애곡하리니 그러하리라 아멘

요 5:25 진실로 진실로 너희에게 이르노니 죽은 자들이 하나님 아들의 음성을 들을 때가 오나니 곧 이 때라 듣는 자는 살아나리라 28 이를 놀랍게 여기지 말라 무덤 속에 있는 자가 다 그의 음성을 들을 때가 오나니 29 선한 일을 행한 자는 생명의 부활로, 악한 일을 행한 자는 심판의 부활로 나오리라

행 24:15 그들이 기다리는 바 하나님께 향한 소망을 나도 가졌으니 곧 의인과 악인의 부활이 있으리라 함이니이다

6-15 첫째 인을 시작으로, 여섯째 인까지 나타난 징조들은 모두 예수님이 말씀하신 세상 끝에 나타날 일(징조)들이다. 이런 징조들을 보면

주님 오실 때가 가까이 왔다는 것을 알고, 천기를 분별하는 것처럼 깨어 기도하여 영적 분별을 하고 살아야 한다. 해산이 가까웠는데 '평안하다. 안전하다'하고 있을 수 없다. 등불만 준비하고 기름을 준비하지 않은 미련한 신부가 될 수 없다. 늘 깨어 기도하여 정신을 차리고 기도하며 인자 앞에 서도록 준비하며 단장해야 한다. 복음의 일꾼, 그리스도의 일꾼으로서 자거나, 졸거나, 놀거나, 취하거나 할 수 없다. 한 달란트 맡은 종처럼 땅속에 묻어 둠으로 악하고 게으른 종이 될 수 없다. 성도들은 주님이 인정하시고, 칭찬하실 수 있도록 세상 끝에서 인자가 오실 때 믿음을 보여 주어야 한다. 가라지가 아닌 알곡 성도로, 염소가 아닌 양과 같은 성도로, 주님과 왕과 구주이신 예수 그리스도를 만나야 한다. 사도행전 1:8 명령대로 천국 복음이 모든 민족에게 전파되도록 땅 끝까지 주님의 증인으로 서야 한다. 부족함과 허물은 예수 그리스도의 피로 씻어 그 옷을 희게 하고, 어린양이 어디로 인도하든지 따라가야 한다. 배교, 배도, 미혹, 타협, 음행, 우상 숭배하지 않아야 하나님의 나라를 유업으로 받는다. 그러나 마지막 때에 땅의 임금들과 왕족들, 장군들, 부자들, 강한 자들은 모두 산과 바위틈에 숨어 끝까지 하나님을 비방하며 재난과 재앙을 당하면서도 회개하지 않는다. 주님은 그들에게 회개할 기회를 주었으되 그들은 회개하고자 하지 않는다.

6-16   여섯째 인까지의 징조들을 정리하면 다음과 같다. 흰 말은 난리의 소문과 전쟁으로 서로 이기고 또 이기려는 영적 전쟁이다. 붉은

말은 민족과 국가 간에 일어나는 실제 전쟁을 뜻한다. 검은 말은 기근, 경제공황이다. 청황색 말은 질병, 전염병으로 인한 사망과 음부가 뒤따른다. 여섯째 인은 지진과 천체이상(해,달,별)의 징조다. 이것은 제자들이 마태복음 24장, 마가복음 13장, 누가복음 21장에서 마지막 때의 징조가 무엇이냐는 질문에 대하여 주님께서 대답하신 세상 끝의 징조와 마지막 때의 장차 될 일들과 정확히 일치한다.

6-17   종말의 이해를 위하여 예수님께서 말씀하신 마지막 때와 세상 끝을 구별해야 한다. 마지막 때는 세상 끝이 아니라 재난의 시작이라고 하셨다. 세상 끝은 천국 복음이 모든 민족에게 전파되어야 온다. 즉 땅 끝까지 이르러 주님의 증인이 되어야 한다는 말씀이 이루어져야 한다. 이렇게 복음이 다 전파되었다면 그때는 추수 때다. 하나님은 아들에게 심판을 맡기셨고, 주님은 이한 낫으로 알곡과 가라지로 구분하여 거두신다. 천사들을 보내서서 사방에서 알곡 성도를 모아 천국 창고에 들이신다. 구약의 추수절은 알곡 성도, 의인들의 자녀들이 잔치하는 때였다. 아버지께서는 이때 아들을 위하여 혼인 잔치가 준비되었고, 아들은 신부를 맞을 처소를 예비하였음으로 영접하러 다시 오신다. 다시 오셔서 신부 된 교회와 성도를 맞이해 주심으로 주님 있는 곳에 우리도 있게 하신다. 봄의 절기에서 완성된 구원의 십자가는 가을의 절기인 추수 때에 심판의 완성으로 이어진다. 그래서 추수 때가 세상 끝이다. 그때까지 미혹되지 않고, 배교하지 않으며 믿음을 지켜야 한다.

마 24:5 많은 사람이 내 이름으로 와서 이르되 나는 그리스도라 하여 많은 사람을 미혹하리라 **6** 난리와 난리 소문을 듣겠으나 너희는 삼가 두려워하지 말라 이런 일이 있어야 하되 아직 끝은 아니라 **7** 민족이 민족을, 나라가 나라를 대적하여 일어나겠고 곳곳에 기근과 지진이 있으리니 **8** 이 모든 것은 재난의 시작이니라

6-18   그러므로 주님께서 말씀하신 징조들 즉, 난리 소문, 전쟁, 기근, 전염병, 천체이상이 마지막 때의 중요한 싸인이다. 그때가 되면 멸망의 가증한 것, 적그리스도와 거짓 선지자들이 주님보다 먼저 와서 거짓 기사와 표적을 보인다. 멸망의 가증한 것을 성전에 세우고 하나님의 성전에 앉아 자신을 하나님이라고 하며, 스스로를 하나님의 자리까지 높여서 성도들을 핍박, 비방하게 된다. 데살로니가후서 2장에서 사도바울은 "예수님의 날이 이르기 전에 먼저 적그리스도와 거짓 선지자들이 먼저 이른다"고 했다. "주의 날이 이르렀다고 쉬 동심하지 말라"고 했다. 게다가 거짓 선지자들은 사단처럼 용의 입을 가져, 거짓 기사와 표적을 행하고 할 수만 있으면 택하신 자라도 넘어뜨리려고 한다. 또한 적그리스도는 거룩한 하나님의 성전에 멸망의 가증한 것을 세워 신성 모독하고 성도들을 박해하게 된다. 그러기에 주님께서는 마지막 때에 교회와 성도들을 사랑하시고 지금 깨우고 계신다. 심판과 경고, 칭찬과 상급을 말씀하시면서 회개할 기회를 주고 계신다. 하나님께서는 세상 끝날까지 죄인도 죽은 것을 기뻐하지 않으시고 돌이켜 사는 것을 원

하시며, 모든 사람이 구원을 받으며 진리를 아는데 이르기를 원하신다.

6-19   세상의 끝이 오려면 주님의 절대 조건이 있다. 땅 끝까지 복음이 전파되어야 한다. 마 24:14 "이 천국 복음이 모든 민족에게 증언되기 위하여 온 세상에 전파되리니 그제야 끝이 오리라" 하셨기 때문이다. 예수님께서는 세상 끝날까지 너희와 항상 함께할 테니, "그러므로 너희는 가서 모든 민족을 제자로 삼아 세례를 주고 가르쳐 지키게 하라"고 하셨다. 성령의 권능을 받아 땅 끝까지 내 증인이 되라"고 하셨다. 사랑의 하나님께서는 아무도 멸망치 않고 회개하기에 이르기를 원하시며 천년을 하루같이, 하루를 천 년같이 기다리시고 인내하신다. 그리고 어떤 임금이 아들의 혼인 잔치를 준비하듯이 예수 그리스도, 우리 주님의 강림을 준비하고 계신다. 혹자는 말했다. "예수 그리스도는 조급한 자의 기대처럼 빨리 오시지도 않고, 안일하고 게으른 자의 기대처럼 늦게 오시지도 않는다" 주님은 오래 참지만, 영원히 참지는 않으신다. 주의 날, 진노의 날, 심판의 날이 이르기 전에 기회를 주실 때에 회개하고 돌아와야 한다. "보라 지금은 은혜받을 만한 때요 구원의 날이다".

행 1:7 이르시되 때와 시기는 아버지께서 자기의 권한에 두셨으니 너희가 알 바 아니요 8 오직 성령이 너희에게 임하시면 너희가 권능을 받고 예루살렘과 온 유대와 사마리아와 땅 끝까지 이르러 내 증인이 되리라 하시니라 9 이 말씀을 마치시고 그들이 보는데 올려져 가시니 구름이 그를 가리어 보이지 않게 하더라

요한계시록

7장

Revelation

7-1　　　요한계시록 7장에서 하나님의 최대 관심사는 예수 그리스도의 구원이다. 마지막 때의 구원받은 자녀들의 숫자이다. 한 영혼을 천하보다 귀하게 생각하시기 때문이다. 마지막 날에 천국과 지옥으로 심판을 앞에 두고 구원받은 자녀들 구원의 수는 중요하다. 땅 끝까지 복음이 전파되었을 때, 세상 끝에서 어린양 생명책에 녹명된 이름, 알곡신앙으로 주의 증인들의 이름이 정리되어야 한다. 그동안 믿음을 지키고 사명을 감당한 제자, 일꾼, 신부, 증인들을 계수가 필요하다. 세상 끝에서 하나님의 자녀와 마귀의 자녀로 나타나게 하신다. 이것은 구약에서도 출애굽한 백성들과 가나안 땅에 들어갈 백성을 계수하여 기록한 전통과 같다. 예수님께서는 일찍이 잃은 양 한 마리까지도 찾으셨고, 또한 아버지께서 주신 자는 하나도 잃지 않기를 원하신다고 기도하셨었다. 그러므로 하나님의 자녀의 수, 증인과 신부, 그리스도의 제자와 일꾼을 세어보시는 것은 당연하다. 하나님 나라에 청함을 받고 택함을 받는 자를 성별하신다. 그러나 일찍이 예수님께서는 "청함을 받은 사람은 많되 택함을 받은 사람은 적으니라"고 하셨다. 먼저 된 자로서 나중 될 자도 많다고도 하셨다. 그러므로 정신 차리고 예수님을 믿어야 한다.

요 17:12 내가 그들과 함께 있을 때에 내게 주신 아버지의 이름으로 그들을 보전하고 지키었나이다 그 중의 하나도 멸망하지 않고 다만 멸망의 자식뿐이오니 이는 성경을 응하게 함이나이다… **18:9** 이는 아버지께서 내게 주신 자 중에서 하나도 잃지 아니하였사옵나이다 하신 말씀을 응하게 하려 함이러라

7-2　　예수님께서는 세상 끝을 추수 때라고 하셨다. 추수 때에 추수 꾼인 천사들을 보내어 하늘 이 끝에서 저 끝까지 주의 택하신 자들을 사 방에서 불러 모으신다. 주께서 택하신 자들, 주의 증인들, 알곡 성도들 이 '구원받은 자의 수'이다. 하나님께서는 구원받은 백성들의 이마에 '인 (印, seal, 헬:스프라기죠)'을 치셨다. '인을 친다'는 것은 자기 백성에 대한 하 나님의 선택, 기록, 소유, 보존, 확정, 안전, 보장의 뜻으로 도장을 찍어 확인하셨다. 요일 5:6에는 "우리의 구원의 증거에 대하여 증거 하는 이 가 셋인데 물, 성령, 피"라고 하셨다. 또한 이 셋은 하나이다. 예수 그리 스도의 물세례, 성령으로의 인침, 예수 그리스도의 피로 씻음, 모두 예 수 그리스도를 증거하기 때문이다. 반면 사단은 하나님의 인침을 모방 하여, 적그리스도 즉 짐승을 통해 사람들의 이마와 오른손에 '표(mark, 666)'를 주어 받게 한다. 하나님께서는 구원받은 자녀들에게 인을 치심 으로 그리스도와 함께 후사가 되어 하나님 나라를 유업으로 받게 하시 고, 마귀는 표를 주어 마귀의 자녀로 확정한다.

7-3　　인침을 받은 자들은 모두 어린양의 피에 씻어 그 옷을 희게 한 자들이었다. 구약과 신약의 구원은 둘 다 어린양 예수의 피로 시작한다. 출애굽 당시 어린양의 피가 그 집 문설주와 문인 방에 좌우, 상하로 바 를 때 십자가 모양이 되고, 그 피가 있으면 죽음의 재앙이 넘어갔다. 바 로의 학대, 노역, 고통과 노예의 신분이 넘어갔고 애굽과 홍해, 광야, 세 렛 시냇가, 요단강이 넘어갔다. 신약의 구원은 세상 죄를 지고 가는 하

나님의 어린양 피로 시작되었다. 물과 피와 성령으로 그리스도로 합하여 하나 되고 그리스도로 옷 입는 자들을 구원받은 자라고 하셨다. 성도는 아들의 영, 양자의 영, 그리스도의 영인 성령으로 인을 쳐서 예수 그리스도의 피로 그 맘에 큰 증거가 되어 있다.

> **요일** 5:6 이는 물과 피로 임하신 이시니 곧 예수 그리스도시라 물로만 아니요 물과 피로 임하셨고 증언하는 이는 성령이시니 성령은 진리니라 7 증언하는 이가 셋이니 8 성령과 물과 피라 또한 이 셋은 합하여 하나이니라

7-4   이스라엘에 대한 하나님의 사랑은 특별했다. 스가랴 2:8에 의하면 이스라엘 백성은 '하나님의 눈동자'였다. 이스라엘 백성의 구원에 대한 하나님의 특별한 관심은 아브라함의 열두 지파에 있다. 일찍이 사도바울은 "내가 그리스도에게서 끊어질지언정 원하는 바는 내 골육 친척 곧 이스라엘 사람의 구원을 하나님의 마음"으로 고백했다. 예수님의 초림부터 지금까지 많은 유대인은 십자가의 원수로 살아왔다. 예수님을 십자가에 못 박고 복음을 거부하며 십자가를 거리끼는 것으로 생각한 사람들이 유대인이었다. 사도행전에 보면 사도바울이 복음을 전하는 곳마다 유대인들이 앞장서 방해하고 핍박함으로 바울의 전도는 이방인에게로 향하게 되었다. 그러나 하나님께서는 이방인의 구원과 유대인의 구원을 다 이루신다. 구원은 여호와께 속하였다. 특별히 하나님이 원하시는 유대인 구원의 수와 이방인 구원의 수가 모두 차야 한다. 또

"하나님께서는 아브라함과 모세, 다윗과 맺은 언약, 계약을 지키시기 때문에 그 언약은 아직 폐하여진 것 같지 않았다"고 사도바울이 말했다. 그러므로 하나님의 유대인 구원의 수, 이스라엘의 열두 지파 구원은 땅 끝까지 꼭 이루어져야 한다.

> **롬 9:1** 내가 그리스도 안에서 참말을 하고 거짓말을 아니하노라 나에게 큰 근심이 있는 것과 마음에 그치지 않는 고통이 있는 것을 내 양심이 성령 안에서 나와 더불어 증언하노니 3 나의 형제 곧 골육의 친척을 위하여 내 자신이 저주를 받아 그리스도에게서 끊어질지라도 원하는 바로라 4 그들은 이스라엘 사람이라 6 그러나 하나님의 말씀이 폐하여진 것 같지 않도다 이스라엘에게서 난 그들이 다 이스라엘이 아니요 7 또한 아브라함의 씨가 다 그의 자녀가 아니라 오직 이삭으로부터 난 자라야 네 씨라 불리리라 하셨으니 8 곧 육신의 자녀가 하나님의 자녀가 아니요 오직 약속의 자녀가 씨로 여기심을 받느니라

> **행 13:46** 바울과 바나바가 담대히 말하여 이르되 하나님의 말씀을 마땅히 먼저 너희에게 전할 것이로되 너희가 그것을 버리고 영생을 얻기에 합당하지 않은 자로 자처하기로 우리가 이방인에게로 향하노라

7-5   하나님의 구원은 크게 유대인의 구원과 이방인의 구원으로 분류된다. 사도바울은 "예수 그리스도 안에서 유대인과 이방인이 한 새 사

람(one new man)이 되어 함께 하나님의 가족이 된다"고 했다. 복음은 유대인이나 헬라인이나, 종이나 자유자나, 여자나 남자나 그리스도 안에서 하나 되게 하신다. 복음으로 유대인과 이방인이 '한 새사람'이 되어 천국에 간다. 구약에서도 유대인과 이방인이 믿음 안에서 하나가 되었는데 보아스와 룻이, 살몬과 기생 라합이, 솔로몬과 술람미 여인이 함께 하나님의 언약과 잔치에 참여하게 된다. 이렇게 하나님의 청함과 택함을 받은 구원의 백성은 유대인이나 헬라인이나 모두 5가지 특징이 있다. 첫째, 그들의 이마에는 어린양의 이름과 아버지의 이름을 쓴 것이 있었다. 둘째, 이 사람들은 여자(음녀, 이세벨, 바벨론)와 더불어 더럽히지 않았다. 셋째, 이들은 환란의 때에 참고 견딤으로 배교, 배도, 미혹되지 않았다. 넷째, 그들은 모두 어린양이 어디로 인도하든지 따라가는 자들이었다. 다섯째, 그들은 부활의 첫 열매되신 예수 그리스도와 하나님께 속한 자들이었다. 이들만이 택하심과 인치심을 받아 어린양 혼인 잔치에 들어가며, 새 노래를 알고 배우며 부를 수 있었다. 그들은 모두 예수님의 피에 씻어 그 옷을 희게 한 자들로 흠이 없었다.

계 3:4 그러나 사데에 그 옷을 더럽히지 아니한 자 몇 명이 네게 있어 흰 옷을 입고 나와 함께 다니리니 그들은 합당한 자인 연고라

엡 2:15 법조문으로 된 계명의 율법을 폐하셨으니 이는 이 둘로 자기 안에서 한 새 사람을 지어 화평하게 하시고

7장 :

7-6　　요한계시록 7장에서는 구원받는 사람, 즉 하나님께 인침을 받은 성도를 숫자로 기록하였다. 예수님께서는 일찍이 마지막 때를 '노아와 롯의 때'와 같다고 하셨는데, 노아의 때는 구원받은 자의 수가 적어 노아와 겨우 일곱이었고, 롯의 때에는 롯의 가족 중에 롯과 두 딸, 처가 전부였는데, 롯의 처는 뒤를 돌아본 고로 소금 기둥이 되어 소알까지 이르지 못했다. 소돔과 고모라에는 의인의 수가 겨우 10명도 없어서 불과 유황이 비처럼 내려 망했다. 하나님의 심판 때에 구원받은 자의 수는 생각 외로 적었다. 하나님이 심판하실 때 택하신 자들의 구원의 수를 하늘 이 끝에서 저 끝까지 사방에서 알곡으로 모으시기 위하여 추수꾼인 천사들을 보내신다. 롯의 때와 같이 천사들을 보내어 그 성에서 이끌어 내신다. 마지막 때는 유대인과 이방인 중에서 구원받은 사람들, 즉 아버지께 인침을 받는 자들, 어린양 생명책에 이름이 기록된 자들, 신부, 증인, 제자, 일꾼 된 자들, 어린양이 어디로 인도하든지 따랐던 자들, 어린양의 피에 씻어 그 옷을 희게 한 자들만 모으신다. 하나님은 모든 사람이 구원을 받으며 진리를 아는데 이르기를 원하시고 악인과 죄인도 죽는 것을 기뻐하지 않으시고 돌이켜 사는 것을 원하셨다.

창 19:16 그러나 롯이 지체하매 그 사람들이 롯의 손과 그 아내의 손과 두 딸의 손을 잡아 인도하여 성 밖에 두니 여호와께서 그에게 자비를 더하심이었더라

민 2:32 이상은 이스라엘 자손이 그들의 조상의 가문을 따라 계수된 자니 모든 진영의 군인 곧 계수된 자의 총계는 육십만 삼천오백오십 명이며

렘 5:1 너희는 예루살렘 거리로 빨리 다니며 그 넓은 거리에서 찾아보고 알라 너희가 만일 정의를 행하며 진리를 구하는 자를 한 사람이라도 찾으면 내가 이 성읍을 용서하리라

7-7   하나님께서는 그의 택하신 백성, 선민(選民)에게 언약의 표징으로 할례(circumcision)를 행하게 하셨다. 신약에서는 하나님의 자녀들에게 세례를 베풀었고 성령으로 인치셨다. 물과 성령으로 거듭나게 하셨는데, 예수 그리스도를 영접하는 자, 곧 그 이름을 믿는 자들을 하나님의 뜻으로 난 자, 위로부터 난 자들이라 하셨다. 사도바울은 "유대인들에게 진정한 할례는 육체에 모양을 내는 것이 아니라 마음과 영에 하는 것이고, 표면적 유대인이 유대인이 아니라 이면적 유대인이 유대인이라"고 했다. 갈라디아서에서는 "이방인도 예수 그리스도를 믿음으로 말미암아 아브라함의 자손임을 알지어다"라고 하셨다. 하나님께서는 택하신 백성에게 인(seal)을 치셨다. 마귀도 이를 흉내 내어 짐승과 우상에게 경배하며 자기를 따르는 자에게 '표'를 하였는데, 요한은 이 표를 받지 말라고 했다. 그러므로 하나님의 자녀의 이마에는 어린양의 이름과 아버지의 이름을 쓴 것(계 14:1)이 있고, 마귀의 자식 이마와 오른손에는 표, 666(계 13:16) 있었다. 이로써 하나님의 자녀와 마귀의 자녀가 나타나게 되었다.

요일 3:10 이러므로 하나님의 자녀들과 마귀의 자녀들이 드러나나니 무릇 의

를 행하지 아니하는 자나 또는 그 형제를 사랑하지 아니하는 자는 하나님께 속하지 아니하니라

창 17:13 너희 집에서 난 자든지 너희 돈으로 산 자든지 할례를 받아야 하리니 이에 내 언약이 너희 살에 있어 영원한 언약이 되려니와

7-8   천국 복음이 모든 민족에게 다 전파되면 그 때는 마지막 때가 아니라 세상 끝이다. 예루살렘과 유대와 사마리아와 땅 끝까지 이르러 복음이 전파되고 증인이 서게 되면 세상의 끝이 된다. 계시록에서의 일곱 인과 일곱 나팔은 마지막 때의 재난과 환란의 시작이지만, 복음 전파의 땅 끝까지 완료되면 그때는 세상 끝이다. 복음이 다 전파되었으므로 하나님의 구원의 수도 유대인과 이방인 수가 다 차게 되었다. 그래서 유대인과 이방인의 구원의 수를 기록할 필요가 있다. 로마서 9~11장에 의하면 "유대인이 복음을 거부함으로 이방인의 구원이 먼저 이루어지고 그 후에 유대인, 이스라엘의 구원이 이루어지는 하나님의 섭리와 계획도 완성되었다. 주의 날에 유대인과 이방인이 모두 그리스도 안에서 '한 새 사람(one new man)'이 되어 어린양 혼인 잔치에 다 같이 나아가게 된다. 한 새사람이 된 구원의 백성은 주님과 함께 나의 사랑, 나의 어여쁜 자여 일어나 함께 가자"고 하신다.

엡 2:13 이제는 전에 멀리 있던 너희가 그리스도 예수 안에서 그리스도의 피

로 가까워졌느니라 14 그는 우리의 화평이신지라 둘로 하나를 만드사 원수 된 것 곧 중간에 막힌 담을 자기 육체로 허시고 15 법조문으로 된 계명의 율법을 폐하셨으니 이는 이 둘로 자기 안에서 한 새 사람을 지어 화평하게 하시고

롬 11:11 그러므로 내가 말하노니 그들이 넘어지기까지 실족하였느냐 그럴 수 없느니라 그들이 넘어짐으로 구원이 이방인에게 이르러 이스라엘로 시기나게 함이니라 14 이는 혹 내 골육을 아무쪼록 시기하게 하여 그들 중에서 얼마를 구원하려 함이라

7-9   요한계시록 7장에 나오는 유대인의 구원의 수는 이방인의 구원의 수에 비하여 적었다. 각 나라와 족속과 백성과 방언에서 능히 셀 수 없는 큰 무리와 비교되는 수였다. 유대인 구원은 이스라엘 열두 지파에서 1만 2000명씩 14만 4000명이었다. 복음서에서 유대인들은 예수님을 그리스도, 메시야로 인정하지 않고 십자가에 못 박아 죽도록 하였다. 그들이 원하는 메시야는 십자가의 예수가 아니라, 정치, 경제, 종교적인 메시야였기 때문이다. 유대인들은 예수 그리스도의 십자가를 거리끼는 것이라 하여, 사도바울이 전하는 복음을 방해하고 대적하며 핍박하였다. 예수님께서는 마지막 때를 노아의 때와 롯의 때와 같다고 하셨는데, 반드시 택하신 자녀들을 모으신다. 모으시기 전에 이스라엘 열두 지파의 구원의 수는 반드시 채워져야 한다. 왜냐하면 계시록 20장에 가면 새

예루살렘 성이 하늘로부터 내려오는데 동서남북의 세 개씩 모두 열두 진주 문이 있었고, 거기에는 열두 지파의 이름이 기록되어 있기 때문이다. 계시록 7장에서는 유대인의 구원의 수에 단 지파가 빠져있다. 단 지파 대신에 므낫세와 요셉 지파^(에브라임)가 들어갔다.

> **행 13:46** 바울과 바나바가 담대히 말하여 가로되 하나님의 말씀을 마땅히 먼저 너희에게 전할 것이로되 너희가 버리고 영생 얻음에 합당치 않은 자로 자처하기로 우리가 이방인에게로 향하노라

> **벧전 3:20** 그들은 전에 노아의 날 방주 예비할 동안 하나님이 오래 참고 기다리실 때에 순종치 아니하던 자들이라 방주에서 물로 말미암아 구원을 얻은 자가 몇 명뿐이니 겨우 여덟 명이라

7-10   유대인들이 복음을 거부해도 하나님의 약속은 폐하여지지 않는다. 이사야는 말하기를, 상수리나무가 베임을 당하여도 그루터기가 남듯이 '남은 자들^(Remnant)'의 구원의 수는 결국 채워진다. 구원의 수가 열두 지파에서 12,000씩, 144,000으로 상징되었고, 반면 각 나라와 족속과 방언에서 이방인의 구원의 수는 매우 많아 '아무도 능히 셀 수 없는 큰 무리'로 표현되었다. 여기서 무리^(호클로스)는 '군대'라는 의미를 포함한다. 구원받은 하나님의 백성들은, 주님의 군대, 십자가의 군병, 그리스도의 좋은 군사들이었다. 하나님께서는 다섯 번째 인을 떼실 때

에 순교자들의 기도에 응답하시면서 "동무 종들과 형제들도 자기처럼 죽임을 당하여 그 수가 차기까지 기다리라"고 하셨는데, 순교자의 수와 구원의 수가 채워짐으로 시간이 다 되었다. 그러면 주님은 지체하지 않으신다.

7-11 하나님의 '구원의 수'가 다 차면 주님은 강림하신다. 왜냐하면 땅 끝까지 복음이 다 전파되었기 때문이다. 추수 때가 이르러 세상의 끝이 되었고, 알곡 성도를 모을 때가 되었기 때문이다. 이제 아버지는 신랑과 신부(교회, 성도)를 위해 '어린양의 혼인 잔치'를 준비하여 들어가게 하신다. 그래서 천국은 마치 어떤 임금이 자기 아들을 위하여 준비한 잔치와 같았다고 하셨다. 이때 혼인 잔치에 청함을 받고 택함을 받은 자들은 복이 있다. 이때는 유대인과 이방인 모두 차별이 없는 예수 그리스도의 의로 하나가 되어 잔치에 참여한다. 마치 유대인 솔로몬이 이방의 술람미 여인과 하나 된 것 같이, 호세아 선지자가 고멜과 하나 된 것 같이, 유대인 보아스가 이방 여인 룻과 하나 된 것 같이, 구원받은 모든 백성이 '한 새 사람'이 되어 나아가게 된다. 아가서의 사랑의 노래, "나의 사랑 나의 어여쁜 자야 일어나 함께 가자"를 부르는 그때는 무덤에서 잠자던 자들도 다 잠잘 것이 아니요, 다시 일어나 구름 속으로 끌어 올려 공중에서 주를 영접하게 하셔서 주와 함께 있게 하신다. 그러므로 어린양의 혼인 잔치는 준비되었다. 알곡, 증인, 신부들이 준비되었고, 주님께서는 처소(거처, many mansions)들을 마련되었기에 아버지께서는 그날과 때를 정하신다.

7장 :

계 2:14 그는 우리의 화평이신지라 둘로 하나를 만드사 원수 된 것 곧 중간에 막힌 담을 자기 육체로 허시고 15 법조문으로 된 계명의 율법을 폐하셨으니 이는 이 둘로 자기 안에서 한 새 사람을 지어 화평하게 하시고 16 또 십자가로 이 둘을 한 몸으로 하나님과 화목하게 하려 하심이라 원수 된 것을 십자가로 소멸하시고

7-12 성도는 언제나 오직 하나님의 은혜와 오직 믿음으로 구원받는다. 여기서 구원(쏘테리아)은 승리를 의미한다. 죄와 사망으로부터 승리다. 사단으로부터 승리다. 삼위일체 하나님의 승리요, 복음의 승리, 십자가의 승리, 하나님 나라의 승리이다. 그래서 구원받은 하나님의 자녀들은 큰 소리로, 온 맘 다해 구원의 주님을 찬양하며, 어린양의 노래를 불렀다. '구원하심이 보좌에 앉으신 우리 하나님과 어린양에게 있도다. 아멘. 찬송(율로기아)과 영광(독사)과 지혜(소피아)와 감사(유카리스티아)와 존귀(티메)와 권능(두나미스)과 힘(이스쿠스)이 우리 하나님께 세세토록 있을지어다' 이런 찬송은 구원받는 자들만 아는 노래였다. 끝까지 인내하며, 두렵고 떨림으로 구원을 이루고, 어린양의 피에 그 옷을 씻어 희게 한 자들이요, 신부들이며 인자가 올 때에 믿음을 보여준 주의 증인들이었다. 성경은 이들을 가리켜 "큰 환란에서 나오는 자들인데 어린양의 피에 그 옷을 씻어 희게 하였느니라"고 했다. * 괄호(헬라어 우리말 발음)

7-13   요한은 흰옷을 입고 찬송하는 자들이 누구인지를 물었다. 장로 중 하나가 대답하기를 "이는 큰 환난(tribulation)에서 나오는 자들인데 어린양의 피에 그 옷을 씻어 희게 하였느니라(계 7:14)"고 했다. 구원받은 성도가 주님 앞에서 입은 옷은 흰 옷인데 일반적인 색깔을 뜻하는 것이 아니라 어린양의 피에 씻어 희게 된 것이었다. 예수 그리스도의 의, 하나님의 의, 십자가의 의를 믿고 깨끗하게 되어서 예수 그리스도와 합하여 세례를 받아 그리스도로 옷 입었던 자녀들이다. 삿 1:18에서 "여호와께서 말씀하시되 오라 우리가 서로 변론하자 너희의 죄가 주홍 같을지라도 눈과 같이 희어질 것이요 진홍같이 붉을지라도 양털같이 희게 되리라" 말씀하셨는데 그 말씀도 완벽하게 이루어졌다. 주님께서는 속죄함을 받은 백성들의 목자가 되셔서 생명수 샘으로 인도하시고, 하나님께서는 그들의 눈에서 모든 눈물을 씻어 주셨다.

7-14   그런 면에서 요한계시록은 승리의 책, 찬양의 책이다. 청함과 택함을 입은 구원받은 성도, 그리스도의 군사, 증인의 궁극적인 승리의 노래였다. 그래서 계시록은 무섭고 두려운 책이 아니라, 기쁨과 감사, 승리와 찬양의 책이다. 계시록은 곳곳에서 성도들의 승리, 주님의 영광을 찬양하고 있다. 계시록 4장, 5장, 7장을 비롯해 최고의 '할렐루야' 찬송이 등장하는 19장까지 하나님을 천군 천사들과 스랍들, 이십사 장로들과 함께 찬양하고 화답하였다. 주님께서 임재하실 때, 그의 백성들을 인 치셨을 때, 마지막 나팔 불 때, 어린양 혼인 잔치에 들어갈 때 모두 찬

양하였다. 하나님만을 경배하였다. 천국은 세세토록 하나님의 영광을 찬양하는, 성령 안에서 의와 평강과 희락의 나라였다.

계 19:1 이 일 후에 내가 들으니 하늘에 허다한 무리의 큰 음성 같은 것이 있어 이르되 할렐루야 구원과 영광과 능력이 우리 하나님께 있도다

7-15　　요한계시록 7장에서 '어린양의 노래'가 시작된다. 마치 출애굽을 시작한 그때처럼 하나님의 선민, 인침을 받은 구원의 백성의 노래는 계시록 15장으로 이어져 어린양의 혼인 잔치에 들어가며 축제의 찬양을 드린다. 구약에서 홍해를 건넌 후 이스라엘 백성이 부른 구원의 노래, 승리한 기쁨을 노래한 모세와 미리암의 구원의 노래, 홍해 노래를 소고 치며 춤추어 찬양한 것과 같다. 바로를 이기고 애굽의 고난과 고역을 벗어난 자들처럼 바벨론(음녀)과 악한 짐승을 이긴 성도들의 노래였다. 혼인 잔치에 들어가며 그들은 불이 섞인 유리 바닷가에 서서 하나님의 거문고를 가지고 주님을 찬양했다. 이 찬양은 계시록 19장에서 계속 이어지는데, 시편 150편에서 이후로 등장하지 않던 '할렐루야'가 회복되었다. 계시록에서는 '할렐루야'가 네 번 반복되는데, 하나님의 공의로운 심판과 통치를 기뻐하는 찬양이었다. 믿음으로 세상을 이긴 하나님의 자녀들 승리와 영광과 감사와 찬송을 하나님께 드렸다.

사 42:8 나는 여호와이니 이는 내 이름이라 나는 내 영광을 다른 자에게, 내

찬송을 우상에게 주지 아니하리라… **43:21** 이 백성은 내가 나를 위하여 지었나니 나를 찬송하게 하려 함이니라

계 19:1 이 일 후에 내가 들으니 하늘에 허다한 무리의 큰 음성 같은 것이 있어 이르되 할렐루야 구원과 영광과 능력이 우리 하나님께 있도다 **2** 그의 심판은 참되고 의로운지라 음행으로 땅을 더럽게 한 큰 음녀를 심판하사 자기 종들의 피를 그 음녀의 손에 갚으셨도다 하고

7-16   유대인의 구원을 상징하는 수 '144,000'을 기록할 때, '단 지파'가 빠져있다. 원래 '단'은 빌하가 낳은 장자이다. 사사 삼손도 단 지파 출신인데 열두 지파 가운데 미약하고 작다고 했다. 성경은 단 지파가 빠진 이유를 설명하지 않고 있다. 요한 당시 적그리스도는 정치적 인물로서 네로나 도미티아누스와 같은 황제숭배를 강요하는 자로 인식되었다. 3세기 히폴리투스는 "적그리스도는 단 지파에서 출현하여 그가 흩어진 유대인들을 모아 나라를 건설하고 하나님처럼 숭배를 받으며 지상의 왕으로 군림하지만 결국 죽임을 당할 것이라"고 언급했다. AD 100년 경의 디다케 16:4에 의하면 "적그리스도는 온 세상을 미혹하는 유대인 거짓 그리스도이자, 정치적 폭군으로 3년 반 동안 번성할 것"으로 보았다. 구약성경 전반에 걸쳐 단 지파 지역은 언제나 우상숭배의 중심지였고, 신약시대에도 요한이 경계한 '로마 황제숭배'의 중심지였다. 하나님께서 가장 싫어하시고 금하신 우상숭배와 황제숭배 사상은 단 지파

뿐 아니라 누구든지 하나님 나라에서 제하여진다. 우상을 숭배하는 자들은 하나님 나라를 유업으로 받을 수 없다고 하셨기 때문이다. 요한은 어린양 예수 그리스도를 배도, 배교하고, 사단(뱀)을 따라 적그리스도와 타협할 때 생명책에서 그 이름을 지워버리신다는 말씀을 우리에게 잘 상기 시켜주고 있다.

출 32:33 여호와께서 모세에게 이르시되 누구든지 내게 범죄하면 내가 내 책에서 그를 지워 버리리라

갈 5:19 육체의 일은 현저하니 곧 음행과 더러운 것과 호색과 20 우상 숭배와 술수와 원수를 맺는 것과 분쟁과 시기와 분냄과 당짓는 것과 분리함과 이단과 21 투기와 술 취함과 방탕함과 또 그와 같은 것들이라 전에 너희에게 경계한 것같이 경계하노니 이런 일을 하는 자들은 하나님의 나라를 유업으로 받지 못할 것이요

계 3:5 이기는 자는 이와 같이 흰 옷을 입을 것이요 내가 그 이름을 생명책에서 결코 지우지 아니하고 그 이름을 내 아버지 앞과 그의 천사들 앞에서 시인하리라…13:8 죽임을 당한 어린양의 생명책에 창세 이후로 이름이 기록되지 못하고 이 땅에 사는 자들은 다 그 짐승에게 경배하리라

7-17 예수님께서 자기 땅에 오셨을 때 자기 백성들은 영접하지

아니하였다. 예수님을 십자가에서 고난당하게 하시고, 못 박도록 내어
준 자들은 대제사장, 서기관, 바리새인들이었다. 자기 백성, 유대인이
항상 걸림돌이 되었고, 복음에서 멀어져 갔다. 믿었던 자들마저도 하나
님의 큰 구원을 등한히 여기고 하나님의 손에서 빠져나갔다. 그래서 사
도바울은 "참된 유대인은 이면적 유대인이요, 마음에 할례를 한 자요,
그리스도의 흔적(헬, στίγμα 스티그마)를 가진 자"라고 했다. 갈 3:7 "믿음으
로 말미암는 자는 아브라함의 자손임을 알지어다"라고 갈라디아 교회
에 말했다. 아브라함의 씨라고 해도 육신의 자녀가 자녀가 아니요, 약
속과 성령과 자유함이 있는 여자에게서 난 자가 참 이스라엘이라고 했
다. 하나님께서 지금은 예수 그리스도를 구주로 믿는 성도를 나라와 제
사장으로 삼으셨다. 예수님에 의해서 이미 패배당한 사단에게 경배하
고 미혹된 자는 누구라 할지라도, 아브라함의 단 지파 자손이라도 하나
님 나라에서 제하여 버림을 당하고 어린양 생명책에 녹명되지 못한다.

갈 4:30 그러나 성경이 무엇을 말하느냐 여종과 그 아들을 내쫓으라 여종
의 아들이 자유 있는 여자의 아들과 더불어 유업을 얻지 못하리라 하였느니
라 31 그런즉 형제들아 우리는 여종의 자녀가 아니요 자유 있는 여자의 자
녀나라

7-18　　요한계시록에서는 자칭 유대인의 모임이 있었는데 실상은
유대인이 아니요, 사단의 회당이라고 했다. 표면적 유대인이지만, 거짓

의 아비인 사단과 거짓 선지자들의 모임이었다. 그런 사단의 회와 권좌가 있던 곳이 서머나(계 2:9), 버가모(계 2:13), 빌라델비아(계 3:9) 지역이었다. 유대교에서 바라고 기다리는 메시야는 두 가지 조건을 가지고 있어야 했다. 첫째, 로마로부터 구원해 줄 정치적 메시야, 둘째, 고난받는 종으로 성경에 약속한 종교적 메시야, 둘 다 이루어야 한다. 그래서 메시야는 정치적으로 이스라엘을 로마로부터 구원하고 종교적으로는 구약의 약속을 이루어 해방과 자유, 구원을 줄 수 있어야 했다. 그런데 예수님은 십자가를 지시고 화목제물과 속죄제물, 밀알이 되신다고 하셨다. 그래서 경건하고 성령 충만했던 세례요한도 사람을 보내어 "예수님, 당신이 메시야이면 밝히 말씀하시고 아니면 우리가 다른 이를 기다리오리까?"라고 질문했다. 세례요한이 믿음이 없어서가 아니라 유대인들이 가지고 있는 메시야 사상 때문이었다. 그러나 예수님은 "내가 그이"라고 했다. 예수님께서는 '치유하는 종'으로, 십자가에서는 '고난받는 종'으로, 부활하시고 재림하셔서는 '정복하는 왕', '만왕의 왕, 만주의 주'이시다. 예수 그리스도, 하나님의 아들, 우리의 유일한 구원자이시다.

행 4:12 다른 이로써는 구원을 받을 수 없나니 천하사람 중에 구원을 받을 만한 다른 이름을 우리에게 주신 일이 없음이라 하였더라

7-19 기독교는 로마 황제, 네로를 시작으로 도미티아누스 때 큰 박해를 받았다. AD 70년에는 도미티아누스의 형인 티투스(디도)장군에게

예루살렘이 정복당했다. 유대인들의 저항이 계속되었지만 3차 유대-로마전쟁에서 전멸하거나 흩어지게 되었다. AD 137년, 하드리아누스 황제 때 최후의 항전에서 패하고 대부분 죽거나 자결하였으며, 포로로 잡혀갔고, 남은 자들은 전 세계로 흩어져 디아스포라가 되었다. 흩어진 디아스포라 유대인은 크게 "아슈케나즈(ashkénaze)" 유대인과 "세파라디(sefardí)" 유대인으로 나누어지는데, 예수 그리스도를 믿는 자들은 진정한 유대인으로 아브라함의 믿음을 이어간 자들은 세파라디 유대인들이었다. 아슈케나즈들은 자칭 유대인이라고 하지만, 실상은 거짓 유대인으로 사단의 회당(모임)으로 지금까지 계속되고 있다. 반기독교적인 법률, 정치, 경제, 전쟁, 반기독교 정책을 펼치는 자들이다. 하나님의 도성에 도전하는 바벨론 큰 성에서 온갖 음행과 가증한 것과 살인과 우상 숭배, 방탕, 분열, 이단, 주술, 영혼을 팔며, 짐승에게 경배하며, 성도들과 예수의 증인들의 피에 취해 있는 자들이다.

요 8:40 지금 하나님께 들은 진리를 너희에게 말한 사람인 나를 죽이려 하는도다 아브라함은 이렇게 하지 아니하였느니라… **56** 너희 조상 아브라함은 나의 때 볼 것을 즐거워하다가 보고 기뻐하였느니라

계 2:9 …자칭 유대인이라 하는 자들의 비방도 알거니와 실상은 유대인이 아니요 사단의 회당이라 **10** 너는 장차 받을 고난을 두려워하지 말라 볼 지어다 마귀가 장차 너희 가운데에서 몇 사람을 옥에 던져 시험을 받게 하리니 너희가 십 일 동안 환난을 받으리라 네가 죽도록 충성하라 그리하면 내가 생명의 관을 네게 주리라

7장

7-20　　　　예수님의 말씀대로 AD 70년에 예루살렘 성전은 돌 위에 돌 하나 남지 않고 무너졌다. 그 후에도 유대-로마전쟁이 3차에 걸쳐 일어 났다. 132년 2차 전쟁에서 58만 명이 사망했는데 유대인 2/3가 죽었다. 3차 유대-로마전쟁으로 완전히 멸망하였다. 이스라엘에 남은 유대인들 은 다 흩어지고 없게 되었다. 2000년 동안 나라를 잃어버린 유대인들은 1917년 1차 세계대전 끝에 패권국이 된 영국이 '벨푸어 선언'을 통해 이 스라엘 독립을 보장해준다. 천 년을 지배했던 오스만 투르크 제국이 1 차 세계대전^(1914~1918)으로 망하게 되므로 가능했다. 곧이어 2차 세계대 전^(1938~1945)이 발발했고, 그 결과로 패권국이 된 미국의 지원으로 이스 라엘은 1948년 5월 14일 독립하게 되었다. 2000년 만에 나라를 되찾아 건국하였다. 이것은 성경 예언의 성취이며 이스라엘 열두 지파의 구원 의 수를 이루시기 위한 하나님의 섭리였고, 자기 백성을 고토로 돌아오 게 하시는 하나님의 역사, 언약의 성취였다. 흩어진 유대인들이 고토^{(예} ^{루살렘, 고국)}로 돌아오는 것을 알리야^(Aliyah; 올라감, 예루살렘 고국 귀향)라고 한 다. 요즘도 매일 900명 이상씩 '알리야 운동'으로 열두 지파가 이스라엘 로 돌아온다. 1917년에 이스라엘 인구가 6만 명이었는데, 2021년 930 만 명이 넘었다.

암 9:8 보라… 내가 그것을 지면에서 멸하리라 그러나 야곱의 집은 온전히 멸하지는 아니하리라 여호와의 말씀이니라 **11** 그 날에 내가 다윗의 무너진 장막을 일으키고 그것들의 틈을 막으며 그 허물어진 것을 일으켜서 옛적과 같이 세우고 **12** 그들이 에돔의 남은 자와 내 이름으로 일컫는 만국을 기업 으로 얻게 하리라 이 일을 행하시는 여호와의 말씀이니라

7-21   이스라엘의 독립^(1948. 5. 14)역사는 하나님 말씀에 대한 성취였다. 2차대전 이후의 강대국이 된 미국의 트루먼 대통령^(1945~1953)이 이스라엘 독립보장을 해주었는데, 1947년은 '사해사본, 즉 쿰란 사본' 구약 성경이 발견된 해였다. 1867년에 다윗 성과 히스기야 터널을 발견한 후 50년, 즉 희년이던 1917년에 이스라엘 독립을 위한 '벨푸어 선언'이 있었다. 곧바로 아랍국가들과 소련은 1948년 5월 14일 이스라엘의 독립을 반대해서 중동전쟁이 일어났다. 그중 가장 중요한 전쟁이 일어난 1967년 제3차 중동전쟁은 '6일 전쟁'으로, 이스라엘이 대승을 거두어 옛 영토 대부분을 되찾았다. 이것도 벨푸어 선언⁽¹⁹¹⁷⁾ 후 50년 희년의 선물이었다. 1967년 6일 전쟁 후, 50년 희년이 지나면 2017년이 되는데 미국 대통령, 트럼프^(2017~2021)는 아랍국가들과 아브라함 평화협정을 체결하였고, 예루살렘을 이스라엘의 수도로 공식 선언하고 미 대사관을 옮겼다. 벨푸어 선언 후 100년 만에 중동평화 협정이 이루어졌는데, 이것은 또한 사해사본을 발견한 해⁽¹⁹⁴⁷⁾로부터 70년^(면제년) 만에 이루어진 사건이었다. 실로 놀라운 하나님의 섭리이다. 그 섭리 속에 유대인 중에 예수님을 메시야로 믿는 구원의 수가 지금도 계속되고 있다.

롬 9:6 그러나 하나님의 말씀이 폐하여진 것 같지 않도다 이스라엘에게서 난 그들이 다 이스라엘이 아니요 **7** 또한 아브라함의 씨가 다 그의 자녀가 아니라 오직 이삭으로부터 난 자라야 네 씨라 불리리라 하셨으니… **11:1** 그러므로 내가 말하노니 하나님이 자기 백성을 버리셨느냐 그럴 수 없느니라…

신 15:1 매 칠 년 끝에는 면제하라 **2** 면제의 규례는 이러하니라 그의 이웃에게 꾸어준 모든 채주는 그것을 면제하고 그의 이웃에게나 그 형제에게 독촉하지 말지니 이는 여호와를 위하여 면제를 선포하였음이라

요한계시록
8장

Revelation

8-1   요한계시록은 역사의 주인이시고 알파와 오메가 되신 하나님의 마지막 '시간표'이다. 하나님은 태초부터 시간과 공간, 천지 만물과 인간의 생사화복 그리고 마귀 사단까지 모두 통치하고 계신다. 전능하신 아버지 하나님께서는 마지막 때의 심판을 아들에게 맡기셨다. 하나님의 시간표에 대하여 예수님께서는 무화과나무의 비유로 말씀하셨다. 여름이 가까워지면 무화과나무 잎이 연하여지고 가지를 내는 것처럼, 마지막 때가 되면 주께서 말씀하신 모든 징조가 다 이루어지는데 그 때 '인자가 문 앞에 이른 줄 알라'고 하셨다. 그러나 '그날, 그 시'는 아버지의 권한에 두셔서 너희의 알 바가 아니라고 하셨다. 그러나 주님께서는 징조를 통해서는 인자가 문 앞에 이른 줄 알게 하심으로 깨어 있어 증인과 신부, 일꾼으로 준비하게 하신다. 참된 종말론은 예수님이 언제 오시는지 '날짜'를 맞추는 것이 아니라, 주님이 언제 오시든지 맞을 준비를 하는 것이다. 기도하는 일과 말씀 전하는 일에 깨어 있어 증인과 신부의 삶을 살다가 주님을 만나고 결산할 준비를 하면 충분하다.

요 5:21 아버지께서 죽은 자들을 일으켜 살리심 같이 아들도 자기의 원하는 자들을 살리느니라 22 아버지께서 아무도 심판하지 아니하시고 심판을 다 아들에게 맡기셨으니 23 이는 모든 사람으로 아버지를 공경하는 것 같이 아들을 공경하게 하려 하심이라 아들을 공경치 아니하는 자는 그를 보내신 아버지를 공경치 아니하느니라

8-2   요한계시록에 나오는 모든 징조는 예수님께서 말씀하신 마지막 때의 징조(현상)로 '하나님의 시간표'를 알려준다. 말씀하신 징조는 크게 5가지인데 성전의 증거, 미혹하는 일, 땅의 징조(지진, 전쟁, 기근, 전염병), 하늘의 징조, 두 짐승 즉 적그리스도와 거짓 선지자가 등장하는 것이다. 이런 일들이 먼저 이루어져야 주님이 오신다. 이런 일이 있기 전에는 주의 날이 이르렀다고 해도 쉬 동심하지 말라고 하셨다. 인자가 세상에 다시 오실 때 믿음을 보여주는 일이 중요하다. 마지막 때의 환란과 핍박을 겪으면서 인자가 오실 때 믿음을 보여주는 자가 누구인지? 미혹되지 않고 배교(배도)하지 않으며 믿음을 지키는 증인이 누구인지? 순결한 신부(교회, 성도)로 깨어 있어 기름과 등불을 준비한 슬기로운 처녀가 누구인지? 드러나기 때문이다.

> **살후 2:1** 형제들아 우리가 너희에게 구하는 것은 우리 주 예수 그리스도의 강림하심과 우리가 그 앞에 모임에 관하여 **2** 영으로나 또는 말로나 또는 우리에게서 받았다 하는 편지로나 주의 날이 이르렀다고 해서 쉽게 마음이 흔들리거나 두려워하거나 하지 말아야 한다는 것이라 **3** 누가 어떻게 하여도 너희가 미혹되지 말라 먼저 배교하는 일이 있고 저 불법의 사람 곧 멸망의 아들이 나타나기 전에는 그 날이 이르지 아니하리니

8-3   요한계시록 8장은 하나님의 시간표 중에서 일곱 나팔로 나팔을 불 때마다 마지막 때의 징조, 나타날 일을 알려준다. 일곱 개의 나

팔이 각각 불려지면 일곱 인 때보다 땅과 바다와 강물과 하늘에서 주님이 말씀하신 징조는 더 많아졌기 때문에 주님 오실 날은 더 확실하고 가까워졌다. 일곱 나팔은 일곱 인 때의 재앙(징조, 싸인, 환란)들이 다시 '병행, 반복, 강조, 대조'하고 있어서 이제는 곧 '인자가 문밖에 선 것'을 알게 된다. 어떤 재앙은 더 확대되고, 어떤 재앙들은 새롭게 나타난다. 첫째 나팔부터 넷째 나팔까지는 여섯 인을 떼실 때와 같이 땅에서 나타날 '징조'로 육지와 바다, 강에 재난이 일어난다. 반면 천체에도 이상 현상이 훨씬 더 많아졌다. 그리고 주의 날이 가까울수록 모이기를 힘쓴 성도의 기도들 향연이 하나님께 상달된다. 금 향로에 담긴 기도의 향기는 천사의 손으로부터 하나님의 금 제단에 드려진다. 이런 성도들의 기도 속에 일곱 나팔을 가진 천사는 나팔 불기를 예비하고 있었다.

> **계 8:3** 또 다른 천사가 와서 제단 곁에 서서 금 향로를 가지고 많은 향을 받았으니 이는 모든 성도의 기도와 합하여 보좌 앞 금 제단에 드리고자 함이라 **4** 향연이 성도의 기도와 함께 천사의 손으로부터 하나님 앞으로 올라가는지라

8-4   첫 번째 나팔을 시작하여 네 번째 나팔까지의 재앙과 환란은 크고 무서웠지만, 앞으로 남아 있는 두 개의 재앙은 더 무서웠다. 이 두 가지 재앙이 더 남아 있어 독수리가 큰 소리로 땅에 사는 자들에게 "화, 화, 화로다"라고 경고하였다. 구약에서 하나님은 나귀를 통해 발람을 경

고하셨고, 큰 물고기를 통해 요나를 경고하셨던 것을 기억하며, 독수리가 말을 하며 세상을 경고하는 것은 이상하지 않다. 나팔 재앙은 마지막 때에 가까워진 징조로 땅과 바다에서 재난이 발생하는 데 땅, 바다, 강, 천체에 일곱 인을 떼실 때 보다 많아져 1/3씩 파괴되었다. 예수님께서는 일찍이 너희가 천기도 분별해야 하고 영적으로도 분별해야 한다고 하셨기에 이 모든 재앙을 보거든 주님 오실 때가 가까워 마지막 때인 줄 알고 깨어 기도하면서 인자가 문밖에 서신 것을 알고 깨어 준비할 때가 되었다.

> **마** 24:32 무화과나무의 비유를 배우라 그 가지가 연하여지고 잎사귀를 내면 여름이 가까운 줄을 아나니 33 이와 같이 너희도 이 모든 일을 보거든 인자가 가까이 곧 문 앞에 이른 줄 알라 34 내가 진실로 너희에게 말하노니 이 세대가 지나가기 전에 이 일이 다 이루리라

8-5   여섯 번째 나팔 때의 싸인(징조, 재앙)이, 여섯 인을 뗄 때보다 1/3씩 더 많아졌으므로 주의 날이 훨씬 더 가까워졌음을 알아야 한다. 이쯤되면 예수님, 즉 인자가 문 앞에 이르러 계신다. 히브리서 말씀의 성취로 이 때는 '잠시 후면 오실 이가 오실' 텐데 문만 열고 오시면 된다. 첫번째에서 네 번째 나팔까지의 중요한 특징은 각각의 천사들이 나팔을 불면 재앙(징조)이 더 많아져 1/3씩 땅과 바다, 강물, 천체가 파괴되었다. 첫째 나팔 때는 땅의 1/3, 둘째 나팔 때는 바다의 1/3, 셋째 나팔 때는 강

물의 1/3, 넷째 나팔 때는 해, 달, 별들이 모두 1/3씩 파괴되었다. 특히 해와 달과 별이 빛을 잃어버리기 때문에 낮과 밤의 1/3에 비춰임이 없고 밤도 그러했다. 하나님께서는 천지 만물을 통하여 말씀하신 예언을 성취하심으로 창조주, 심판자, 왕 이심을 드러내신 것이다. 이때는 천지 만물을 진동하면서 성도들을 깨우고 계신다.

> **히 12:26** 그 때에는 그 소리가 땅을 진동하였거니와 이제는 약속하여 이르시되 내가 또 한 번 땅만 아니라 하늘도 진동하리라 하셨느니라 **27** 이 또 한번이라 하심은 진동하지 아니하는 것을 영존하게 하기 위하여 진동할 것들 곧 만드신 것들이 변동될 것을 나타내심이라 **28** 그러므로 우리가 흔들리지 않는 나라를 받았은즉 은혜를 받자 이로 말미암아 경건함과 두려움으로 하나님을 기쁘시게 섬길지니 **29** 우리 하나님은 소멸하는 불이심이라

8-6   어떻게 하늘과 달, 별들이 제 기능을 잃어버리게 되는가? 이것은 구약 창세기에서 소돔과 고모라를 멸하실 때 하늘에 불과 유황을 비같이 내리신 것을 기억해보자. 창 19:24 "여호와께서 하늘 곧 여호와께로부터 유황과 불을 소돔과 고모라에 비같이 내리사" 25 "그 성들과 온 들과 성에 거주하는 모든 백성과 땅에 난 것을 다 엎어 멸하셨더라" 여호수아도 아말렉과 전쟁할 때, 태양과 달을 멈추게 했다. 엘리야는 3년 6개월 동안 우로(雨露)를 내리지 않게 했다. 그리고 요엘서에서는 '주의 날, 여호와의 크고 두려운 날, 진노의 날'을 불과 연기 기둥을 나타나

게 하셨다. 달이 핏빛(blood moon)같이 변하였는데, 주님 오실 때 다시 한 번 더 나타내신다. 그렇다. 누구보다 구약을 잘 아는 유대인들에게 주님 다시 오실 때를 알려주기 위해 반복되었다. 예수 그리스도는 하늘과 땅의 모든 권세를 가지고 계셨기에 이 땅을 심판하시려고 속히 오신다.

> **욜** 2:10 그 앞에서 땅이 진동하며 하늘이 떨며 해와 달이 캄캄하며 별들이 빛을 거두도다… 30 내가 이적을 하늘과 땅에 베풀리니 곧 피와 불과 연기 기둥이라 31 여호와의 크고 두려운 날이 이르기 전에 해가 어두워지고 달이 핏빛 같이 변하려니와… 32 누구든지 여호와의 이름을 부르는 자는 구원을 얻으리니… 3:15 해와 달이 캄캄하며 별들이 그 빛을 거두도다

8-7　　왜 주님께서는 하늘과 땅을 통해 징조를 말씀하시는가? 세 가지 이유가 있다. 먼저 이사야서의 말씀대로, "하늘이여 외치라, 땅이여 들으라" 즉, 소돔과 고모라 백성 같은 자들에게 경고하시기 위함이다. 둘째, 하나님께서 하늘과 땅의 주인임을 드러내심으로 하늘에 있는 자들과 땅에 있는 자들과 땅 아래 있는 자들을 깨우고 경고하시기 위함이다. 셋째는 하나님의 말씀이 신실하게 성취되기 위해서 말씀하신 그대로 징조들이 나타나게 하신다. 베드로 사도도 가르쳐 주시길 마지막 때에는 새 하늘과 새 땅이 이루어지기 위해 처음 하늘과 땅이 떠나가고 지구를 구성하는 물질(체질, the elements)이 풀어지고 파괴된다고 했다. 예수님께서 갈보리 십자가에서 운명하실 때도 태양은 빛을 잃고 땅은 캄캄해졌으며 지진이 있었다. 이런 일이 예수님 오실 때에도 반복되고 그래

서 마지막 때는 크고 두려운 여호와의 날, 심판의 날이 된다.

벧후 3:10 그러나 주의 날이 도둑 같이 오리니 그 날에는 하늘이 큰 소리로 떠나가고 물질이 뜨거운 불에 풀어지고 땅과 그중에 있는 모든 일이 드러나리로다 **11** 이 모든 것이 이렇게 풀어지리니 너희가 어떠한 사람이 되어야 마땅하냐 거룩한 행실과 경건함으로 **12** 하나님의 날이 임하기를 바라보고 간절히 사모하라 그 날에 하늘이 불에 타서 풀어지고 물질이 뜨거운 불에 녹아지려니와 **13** 우리는 그의 약속대로 의가 있는 곳인 새 하늘과 새 땅을 바라보도다

8-8　　　예수님께서 십자가에 운명하셨을 때 제 육시^(12:00)로부터 온 땅에 어둠이 임하여 제 구시^(15:00)까지 계속되었다. 태양은 15시 낮이었지만 천지를 울리면서 예수 그리스도의 십자가를 증언하였다. 하늘과 땅은 하나님의 발등상이다. 여호수아는 믿음으로 선포하였다. "태양아 머무르라. 달아 너도 아얄론 골짜기에 그리할지어다" 선포한 대로 해와 달이 멈추어 여호와의 승리, 여호수아의 승리를 도와주었다. 히스기야 왕이 치유의 증거를 원했을 때, 해 그림자의 각도 즉 일영도^(日影度)를 15도 물러가게 하셨다. 결정적일 때 하나님은 하늘과 땅으로 증거를 삼으신다. 지금은 마귀가 공중 권세, 세상 권세를 잡고 있지만, 우리 주 예수 그리스도께서는 하늘과 땅의 모든 권세를 붙잡고 계신다. 하나님은 역사와 우주의 주인이시기에 장차 철장으로 만국을 다스리시고 심판하신다. 그 주님이 속히 오고 계신다.

수 10:12 여호와께서 아모리 사람을 이스라엘 자손에게 넘겨 주시던 날에 여호수아가 여호와께 아뢰어 이스라엘의 목전에서 이르되 태양아 너는 기브온 위에 머무르라 달아 너도 아얄론 골짜기에서 그리할지어다 하매 **13** 태양이 머물고 달이 멈추기를 백성이 그 대적에게 원수를 갚기까지 하였느니라 야살의 책에 태양이 중천에 머물러서 거의 종일토록 속히 내려가지 아니하였다고 기록되지 아니하였느냐

왕하 20:10 히스기야가 대답하되 그림자가 십도를 나아가기는 쉬우니 그리할 것이 아니라 십도가 뒤로 물러갈 것이니이다 하니라 **11** 선지자 이사야가 여호와께 간구하매 아하스의 해시계 위에 나아갔던 해 그림자를 십도 뒤로 물러가게 하셨더라

8-9   예수님께서 감람산에서 승천하실 때 구름을 타고 올라가셨고, 제자들이 본 그대로 다시 오신다고 하셨다. 다시 오실 때는 승리자, 심판자, 만왕의 왕으로 오시기 때문에 천지를 진동하며 오신다. 구름, 우레, 번개로 진동하기에 사람들이 다 볼 수 있다. 그래서 예수님께서 다시 오실 때도 주의 호령과 천사장의 소리와 하나님의 나팔 소리로부터 오신다. 여기서 나팔 소리는 '트럼펫'으로 허다한 천군 천사가 부르는 개선가, 승전가 속에 영광과 큰 능력으로 구름을 타고 오신다. 하나님의 나팔(트럼펫) 소리의 찬양이 얼마나 크고 위엄이 가득할까? 그때는 또한 번개가 동에서부터 서쪽까지 번쩍이는 것 같이 인자의 임함도 그렇게 오신다. 예수님이 직접 말씀하시길 "인자가 구름을 타고 영광과

큰 능력으로 다시 오신다"고 하셨다. 하늘은 주님의 보좌이고 땅은 주님의 발등상이기에 해와 달과 별, 번개, 우레, 뇌성으로 증거를 삼으시기 때문이다.

마 27:45 제 육시로부터 온 땅에 어둠이 임하여 제 구시까지 계속되더니…
50 예수께서 다시 크게 소리 지르시고 영혼이 떠나시니라 **51** 이에 성소 휘장이 위로부터 아래까지 찢어져 둘이 되고 땅이 진동하며 바위가 터지고

행 7:49 주께서 이르시되 하늘은 나의 보좌요 땅은 나의 발등상이니…

8-10 지금까지 요한계시록의 흐름과 시대적 순서를 정리해 보자. 마지막 때에 요한은 예수님의 계시를 듣고 기록하였는데, 세 가지 '네가 본 것과 이제 있는 일과 장차 될 일'이었다. 그 계시대로 성도들을 인도, 계도하고 있다. 지금의 로마 황제의 기독교 박해를 두려워하지 말고, 땅끝까지 증인(순교)의 사명을 교회(성도)가 감당하며 주님 오실 날을 기다리고, 준비하라고 했다. 환란과 핍박 가운데 주님은 위엄과 영광과 권능을 가지시고 땅의 임금들의 머리가 되셨다. 그리고 현재 있는 일을 통해 지상의 모든 교회가 받을 칭찬과 책망을 알려주었다. 칭찬하신 일은 계속하고, 책망하신 일은 회개하면 된다. 책망하신다는 말의 원뜻은 주님이 반대(against)하신다인데 꼭 돌이켜야 한다. 그렇게 순종하고 충성하며 승리한 자들을 위해 마땅히 있을 하늘나라, 천상예배를 계시록 4~5장에서 보여주셨다. 곧 요한은 성령에 감동되어 하늘로 올라가 하늘나

8장 :

라 보좌와 그룹(게룹, 세라핌, 생물)과 이십사 장로들과 천군 천사의 찬양 속에 천상예배를 보게 되었다. 그리고 봉인된 두루마리 말씀을 보고 읽어 장차 될 일들을 계시 받았다.

8-11 　주님이 장차 오실 때 일어날 일(징조)은 일곱 인'로 봉인된 두루마리에 씌여 있었고, 어린양 되신 예수 그리스도께서 유다 지파의 사자, 다윗의 뿌리가 이기셨으니 인을 떼어주시기에 합당하셨다. '여섯인'은 모두 주님이 이미 복음서와 주의 종 선지자들이 말씀하신 징조(sign)들이었다. 예수님께서 이미 마 24장과 막 13장, 눅 21장에서 말씀하신 내용과 정확히 일치한다. 처처에 난리, 기근, 지진, 전쟁, 전염병이 있을 것이며, 해와 달과 별들의 천체이상이 있을 것을 말씀하셨다. 일곱 나팔을 통해 땅과 하늘에 나타날 징조는 1/3씩 더 많아졌고 분명해졌으며, 그때가 되면 무화과나무를 통해 여름이 가까운 것을 아는 것처럼 이 모든 일과 징조들을 보거든 예수님께서 문 밖에 이른 줄을 알아야 한다.

8-12 　하나님께서 일곱 인과 일곱 나팔의 징조를 통해 주님 만나기를 준비하게 하셨고 또한 강하고 담대하게 하셨다. 성도는 마지막 때를 믿음으로 이기고 환란에서 나와 두렵고 떨림으로 구원을 이루며, 인자가 오실 때 세상에서 믿음을 보여야 한다. 하나님께서는 성도의 환란을 통해 깨어 있게 하시고, 불신자들에게는 회개할 기회와 구원의 기회

를 주신다. 하나님은 끝까지 한 영혼도 멸망치 않고 다 회개하여 구원에 이르기를 원하신다. 하나님은 악인의 죽는것도 기뻐하지 않으시고 돌이켜 사는 것을 원하신다. 주님이 오시기 전에 회개하고 복음을 믿어 하나님 나라를 유업으로 받아야 한다. 죄인들이 복음을 믿고, 하나님의 후사(상속자, inheritance)가 되어 하나님 나라를 유업으로 받게 된다. 예수님을 영접하고 회개하면 구원을 받고 양자, 곧 아들의 영, 그리스도의 영이 임하여 하나님을 아빠 아버지라 부르게 될 때 그리스도와 함께 한 후사가 된다. 지금은 그 '구원의 문', '방주의 문'이 열려있다. 사도바울은 "보라 지금은 은혜받을 만한 때요, 구원의 날"이라고 했다. 회개하고 믿으면 구원이요, 믿지 않으면 벌써 심판 아래에 있다. 지금 믿고, 지금 전도해야 한다.

겔 33:11 너는 그들에게 말하라 주 여호와의 말씀이니라 나의 삶을 두고 맹세하노니 나는 악인이 죽는 것을 기뻐하지 아니하고 악인이 그의 길에서 돌이켜 떠나 사는 것을 기뻐하노라 이스라엘 족속아 돌이키고 돌이키라 너희 악한 길에서 떠나라 어찌 죽고자 하느냐 하셨다 하라

벧후 3:8 사랑하는 자들아 주께는 하루가 천 년 같고 천 년이 하루 같다는 이 한 가지를 잊지 말라 9 주의 약속은 어떤 이들이 더디다고 생각하는 것같이 더딘 것이 아니라 오직 주께서는 너희를 대하여 오래 참으사 아무도 멸망하지 아니하고 다 회개하기에 이르기를 원하시느니라

요 3:18 그를 믿는 자는 심판을 받지 아니하는 것이요 믿지 아니하는 자는 하나님의 독생자의 이름을 믿지 아니하므로 벌써 심판을 받은 것이니라

8장 ⋮

요한계시록
9장

Revelation

9-1　　요한계시록 9장에서는 하나님의 시간표인 일곱 나팔 중에 다섯 번째와 여섯 번째 나팔을 통해 나타날 징조를 말씀한다. 이때는 창세 이후로 없었던 재앙^(환란)이 일어나는데, 예수님이 말씀하신 무서운 일이 있게 된다. 너무 무섭고 큰 환란이기 때문에 주께서 택하신 자들을 위하여 이 날을 감하여 주지 않으면 감당할 수가 없다. 무저갱^{(헬,} αβυσσος, 아뷔소스, bottomless)에서 연기가 나오고 거기서 황충^(locusts;메뚜기)이 전갈(scorpions)과 같은 권세를 가지고 사람들을 쏘고 다니는 심판이다. 황충은 땅에서 하나님께 인침 받지 못한 사람들만을 쏘고 다녔고, 풀이나 각종 수목은 해하지 않고 오직 이마에 인침 받지 아니한 사람들만 해^(害)하였는데, 황충은 전갈과 같은 꼬리가 있어 쏘는 화살로 다섯 달 동안 사람들을 괴롭혀 무서움과 두려움에 떨게 했다. 사람을 죽이지는 못하게 하셨기 때문에 그들이 아파서 죽기를 구하여도 죽음이 사람을 피해갔다. 참으로 고통스런 현장이었다. 감사하게도 이 황충 심판은 하나님께 인침을 받지 못한 자들에게만 임하니 성도들은 걱정할 필요가 없다. 애굽 땅에서 이스라엘 백성을 애굽 백성과 구별하신 하나님의 사랑과 은혜로 생명 싸개에 싸여 있기 때문이다.

눅 21:11 곳곳에 큰 지진과 기근과 전염병이 있겠고 또 무서운 일과 하늘로부터 큰 징조들이 있으리라

욜 1:4 팥중이(the locust swarm)가 남긴 것을 메뚜기가 먹고 메뚜기가 남긴 것을 느치가 먹고 느치가 남긴 것을 황충이 먹었도다⋯ **2:25** 내가 전에 너희에게 보낸 큰 군대 곧 메뚜기와 느치와 황충과 팥중이가 먹은 햇수대로 너희에게 갚아 주리니

9-2 　　황충, 전갈 재앙을 일으킨 왕의 이름은 히브리어로는 '아바돈'이라 하고, 헬라어로는 '아볼루온'인데 둘 다 파멸자, 파괴자라는 뜻이다. 사단을 뜻하는 디아블로스의 뜻도 파괴자, 멸망시키는 자와 같다. 황충 재앙은 출애굽 때, 여덟 번째 메뚜기 재앙의 전통에서 기인하고, 요엘 선지자를 비롯하여 하나님 심판의 도구가 메뚜기 재앙이었던 것을 기억하면 쉽다. 유대인들은 자기들의 그런 역사를 알고 있다. 하나님은 악인도 악한 날에 적당하게 사용하시고 무저갱의 사자들도 사용하시며, 타락한 천사를 풀어놓아 전갈 채찍과 막대기로 쓰시는 절대 주권자이시다. 더 놀라운 사실은 이 황충이 하나님의 인침을 받지 못한 자들 즉, 그 이마에 아버지와 아들의 이름을 쓴 것이 없는 자들, 인침을 받지 아니하는 사람들만 다섯 달 동안 해하게 하였는데 그것을 본 자들에게 마지막으로 회개할 기회를 주고 계셨다.

> **잠 16:4** 여호와께서 온갖 것을 그 쓰임에 적당하게 지으셨나니 악인도 악한 날에 적당하게 하셨느니라

9-3 　　예수님께서 말씀하신 난리, 전쟁, 대적의 소문이 많았는데 가장 큰 전쟁이 여섯 번째 나팔을 불 때 일어날 것을 가르쳐 준다. 그 전쟁은 유프라테스 강가에서 일어났고 결박한 네 천사를 풀어주었을 때 그들이 사람들을 움직여 큰 전쟁을 준비하게 된다. 주님께서는 첫째 인을 뗄 때 나타난 흰말과 둘째 인을 떼실 때 붉은 말은 이 땅에서 화평을 제하고, 큰 칼을 받아 전쟁을 예고한 바 있는 데 세계대전과 같

은 큰 전쟁이 일어났다. 넷째 인의 청황색 말도 '사망'을 뜻하는데 검 (전쟁)으로 인한, 흉년, 전염병으로 인한 죽음을 예고했었다. 전쟁은 항상 기근과 전염병을 동반한다. 유프라테스강의 전쟁을 위해 그들은 연월 일시를 정해서 사람 1/3을 죽이기로 준비하였다. 요한이 그 군대의 수를 들었는데 '이만만(2억 명)'이었다. 그 전쟁에서 나오는 불과 연기와 유황, 불빛, 자줏빛이 나와 1/3의 사람이 죽임을 당하였다. 그런 전쟁을 보면서도 살아남은 자들은 자기의 행한 일들을 회개하지 아니하고 오히려 우상에게 더 절하고 음행, 도적질, 살인을 회개하지 않았다.

욜 2:30 내가 이적을 하늘과 땅에 베풀리니 곧 피와 불과 연기 기둥이라 **31** 여호와의 크고 두려운 날이 이르기 전에 해가 어두워지고 달이 핏빛 같이 변하려니와 **32** 누구든지 여호와의 이름을 부르는 자는 구원을 얻으리니

창 19:24 여호와께서 하늘 곧 여호와께로부터 유황과 불을 소돔과 고모라에 비같이 내리사… **28** 소돔과 고모라와 그 온 지역을 향하여 눈을 들어 연기가 옹기 가마의 연기같이 치솟음을 보았더라

9-4   요한계시록 8장에서는 네 번째 나팔까지 일을 기록하였고, 9장에서는 다섯 번째와 여섯 번째 나팔이 불려질 때의 사건을 기록하였다. 일곱 인과 나팔로 인한 세상은 전쟁, 기근, 전염병, 지진, 천체이상 등으로 파괴되고 사람도 많이 죽었다. 이제 일곱 번째 나팔이 남았는데 마지막 나팔이다. 일곱 째 천사의 일곱 번째 나팔은, 마지막 나팔(헬, 에스카

테살핑기)로 매우 중요하다. 이것은 구약에서는 나팔절의 전통을 따라 마지막 나팔이 울리면 하나님의 임재와 영광을 들어낸다. 구약성경에서 하나님이 나팔을 불라고 하실 때는 여덟 가지 경우였다. 첫째, 전투에 참여하기 위해 백성들을 소집하실 때이다. 둘째, 여호와의 절기, 곧 축제가 개막할 때이다. 셋째, 여호와의 성회로 모여 제사 드릴 때다. 넷째, 모세 때처럼 여호와께서 구름과 영광 가운데 친히 현현(顯現), 강림하실 때이다. 다섯째, 여호와의 날, 즉 심판을 예고할 때이다. 여섯째, 새해를 시작할 때 나팔을 불었다. 일곱째, 대속죄일로 죄를 씻는 날에 나팔을 불었다. 여덟째, 모든 것을 새롭게 하는 기쁨의 날, 희년에 나팔을 불었다. 모세가 하나님을 만나러 시내산에 갔을 때, 연기와 불 가운데 큰 나팔소리가 울려 퍼졌고 여호와께서 그때 강림하셨던 것처럼, 예수 그리스도께서 나팔소리와 함께 친히 하늘로부터 강림하신다.

> **출 19:18** 시내 산에 연기가 자욱하니 여호와께서 불 가운데서 거기 강림하심이라 그 연기가 옹기점 연기같이 떠오르고 온 산이 크게 진동하며 **19** 나팔 소리가 점점 커질 때에 모세가 말한즉 하나님이 음성으로 대답하시더라 **20** 여호와께서 시내산 곧 그 산꼭대기에 강림하시고 그리로 모세를 부르시니 모세가 올라 가매

9-5 구원자, 왕, 주님이신 예수 그리스도는 최후의 승리자로 다시 오신다. 여호와께서 모세 때 구름을 타고 이스라엘 백성들에게 강림하신 것처럼, 하나님의 아들 예수님께서도 구름을 타고 영광과 큰 능력으

로 오신다. 최후의 승리자이시면서 심판자, 만왕의 왕, 만유의 주님으로 오신다. 천군 천사들과 성도들은 개선가, 승전가를 부르지 않을 수 없다. 그래서 주님이 다시 오실 때는 주의 호령과 천사장의 소리와 하나님의 나팔 소리로부터 친히 하늘로부터 강림하신다. 공중에 큰 구름이 일어나고 하나님의 나팔소리가 울려날 때 주님께서는 영광과 큰 권능을 가지고 구름을 타고 오신다. 천사들도 증언하기를 주님께서 하늘로 올라가심을 본 그대로 다시 오신다고 했다. 찬송가 가사처럼 "하나님의 나팔 소리 천지진동할 때에 예수 영광 중에 구름 타시고 천사들을 세계만국 모든 곳에 보내어 구원받는 성도들을 모으리" 말씀하신 대로, 성경대로 오신다.

계 1:7 볼지어다 구름을 타고 오시리라 각인의 눈이 그를 보겠고 그를 찌른 자들도 볼 터이요 땅에 있는 모든 족속이 그를 인하여 애곡하리니 그러하리라 아멘

살전 4:16 주께서 호령과 천사장의 소리와 하나님의 나팔 소리로 친히 하늘로부터 강림하시리니 그리스도 안에서 죽은 자들이 먼저 일어나고 17 그 후에 우리 살아남은 자도 저희와 함께 구름 속으로 끌어올려 공중에서 주를 영접하게 하시리니 그리하여 우리가 항상 주와 함께 있으리라

고전 15:51 보라 내가 너희에게 비밀을 말하노니 우리가 다 잠 잘 것이 아니요 마지막 나팔에 순식간에 홀연히 다 변화되리니 52 나팔 소리가 나매 죽은 자들이 썩지 아니할 것으로 다시 살아나고 우리도 변화되리라

9장 ⋮

요한계시록
10장

지체하지 아니하리니
복음과 같이 이루어지리라
하나님의 큰 비밀
입에는 달고, 배에는 쓴 말씀과 사명
인자가 문밖에 이른 것을 알라
더디다고 더딘 것이 아니라
천 년이 하루같이, 하루가 천 년같이
광명의 천사, 의의 일꾼으로 가장(假裝)한 마귀

Revelation

10-1　　요한계시록 10장에 보면, 예수님께서 말씀하신 땅의 징조는 거의 다 이루어졌다. '기근, 지진, 난리의 소문, 전쟁, 전염병'이 처처에 나타났고, 하늘의 징조들, 즉 천체이상으로 해, 달, 별들에서 나타났다. 땅에서는 황충 재앙으로 인침을 받지 못한 자들과 인침을 받은 자들이 누구인지도 구별되었다. 이제 땅에서 마지막으로 나타나야 할 징조가 있다. 다니엘이 말한 바요, 예수님께서 재(再) 언급하신 것인데, 거룩한 하나님의 성전에 멸망의 가증한 것이 선 것을 보는 것이다. 적그리스도는 두 짐승 중 하나로써 바다에서 올라와 이 땅의 성도들을 핍박하고 배교하게 한다. 그는 성전에 앉아서 자기를 하나님이라고 높여 신성모독을 하고, 예배와 제사와 말씀을 폐하는 자이다. 살후 2장에 보면 예수님께서는 강력한 적그리스도가 나타나기 전까지는 주의 날은 오지 않으니 쉬 동심하지 말라고 하셨다. 성도들은 적그리스도 앞에서 배교하지 않고, 거짓 선지자 앞에서 미혹되지 않아야 한다. 마귀의 종 두 짐승이 활동하겠지만 하나님의 두 증인도 두 감람나무와 두 금 촛대로서 마치 스룹바벨과 예슈아, 모세와 엘리야처럼 능력있게 땅 끝까지 사역을 감당한다. 분명한 것은 악한 자의 형통도 오래가지 못하고, 의인들의 고난도 오래가지 않는다. 주님은 진실로 속히 오시기 때문이다.

살후 2:3 누가 어떻게 하여도 너희가 미혹되지 말라 먼저 배교하는 일이 있고 저 불법의 사람 곧 멸망의 아들이 나타나기 전에는 그 날이 이르지 아니하리니 4 그는 대적하는 자라 신이라고 불리는 모든 것과 숭배함을 받는 것에 대항하여 그 위에 자기를 높이고 하나님의 성전에 앉아 자기를 하나님이라고 내세우느니라

10-2   예수님이 말씀하신 세상 끝은 천국 복음이 모든 민족에게 전파되어 '추수하는 때'라고 하셨다. 행 1:8 말씀대로 "땅 끝까지 이르러 내 증인이 되리라"는 말씀의 성취가 이루어진 것이다. 하나님께서 구원하신 백성들이 유대인과 이방인 중에서 인침 받은 자의 수가 채워지는 때다. 그래서 들판의 곡식이 희어져 알곡들로 익었기에 세상 끝이 되었다. 이제 남은 것은 주님께서 오셔서 알곡과 가라지로 구별하여 심판하시는 일이다. 마지막 나팔 불 때에 주님이 오시게 되면 지금까지 모든 하나님의 종, 선지자들에게 하신 비밀이 '복음과 같이' 다 이루어지게 된다. 세상 끝에 적그리스도가 나타나 멸망의 가증한 것을 거룩한 성전에 세우고 땅 끝에 선 두 증인을 핍박함으로 믿음의 실체가 드러난다. 이때 주님은 자기를 바라는 자들에게 믿음을 지킨 증인들과 신부들에게 두 번째 나타나신다. 예수님께서는 제자들과 약속하신 대로 만나러 오시고, 땅 끝까지 증인 된 자들은 찾으시러 오시며, 신랑을 기다린 신부들은 혼인 잔치에 데려가시고, 착하고 충성한 일꾼에게는 상 주시려고 오신다.

계 10:7 일곱째 천사가 소리 내는 날 그의 나팔을 불려고 할 때에 하나님이 그의 종 선지자들에게 전하신 복음과 같이 하나님의 그 비밀이 이루어지리라 하더라

10-3   그래서 예수님의 마지막 부탁과 명령은 '전도와 선교'였다. 예루살렘과 온 유대와 사마리아와 땅 끝까지 이르러 증인이 되는 것이었다. 이 천국 복음이 모든 민족에게 전파되어서 회개함으로 하나님 나라가 가까워졌다. 열방 중에서 유대인의 구원과 이방인의 구원이 이루어져 예수 그리스도 안에서 '한 새사람'이 되어 주님을 뵈옵는다. 계시록에서는 마지막 증인이 세워지고 증인 된 그들을 박해하는 강력한 적그리스도 짐승이 등장하게 된다는 것이 계시록 11장의 말씀이다. 마지막 땅 끝에 선 두 증인은 '두 감람나무와 두 촛대'로 나타나는데 스가랴의 말씀처럼 성취된다. 두 증인은 땅 끝까지 증인이 되어 순교의 길을 걷는다. 이렇게 두 증인이 땅 끝에 서게 되면 천국 복음이 모든 민족에게 전파되었으므로 이제는 누구도 핑계할 수 없다. 이제 예수님은 문 열고 들어오신다. 그래서 성경은 말씀한다. '지체하지 않으시리니' 하셨는데 그 뜻은 '시간이 없으리니'이다. 주의 날이 이르렀다. 이렇게 이루어지는 말씀이기에 요한은 에스겔처럼 두루마리의 말씀을 갖다 먹었고 많은 백성과 나라와 방언과 임금에게 다시 예언하라고 명령받았다. 그래서 요한의 입에서는 꿀같이 달지만 먹은 후에 배에서는 쓰게 되었다.

벧후 3:9 주의 약속은 어떤 이들이 더디다고 생각하는 것같이 더딘 것이 아니라 오직 주께서는 너희를 대하여 오래 참으사 아무도 멸망하지 아니하고 다 회개하기에 이르기를 원하시느니라

마 24:14 이 천국 복음이 모든 민족에게 증언되기 위하여 온 세상에 전파되리니 그제야 끝이 오리라

겔 3:1 또 그가 내게 이르시되 인자야 너는 발견한 것을 먹으라 너는 이 두루마리를 먹고 가서 이스라엘 족속에게 말하라 하시기로 3 이 두루마리를 네 배에 넣으며 네 창자에 채우라 하시기에 내가 먹으니 그것이 내 입에서 달기가 꿀 같더라

10-4   두 증인이 땅 끝에서 순교하게 되려면 역으로 그들을 핍박하는 짐승, 적그리스도의 강력한 자의 등장이 전제되었다. 지금도 적그리스도의 영이 이미 활동하고 있으며, 적그리스도들도 나타나지만, 마지막 세상 끝에서는 강력한 적그리스도, 짐승이 나타난다. 살후 2장에서는 "주님의 날이 이르기 전 반드시 적그리스도가 나타나고, 그로 인해 배교하는 일이 먼저 있겠다"고 하셨다. 일찍이 예수님보다 먼저 온 자는 절도, 강도, 도적이라고 하셨다. 적그리스도는 누구인가? 반드시 성전에 앉아서 자기를 하나님이라고 하는 자이다. 그는 성전에 멸망의 가증한 것을 세우고 예배와 제사, 말씀과 기도를 폐하며 성도들을 핍박하는 자이다. 그는 불법의 사람이자 곧 멸망의 아들로서 사단에게 권세, 능력, 보좌를 받아서 성도를 핍박한다. 성도들은 이 때에 적그리스도 앞에서 배교(배도)하지 않고 용의 입을 가진 거짓 선지자에게 미혹되지 않아야 한다. 사단도 마지막 때는 자신을 광명의 천사, 의의 일꾼으로 가장하기 때문에 영분별 하며 항상 깨어 기도함으로 시험에 들지 않아야 한다. 끝까지 인내함으로 믿음을 지켜야 한다. 그렇게 되기 위하여 근신하여 정신을 차리고 깨어 기도함으로 성령 충만하여 인자 앞에 서야 한다.

마 24:15 그러므로 너희가 선지자 다니엘이 말한 바 멸망의 가증한 것이 거룩한 곳에 선 것을 보거든 (읽는 자는 깨달을진저)

눅 21:17 또 너희가 내 이름으로 말미암아 모든 사람에게 미움을 받을 것이나 **18** 너희 머리털 하나도 상하지 아니하리라 **19** 너희의 인내로 너희 영혼을 얻으리라

10-5 마지막 때가 되면 거짓 선지자들이 많아진다. 그들은 사단에게 용의 입처럼 말하는 권세를 받아 사람들을 미혹한다. 아담과 하와를 쉽게 미혹한 것처럼 하나님의 진리를 거짓으로 바꾸어 미혹한다. 거짓 기사와 표적까지 행하니 미혹되는 자가 많다. 그들은 스스로를 그리스도라고 말하기도 하고, "그리스도가 여기 있다 저기 있다"라고도 말한다. "골방과 광야에 있다"고도 말한다. 그들은 양의 탈을 쓰고 있으나 속에는 노략하는 이리다. 예수 그리스도께서는 말씀과 약속대로 오신다. 예수님은 "그리스도가 골방과 광야에 있다고 해도 믿지 말고 나가지도 말라"고 하셨다. 번개가 동에서 서쪽까지 번쩍이듯이 인자의 임함도 그러하리라고 하셨고, 구름 타고 공중에 오시며, 모든 사람이 알 수 있고, 찌른 자들도 볼 수 있게 오신다. 예수님은 공개적, 공식적으로 오신다. 성경대로 죽으시고 성경대로 부활하셨고, 성경대로 다시 오신다. 하늘로 올라가심을 본 그대로 다시 오신다.

10장

눅 18:8 내가 너희에게 이르노니 속히 그 원한을 풀어 주시리라 그러나 인자가 올 때에 세상에서 믿음을 보겠느냐 하시니라

마 24:11 거짓 선지자가 많이 일어나 많은 사람을 미혹하겠으며… 23 그 때에 사람이 너희에게 말하되 보라 그리스도가 여기 있다 혹은 저기 있다 하여도 믿지 말라 24 거짓 그리스도들과 거짓 선지자들이 일어나 큰 표적과 기사를 보여 할 수만 있으면 택하신 자들도 미혹하리라… 26 그러면 사람들이 너희에게 말하되 보라 그리스도가 광야에 있다 하여도 나가지 말고 보라 골방에 있다 하여도 믿지 말라… 30 그 때에 인자의 징조가 하늘에서 보이겠고 그 때에 땅의 모든 족속들이 통곡하며 그들이 인자가 구름을 타고 능력과 큰 영광으로 오는 것을 보리라

요한계시록
11장

Revelation

11-1   요한계시록 11장에 나오는 '두 증인'은 적그리스도 앞에서 배교하지 않고 끝까지 믿음을 지키며 땅 끝에 선 순교자이다. 두 증인은 스가랴서의 전통을 따라 두 감람나무와 두 촛대로 기록하였다. 스가랴서의 두 증인과 두 촛대는 대제사장 여호수아와 총독 스룹바벨이었다. 두 사람은 사단의 대적, 참소, 핍박을 견디고 끝까지 사명을 감당하고 하나님의 성전을 건축하였다. 11장에서 두 증인의 사역을 보면 모세와 엘리야와 같았다. 엘리야는 하나님을 대적하는 이세벨과 아합을 대항하여 바알에게 무릎을 꿇지 않는 증인이었다. 예언하는 동안 비가 오지 않게 한 엘리야와 출애굽 당시 물을 피로 변하게 한 모세처럼 두 증인은 땅 끝에 선 마지막 주님의 증인이었다. 이렇게 땅 끝에 마지막 증인이 섰다는 것은 천국 복음이 모든 민족에게 전파되었다는 것이고 세상 끝이 오게 되었다. 인자께서는 곧 문밖에 이르게 되셨다. 성경은 말씀한다. 계 10:6은 "세세토록 살아계신 이 …를 가리켜 맹세하여 이르되 지체하지 아니하리니" 여기서 '지체하지 아니하리니'를 각주에 보면 '시간이 다시 없으리니'라고 했다. 이제는 시간이 없다. 주님이 문밖에 계시고 곧 하늘 문을 열고 두 번째 나타나신다(Second comming).

슥 4:3 그 등잔대 곁에 두 감람나무가 있는데 하나는 그 기름 그릇 오른쪽에 있고 하나는 그 왼쪽에 있나이다 하고 **4** 내게 말하는 천사에게 물어 이르되 내 주여 이것들이 무엇이니이까 하니… **14** 이르되 이는 기름 부음 받은 자 둘이니 온 세상의 주 앞에 서 있는 자니라 하더라

11장

11-2　　　두 증인은 주님께서 준비해 두신 땅 끝까지 믿음을 지킨 주님의 증인이었다. 성경적 용어는 스가랴서를 따라 '두 감람나무, 두 촛대'로 표현되었다. 사역적으로 보면 3년 반 동안 하늘에 징조를 보였던 엘리야와 물을 피로 만들었던 모세와 같았다. 모세는 하나님을 대적하는 바로왕 앞에 선 증인이었고, 엘리야는 아합과 이세벨 앞에 선 증인이었다. 마지막 때도 이와 같이 주님의 증인이 땅 끝에 서 있다. 두 증인이 나타나는 것이 중요한 까닭은 종말, 세상의 끝의 중요한 표증이기 때문이다. 예수님께서 말씀하시길 "이 천국 복음이 모든 민족에게 전파되어야 하리니 그제야 끝이 오리라"고 하신 약속의 성취였기 때문이다.

11-3　　　세상 끝에 두 증인이 있다는 것은 두 증인을 박해하는 두 짐승이 나타났다는 것을 말한다. 사단은 두 짐승을 준비하였고, 하나님께서는 예수님의 두 증인을 준비하셨다. 주님께서 말씀하신 두 증인이 땅 끝에서 믿음을 지키고 복음을 지키며 성전과 예배를 지키게 되면 인자가 오실 때가 되었다. 두 짐승 즉, 적그리스도 앞에서 배교하지 않고, 거짓 선지자 앞에서 미혹되지 않는 성도, 최후의 두 증인이 땅 끝까지 채워졌다. 사도행전 1:8 말씀대로 예루살렘과 유대와 사마리아와 땅 끝에서 예수님의 증인(순교자)이 세워졌고, 천국 복음은 모든 민족에게 다 전파되었다. 계시록 6, 8~9, 11장에 나타난 징조들을 복음서의 말씀과 함께 정리해 보면 다음과 같다.

땅의 징조	난리와 전쟁의 소문	둘째 인 붉은 말, 여섯째 나팔	반복되는 징조들
	기근	셋째 인, 검은 말	
	전염병, 검, 사망	넷째 인, 청황색 말	
	천체 이상, 큰 지진	여섯째 인, 해 달 별	
	땅, 바다, 강	첫째 나팔~셋째 나팔	
하늘 징조	황충(전갈)	다섯째 나팔	인침 받지 못한 자
	해, 달, 별	여섯째 인, 다섯째 나팔	징조가 1/3씩 많아짐
	구름	일곱째 나팔, 마지막 나팔	다 잠잘 것이 아니요
	번개	인자의 임함은 번개와 같음	
영적 징조	노아의 때, 롯의 때 복음 땅끝 전파, 증인	죄악이 관영, 홍수 심판	겨우 8명 구원
		유황과 연기로 불 심판	영적 무지, 강팍함
		땅끝까지 내 증인이 되리라	그제야 끝이 오리라
	예루살렘 성전과 두 짐승	두 감람나무와 두 촛대	최후의 증인(순교자)
		멸망의 가증한 것이 서다	적그리스도, 하누카 반복
		먼저 배교하고 미혹되는 일	거짓 선지자
	음녀 여자, 바벨론	말세에 고통하는 때	딤후 3장

11장 :

11-4   땅 끝에서 두 증인을 핍박하는 자가 적그리스도이다. 그는 멸망의 가증한 것, 즉 역사적으로 제우스 신상이 거룩한 성전에 섰던 것처럼 서 있다. 강력한 권력, 지위, 능력을 가지고 우상에게 경배하게 하며 제사와 법과 말씀을 폐하게 함으로 하나님을 비방하고 성도들을 박해한다. 다니엘이 예언한 적그리스도의 출현을 역사적으로 경험한 바 있는데 유대인들은 BC 167~164년 북 왕국 시리아의 안티오쿠스 에피파네스 4세가 와서 예루살렘 성전을 더럽히고 성도들을 핍박한 사건을 반복한다. 이때 유다 마카비우스가 시리아 왕에게 항거하고 성전을 깨끗이 정화하였는데 이것이 수전절(하누카)의 시작이었다. 세상 끝에도 적그리스도가 나타나 자기를 하나님이라고 하고 하늘에까지 높이며, 마흔두 달, 즉 3년 6개월, 1260일 동안 성전을 짓밟으며 성도들을 핍박한다. 시간적으로는 에스겔의 전통을 따라 적그리스도의 세력이 거룩한 성전을 이방인의 뜰에서 마흔두 달 동안 짓밟게 된다. 훗날 에스겔은 성전을 다시 측량하고 회복하여 예루살렘 성읍으로 새롭게 하여 여호와께서 거기 계시는 여호와 삼마를 이루었다. 주님은 새 예루살렘과 성전을 온전히 이루어 주시고 거기 계신다. 지금 우리의 성전에 계신 것처럼.

> **겔 48:8** 유다 경계선 다음으로 동쪽에서 서쪽까지는 너희가 예물로 드릴 땅이라 너비는 이만 오천 척이요 길이는 다른 몫의 동쪽에서 서쪽까지와 같고 성소는 그 중앙에 있을지나… **35** 그 사방의 합계는 만 팔천 척이라 그 날 후로는 그 성읍의 이름을 여호와 삼마라 하리라

11-5   두 증인이 순교한 곳은 영적으로는 소돔과 애굽이며, 주께서 십자가에 못 박히신 곳이라고 했다. 소돔은 음행(동성애)의 처소요, 애굽은 우상(에이콘, icon)의 처소로써 적그리스도의 세상, 큰 성 바벨론의 도시이다. 일찍이 예수님은 세상을 "악하고 음란한 세대"라고 하셨다. 그런 세상에서 두 증인은 하나님의 기사와 표적을 나타내고 주님을 증거하지만 결국 순교한다. 두 증인의 시체는 사흘 반 동안 무덤에 장사되지 못하고 있다가 삼일 반 후에 하나님의 생기가 들어가 그들이 발로 일어서고 구름을 타고 하늘로 올라간다. 그들은 부활의 첫 열매되신 예수님께 붙어 있어서 구름을 타고 올라갔다. 그래서 두 증인의 몸은 단수로 기록되었다. 그 광경을 본 원수들은 두려워하였다. 이때 땅에서 큰 지진이 일어나고 성의 십 분의 일이 무너져 죽은 사람이 7000명이었다. 이 땅에서 두 증인으로 순교했지만, 부활의 영광으로 구름 속으로 끌려 올라가 공중에서 주님을 뵙게 되는데 얼마나 기쁘고 영광스럽겠나? 주님을 위해 참고 견디게 하신 은혜에 얼마나 눈물이 날까? 구주를 생각만 해도 좋은데 주의 얼굴을 뵈올 때 얼마나 기쁠까?

마 27:51 이에 성소 휘장이 위로부터 아래까지 찢어져 둘이 되고 땅이 진동하며 바위가 터지고 52 무덤들이 열리며 자던 성도의 몸이 많이 일어나되 53 예수의 부활 후에 그들이 무덤에서 나와서 거룩한 성에 들어가 많은 사람에게 보이니라

11-6　　데살로니가후서 2장에 보면 예수님께서 오시기 바로 전, 주의 날이 이르기 전에 먼저 적그리스도가 나타난다고 하셨다. 적그리스도가 나타나기 전까지는 주의 날이 이르렀다고 쉬 동심하지 말라고 하셨고 배교하는 일이 있겠다고도 하셨다. 사단과 적그리스도, 거짓 선지자들의 권세는 한시적이다. 3년 반, 1260일, 마흔두 달로 정해져 있다. 마지막 때의 강력한 두 짐승, 적그리스도와 거짓 선지자가 나타나서 배교하는 일과 미혹하는 일이 있게 된다. 계시록 11장에 보면 세상 끝에서 사단에게는 두 짐승이 있었고, 주님께는 두 증인이 대조를 이루고 있다. 두 증인은 땅 끝에서 주님의 증인으로 성전을 마흔 두 달(3년 6개월, 1260일) 짓밟은 적그리스도 앞에서 믿음을 지킨다. 1260일을 예언하며 말씀을 증거하다가 순교하였다. 그들의 입에서는 구약의 엘리야 때처럼 하늘에서 불이 내려와 대적을 사르기도 하고 3년 반 동안 비가 오지 않게도 하였다. 모세처럼 물을 피로 변하게 하며 하나님을 대적하는 자 앞에서 살아있는 주님의 증인이었다. 그러나 두 증인이 죽임을 당하였을 때 자신들이 이긴 줄 알고 많은 나라와 백성과 방언과 임금이 이 일을 보며 기뻐하여 서로 선물을 주고받았다.

11-7　　적그리스도는 두 증인을 죽이고 사흘 반 동안을 장사 지내지 못하게 하지만, 하나님의 생기가 들어가 곧 부활하여 구름을 타고 공중으로 끌어 올라간다. 여기에서 쓰인 '끌어올려'는 헬라어 '하르파죠'인데 주님을 앙모하는 성도들을 독수리 날개침 같이 끌어 올리는 것을 말한

다. 에스겔 시대에 마른 뼈에 하나님의 말씀인 생기가 무덤 속에 잠자던 자들에게 들어간 것과 같고, 부활이요 생명이신 예수 그리스도께 붙어 있어 '나를 믿은 자는 죽어도 사는' 부활의 말씀을 성취한 것이다. 그래서 사도 바울은 주 안에서 죽은 자들이 무덤에서 다 잠잘 것이 아니요, 생명의 부활로, 의인의 부활로 일어나 공중으로 끌어 올라가고, 그 후에 살아남은 자들도 구름 속으로 끌어 올려 공중에서 주님을 영접하게 된다고 말씀했었다. 하나님께서는 일찍이 십자가를 통하여 우리를 흑암의 권세에서 건져내사 그의 사랑의 아들 나라로 옮기셨다고 하셨다.

살전 4:14 우리가 예수께서 죽으셨다가 다시 살아나심을 믿을진대 이와 같이 예수 안에서 자는 자들도 하나님이 그와 함께 데리고 오시리라

행 24:15 그들이 기다리는 바 하나님께 향한 소망을 나도 가졌으니 곧 의인과 악인의 부활이 있으리라 함이니이다

요 5:28 이를 놀랍게 여기지 말라 무덤 속에 있는 자가 다 그의 음성을 들을 때가 오나니 **29** 선한 일을 행한 자는 생명의 부활로, 악한 일을 행한 자는 심판의 부활로 나오리라

11-8　　요한계시록 1:7 "볼지어다 그가 구름을 타고 오시리라 각 사람의 눈이 그를 보겠고 그를 찌른 자들도 볼 것이요, 땅에 있는 모든 족

속이 그로 말미암아 애곡하리니 그러하리라 아멘" 예수님께서는 약속하신 대로 성경대로 다시 오시는데, 잠깐 후면 오실 이로서 오신다. 알파와 오메가이시기에 초림 때도 오셨고 세상 끝의 재림 때도 다시 오셨다. 주님이 오실 때는 추수 때이기에 장막절 전통을 따라 천사들을 보내시어 주의 택하신 알곡을 사방에 불러 모아 추수하신다. 주의 호령과 천사장의 소리와 하나님의 나팔 소리로 주님은 구름을 타고 공중에 강림하신다. 이때 찬양이 울려 퍼진다. "감사하옵나니 옛적에도 계셨고 지금도 계신 주 하나님 곧 전능하신 이여 친히 큰 권능을 잡으시고 왕 노릇 하시도다" 이날은 주님과 성도의 승리 날이다.

> 요 16:8 그가 와서 죄에 대하여, 의에 대하여, 심판에 대하여 세상을 책망하시리라… 33 이것을 너희에게 이르는 것은 너희로 내 안에서 평안을 누리게 하려 함이라 세상에서는 너희가 환난을 당하나 담대하라 내가 세상을 이기었노라

11-9 　　예수 그리스도께서 공중에 강림하심으로 산 자와 죽은 자를 심판하러 오신다. 사도신경의 고백대로 지금은 하나님 보좌 우편에 앉아 계시다가, 거기로부터 살아 있는 자와 죽은 자를 심판하러 오신다. 그 전까지는 하나님 보좌에서 우리를 위해 친히 간구하시고 중보 하시지만, 장차 오실 이가 오실 때는 철장을 가지고 만국을 심판하신다. 충성된 주의 종들과 일꾼들에게는 상을 주시려고 오신다. 땅의 증인들을

찾으러 오시고, 제자들에게 처소를 예비하시고 만나러 오시며, 슬기로운 신부들은 맞이하여 혼인 잔치에 들어가게 하시려고 오신다. 그리고 주님이 오심으로 땅을 망하게 하는 사단과 짐승들, 바벨론을 멸망시킬 때가 되었다. 그들에게는 하나님 진노의 포도주 대접 재앙이 쏟아지고, 하나님께서는 그들의 행위대로 갑절로 기록된 대로 심판하신다. 주님이 오실 때 하늘이 열려 성전과 언약궤가 보였고 또 번개와 음성들과 뇌성과 지진과 큰 우박이 있는데 천지를 울리며 오시기 때문이다.

롬 8:34 누가 정죄하리요 죽으실 뿐 아니라 다시 살아나신 이는 그리스도 예수시니 그는 하나님 우편에 계신 자요 우리를 위하여 간구하시는 자시니라

11-10   적그리스도의 유형의 첫 번째 표상은 바벨탑에서 찾을 수 있다. 노아의 홍수 심판 이후 여덟 식구만 남게 되고, 노아의 아들은 셈과 함과 야벳이었다. 함의 아들이 구스이고 구스의 아들은 니므롯이었다. 그에 대한 성경의 기록이 특이하다. 그는 "여호와 앞에 특이한 사냥꾼(mighty hunter)"인데 세상에 처음 난 영걸이라고 했다. 유대인들의 해석은 여호와 앞에서가 여호와를 대적하여(against)라고 해석했다. 더욱이 니므롯의 나라가 시날 땅에 있었는데, 바벨탑이 거기에 세워졌다. 이것은 니므롯이 바벨탑을 세우는 데 주동자였음을 알려준다. 초대 교회사가 요세프스는 바벨탑을 '반항의 탑'이라고 했다. 거기에서 인간의 교만, 우상숭배, 온갖 음행과 쾌락의 잔치, 살인과 인신 제사가 드려졌고 하나

님께 반항했기 때문이다. 바벨탑을 쌓은 사람들은 자기들을 하나님보다 더 높이고, 유명해지고자 했다. 그런 자들이 적그리스도의 무리이고 바벨론이다. 하나님께서는 그 탑을 심판하사 무너뜨리시고 흩어버리신 것처럼 바벨론은 멸망한다.

> **창 10:8** 구스가 또 니므롯을 낳았으니 그는 세상에 첫 용사라 **9** 그가 여호와 앞에서 용감한 사냥꾼이 되었으므로 속담에 이르기를 아무는 여호와 앞에 니므롯 같이 용감한 사냥꾼이로다 하더라 **10** 그의 나라는 시날 땅의 바벨과 에렉과 악갓과 갈레에서 시작되었으며 **11** 그가 그 땅에서 앗수르로 나아가 니느웨와 르호보딜과 갈라와 **12** 및 니느웨와 갈라 사이의 레센을 건설하였으니 이는 큰 성읍이라

11-11   그 후 적그리스도의 출현은 유대교에서 나왔다. 메시야 대망 사상과 함께 발전했는데 그리스도를 대적하고 하나님이 되고자 하는 자들이 있었다. 영적으로 옛 뱀, 용, 마귀 사단이라고 하는 자는 두 짐승, 즉 적그리스도와 거짓 선지자를 세워 메시야, 그리스도를 대적하거나 예수 그리스도를 부인하였다. 탈무드에 보면 로무러스의 변종이 암미러스인데, 그가 메시야를 죽이고 권세를 잡다가 메시아에게 다시 죽임을 당하는 이야기가 나온다. 요한일서에서는 이미 적그리스도의 영이 활동하고 있었고, 실제로 적그리스도들이 나타났으며 앞으로도 올 것이라고 했다. 소아시아 일곱 교회에 보낸 편지에 의하면 서머나 교회

와 버가모 교회, 빌라델비아 교회가 있던 지역에는 자칭 유대인들의 모임으로 사단의 회당 또는 사단의 권좌가 있다고 했다. 적그리스도의 영들이 역사하고 있었고 실제로 많은 적그리스도가 나타났다.

요일 2:18 아이들아 지금은 마지막 때라 적그리스도가 오리라는 말을 너희가 들은 것과 같이 지금도 많은 적그리스도가 일어났으니 그러므로 우리가 마지막 때인 줄 아노라… **22** 거짓말하는 자가 누구냐 예수께서 그리스도이심을 부인하는 자가 아니냐 아버지와 아들을 부인하는 그가 적그리스도니… **4:3** 예수를 시인하지 아니하는 영마다 하나님께 속한 것이 아니니 이것이 곧 적그리스도의 영이니라 오리라 한 말을 너희가 들었거니와 지금 벌써 세상에 있느니라

살후 2:9 악한 자의 임함은 사단의 역사를 따라 모든 능력과 표적과 거짓 기적과 **10** 불의의 모든 속임으로 멸망하는 자들에게 임하리니 이는 저희가 진리의 사랑을 받지 아니하여 구원함을 얻지 못함이니라

11-12　　성경은 사단을 가리켜 파괴하는 자, 멸망의 아들, 거짓의 아비, 절도, 강도, 도적으로 기록하고 있다. 예수님께서는 "나보다 먼저 온 자는 다 절도요 강도"라고 하셨다. 그래서 예수님께서 오시기 전에 많은 적그리스도와 그의 영들이 나타난다. 적그리스도들은 한결같이 예수님의 육체로 오심을 부정하고, 자기를 하나님이라고 높이며 짐승과 사단

11장:

을 숭배하게 한다. 그는 하나님을 대적하고 신성 모독하기 위해 멸망의 가증한 것을 거룩한 성전에 세우고, 자칭 하나님이라 하며 자기를 높여 경배와 영광을 받으려고 한다. 그들이 그렇게 할 수 있는 것은, 사단(용)에게 권세, 능력, 보좌를 받아, 정치적, 경제적, 군사적 권세를 가졌기 때문이다. 또 사단은 자신을 광명의 천사, 의의 일꾼으로 가장하여 많은 사람을 배교, 배도하게 한다. 여기에 거짓 선지자들도 합세하여, 사단에게 받은 용의 입처럼 말함으로 합리적 논리적, 이성적으로 사람을 미혹하고, 거짓 기사와 표적으로 할 수만 있거든 많은 사람을 미혹하였다. 그들은 음란을 사랑이라고 하고, 죄악을 인권이라 하며, 진리를 거짓 것으로 만들고 어둠을 빛으로 가장하는 자들이었다.

요 10:8 나보다 먼저 온 자는 다 절도요 강도니 양들이 듣지 아니하였느니라 9 내가 문이니 누구든지 나로 말미암아 들어가면 구원을 받고 또는 들어가며 나오며 꼴을 얻으리라

11-13   성경은 사단을 가리켜 옛 뱀, 용, 마귀라고 했다. 예수님께서는 절도, 강도, 도적이며 거짓의 아비, 양의 탈을 쓴 이리이며 하는 일은 빼앗고 죽이고 멸망시키는 일을 항상한다. 창세기 3장에 보면 사단은 뱀의 형상으로 나타나 아담과 하와에게서 모든 것을 빼앗아 갔다. 에덴과 영생과 생명나무와 하나님과의 관계, 부부관계, 피조물과의 관계, 하나님의 말씀 등 모든 것을 빼앗고, 죽이고, 파괴하였다. 그래서 인간

은 실낙원하였다. 그러나 참 목자, 선한 목자 예수 그리스도, 하나님의 아들이 세상에 나타나심으로 마귀의 일을 멸하여 주셨다. 율법의 저주에서 속량해 주셨고 흑암의 권세에서 사랑의 아들 나라로 옮겨주셨다. 주님은 선한 목자이시기에 양으로 생명을 얻게하고 더욱 풍성히 얻게 하셨다. 양들을 위하여 목숨을 버리고 핏값으로 산 바 되어 사단의 일과 죄와 사망의 법, 율법의 저주에서 우리를 해방시켜 주셨다. 그리고 생명의 법, 성령의 법이 역사하시도록 부활하신 예수님께서는 하나님 보좌 우편에 계시다가 다시 오신다. 아버지께로 인도하시기 위해 길과 진리와 생명으로 다시 오신다. 오실 이가 지체하지 않고 오신다. 만물을 새롭게 하시기 위해 오신다.

> **요 10:10** 도둑이 오는 것은 도둑질하고 죽이고 멸망시키려는 것뿐이요 내가 온 것은 양으로 생명을 얻게 하고 더 풍성히 얻게 하려는 것이라 **11** 나는 선한 목자라 선한 목자는 양들을 위하여 목숨을 버리거니와

11-14   예수 그리스도, 살아계신 하나님의 아들은 아버지께로 가는 유일한 길이요, 진리요, 생명이요, 부활이시다. 예수님께서는 하나님 말씀대로 오신다. 성경대로 오셨고, 사셨으며, 죽으셨고, 부활하셨으며, 다시 오신다. 계시록은 성경과 역사, 교회와 성도, 사단과 바벨론의 결국(the conclusion of the whole matter)을 보여준다. 이것을 다음과 같이 정리해 볼 수 있다.

11장

초림	승천	강림	재림
성육신 예수님	나의주, 나의 하나님	만왕의 왕, 만유의 주, 신랑	심판자 예수님
베들레헴	하나님 보좌 우편	공중	지상
구원자	영광의 주	승리하신 주	심판자
제자 삼으러	충성된 증인 중보자	신부 맞으러	일꾼 상 주러
십자가와 부활	처소 예비하러	혼인 잔치하러	새 하늘과 새 땅 창조
함께 사심	하늘 위에 계심	두 번째 나타나심	지상에 재림
메시아(그리스도) 오심	보혜사 성령	천사들 보내심	만왕의 왕 만유의 주
말구유, 나귀새끼	구름타고	구름과 천사 함께	백마
나사렛 예수	하나님과 동등	혼인 잔치 신랑	알파와 오메가
큰 별	구름	번개, 뇌성, 구름	광명한 새벽 별
예루살렘 성전	하나님의 성전	새 예루살렘 성	성전이신 하나님

히 10:36 너희에게 인내가 필요함은 너희가 하나님의 뜻을 행한 후에 약속하신 것을 받기 위함이라 **37** 잠시 잠깐 후면 오실 이가 오시리니 지체하지 아니하시리라

요한계시록
12장

Revelation

12-1 요한계시록 12장에서는 사단을 가리켜 '옛 뱀, 용, 마귀'라고 가르쳐 준다. 하나님께서 성부, 성자, 성령의 삼위일체로 존재하시는 것을 모방하여, 사단도 세 가지 이름을 가지고 있다. 거룩하지 못한 삼위일체가 옛 뱀, 용, 마귀로 존재하는 사단이다. 아담과 하와를 미혹했던 마귀는 옛 뱀으로 나타났고, 마지막 때가 되면 적그리스도는 왕을 상징하는 옛 뱀, 용, 짐승으로 나타난다. 하나님의 아들, 예수 그리스도를 대항하고자 사단은 적그리스도를 세운다. 참된 하나님의 종들을 대항하고자 거짓 선지자들을 세운다. 교회와 성도가 신부일 때, 마귀는 음녀, 이세벨을 준비한다. 하나님께서 택하신 자녀들에게 성령으로 '인'을 치시면, 마귀는 우상 숭배자들에게 짐승의 '표'를 준다. 하나님께서 새 예루살렘을 준비하시면, 사단은 큰 성, 바벨론을 준비한다. 그러나 마침내 사단의 왕국, 큰 성 바벨론(여자)은 무너지고 던져져 멸망한다. 사단을 따랐던 적그리스도, 거짓 선지자, 우상숭배자, 짐승의 표를 받은 자는 모두 불 못(The lake of fire)에 던져진다. 그리고 이들과 함께 천하를 미혹했던, 배후조정자요 공중 권세 잡은 자 마귀, 사단이 맨 나중에 영원한 불 못에 던져진다. 그래서 계시록에는 '용'은 13번 나오고, '사단'은 8번, '귀신'은 5번, '짐승'은 38번, '바벨론'은 6번이나 나온다.

고후 11:13 그런 사람들은 거짓 사도요 속이는 일꾼이니 자기를 그리스도의 사도로 가장하는 자들이니라 14 이것은 이상한 일이 아니라 사단도 자기를 광명의 천사로 가장하나니 15 그러므로 사단의 일꾼들도 자기를 의의 일꾼으로 가장하는 것이 또한 대단한 일이 아니니라 그들의 마지막은 그 행위대로 되리라

12-2　　요한계시록 12장은 난해하지만, 창세 전으로 돌아가 '역사적 회고'로 이해할 수 있다. 왜냐하면 11장에서 마지막 나팔이 불려지고 예수님께서 심판자로 오시게 되었을 때, 지금까지 역사의 종국^(끝)과 과정과 원인과 결과를 설명할 필요가 있기 때문이다. 여기까지 오게 된 것은 바로 하늘에서 영적 전쟁이 있었기 때문이었다. 하늘의 전쟁에서 패한 사단이 이 땅에 내려와 세상 권세, 공중 권세를 잡게 되었고 세상을 미혹하게 되었다는 것을 알려준다. 하늘의 전쟁은 미카엘과 그의 천사들이 옛 뱀 곧 마귀라고도 하고 사단이라고도 하는 자와 싸웠었다. 이 전쟁에서 이기지 못한 사단은 하늘에 있을 곳이 없으므로 용과 그의 사자^(악의 영, 귀신)들과 함께 땅으로 쫓겨났다. 이 땅에 내려와서 공중 권세를 잡고 공생애를 시작하신 예수님을 40일 금식기도 중에 미혹하기도 했다.

> **계 12:7** 하늘에 전쟁이 있으니 미가엘과 그의 사자들이 용과 더불어 싸울새 용과 그의 사자들도 싸우나 **8** 이기지 못하여 다시 하늘에서 그들이 있을 곳을 얻지 못한지라 **9** 큰 용이 내쫓기니 옛 뱀 곧 마귀라고도 하고 사단이라고도 하며 온 천하를 꾀는 자라 그가 땅으로 내쫓기니 그의 사자들도 그와 함께 내쫓기니라

12-3　　하늘의 전쟁에서 패한 마귀, 사단은 하나님의 형상인 사람을 미혹하였다. 하나님을 대적하여 이길 수 없었던 사단은 뱀의 형상으로 나타나 하나님의 형상인 아담과 하와, 즉 사람을 미혹하였다. 땅에

서 하나님의 형상인 사람을 미혹함으로 하늘의 하나님을 대적하였다. 말씀을 빼앗아 믿음을 잃게 함으로 에덴과 영생을 빼앗고, 파괴하였으며 사망을 가져왔다. 지금도 옛 뱀, 용, 마귀, 사단은 공중의 권세를 잡고 땅에 있는 사람을 미혹하여, 죽이고 빼앗고 멸망시키는 일을 하고 있다. 할 수만 있으면 택하신 자들도 미혹하기 위하여 틈을 타고 온교회(성도)에게 온다. 사도바울은 "우리도 예수님을 믿기 전에는 공중 권세를 잡은 자를 따라 이 세상 풍속을 좇고 불순종의 아들들 가운데 역사하는 영을 따라 육체의 욕심을 행하여, 본질상 진노의 자식으로 살았다"고 했다. 그런데 하나님께서는 예수 그리스도를 통해 허물과 죄로 죽었던 우리를 살리셨다. 하나님의 아들, 예수 그리스도께서 세상에 오심은 마귀의 일을 멸하여 주시기 위함이었다.

> **엡 2:1** 그는 허물과 죄로 죽었던 너희를 살리셨도다 2 그 때에 너희는 그 가운데서 행하여 이 세상 풍조를 따르고 공중의 권세 잡은 자를 따랐으니 곧 지금 불순종의 아들들 가운데서 역사하는 영이라 3 전에는 우리도 다 그 가운데서 우리 육체의 욕심을 따라 지내며 육체와 마음의 원하는 것을 하여 다른 이들과 같이 본질상 진노의 자녀이었더니

12-4　영적 전쟁에서 패한 사단은 하늘에 있을 곳이 없게 되어 땅으로 쫓겨 내려와 광야에서 기도하며 공생애를 시작하신 예수님도 미혹하려고 했다. 그러나 예수님은 말씀으로 사단을 대적하셨고 말씀으로 쫓

아내심으로 마귀를 이기는 법을 가르쳐 주셨다. 먼저 악한 자를 결박하시고 천국 복음을 전파하시고, 가르치셨으며, 마귀에게 눌린 자들을 고치셨다. 마침내 예수님의 십자가와 부활은 마귀가 던져준 죄와 사망을 이기셨고, 부활 승천하사 하나님 보좌 우편에 앉아 계신다. 지금은 사단이 공중 권세를 잡고 있지만, 주께서는 하늘과 땅의 모든 권세를 다 잡고 계신다. 세상 끝날까지 우리와 함께 하시고 파송하시며 땅 끝까지 복음을 전파하게 하신다. 하나님 보좌 우편에 앉아 계시지만 장차 구름을 타고 영광과 큰 능력으로 다시 오신다. 그러므로 성도는 공중의 권세 잡은 마귀를 두려워하지 말고, 하늘과 땅의 모든 권세를 잡고 계시는 예수님의 권세로 마귀를 이겨야 한다. 마귀가 공중에서 우리를 참소, 비방, 정죄, 공격해도 우리에게는 대언자, 변호자, 중보자 예수 그리스도께서 계시기에 염려할 필요가 없다. 스가랴 시대에도 사단은 교회의 리더를 참소했지만, 하나님께서는 불에서 그슬린 나무와 같은 대제사장 여호수아를 용서하셨고, 아름다운 옷과 아름다운 관도 씌워주셨다. 지금도 성도는 예수 그리스도의 의를 힘입어 날마다 승리한다. "마귀를 대적하라 그리하면 너희를 피하리라"

요 5:45 내가 너희를 아버지께 고발할까 생각하지 말라 너희를 고발하는 이가 있으니 곧 너희가 바라는 자 모세니라

요일 2:1 나의 자녀들아 내가 이것을 너희에게 씀은 너희로 죄를 범하지 않게 하려 함이라 만일 누가 죄를 범하여도 아버지 앞에서 우리에게 대언자가 있으니 곧 의로우신 예수 그리스도시라

히 8:6 그러나 이제 그는 더 아름다운 직분을 얻으셨으니 그는 더 좋은 약속으로 세우신 더 좋은 언약의 중보자시라… **9:15** 이로 말미암아 그는 새 언약의 중보자시니 이는 첫 언약 때에 범한 죄에서 속량하려고 죽으사 부르심을 입은 자로 하여금 영원한 기업의 약속을 얻게 하려 하심이라

12-5 　　　예수님께서는 하늘에서 쫓겨 이 땅에 내려온 옛 뱀, 용, 마귀, 사단이 누구인지 세 가지로 말씀하셨다. 첫째, 거짓의 아비이다. 둘째, 파괴자(디아블로스)로, 빼앗고 죽이고 멸망시키는 자이다. 셋째, 하나님을 대적하고, 그의 백성을 미혹하고 참소하는 자이다. 그의 사자들은 귀신이며 귀신의 왕은 바알세불이다. 사단이 권세, 보좌, 능력을 준 사람을 두 짐승으로 표현했는데, 하나는 바다에서 올라온 적그리스도요, 또 하나는 땅에서 올라온 다른 짐승이 있었는데 그는 거짓 선지자였다. 사단의 도성으로 온갖 더러운 영과 거짓의 영들이 모여 복술, 음행, 살인, 사치, 우상숭배가 일어난 도시(도성)가 큰 음녀, 큰 성 바벨론이다. 범죄하는 자마다 마귀에게 속하고 큰 성 바벨론에 참여하며 거기에 속한 자라고 하셨다. 예수 그리스도께서 초림 때는 마귀의 일을 멸하시려 오셨고, 재림 때는 그들을 불 못에 던져 넣으시려 오신다.

요일 3:8 죄를 짓는 자는 마귀에게 속하나니 마귀는 처음부터 범죄함이라 하나님의 아들이 나타나신 것은 마귀의 일을 멸하려 하심이라

12-6   영적 전쟁에서 미카엘과 그의 사자를 이기지 못한 사단은 예수님이 오실 때가 가까워진 것을 알고 있다. 지금은 사단도 자기 때가 얼마 남지 않았음을 알고 있다. 그래서 우는 사자처럼 삼킬 자를 두루 찾아다니며 천하의 누구든지 미혹하려고 한다. 욥기의 말씀처럼 마귀는 미혹할 자들을 찾기 위해 땅에 두루두루 돌아다닌다. 예수님께서도 말씀하시기를(마 24:24) "거짓 그리스도들과 거짓 선지자들이 일어나 큰 표적과 기사를 보여 할 수만 있으면 택하신 자들도 미혹하리라" 하셨다. 사단은 적그리스도와 거짓 선지자에게 용의 세 가지 권세인 보좌(자리), 권세(권력), 능력(권능)을 주어 미혹하게 한다. 거짓 선지자들에게는 용의 입을 주어 말하게 함으로 미혹한다. 사단의 주특기인 거짓말, 비방, 참소, 정죄, 모방을 통해 자신을 광명의 천사, 의의 일꾼으로 가장하여 나타나 성도와 교회를 미혹하고 죽이고, 빼앗고, 멸망시키는 일을 하고 있다.

벧전 5:8 근신하라 깨어라 너희 대적 마귀가 우는 사자 같이 두루 다니며 삼킬 자를 찾나니

욥 1:7 여호와께서 사단에게 이르시되 네가 어디서 왔느냐 사단이 여호와께 대답하여 이르되 땅을 두루 돌아 여기저기 다녀왔나이다… 9 사단이 여호와께 대답하여 이르되 욥이 어찌 까닭 없이 하나님을 경외하리이까

슥 3:2 여호와께서 사단에게 이르시되 사단아 여호와께서 너를 책망하노라 예루살렘을 택한 여호와께서 너를 책망하노라 이는 불에서 꺼낸 그슬린 나

무가 아니냐 하실 때에 3:3 여호수아가 더러운 옷을 입고 천사 앞에 서 있는
지라 4 여호와께서 자기 앞에 선 자들에게 명령하사 그 더러운 옷을 벗기라
하시고 또 여호수아에게 이르시되 내가 네 죄악을 제거하여 버렸으니 네게
아름다운 옷을 입히리라 하시기로

12-7　　하나님께서는 마귀의 일을 멸하시기 위하여 여자의 후손으로 예수 그리스도를 보내셨다. 주님께서는 뱀(사단)에게 패한 하와(여인)의 후손으로 오셔서, 사람의 발꿈치를 상하게 하는 뱀의 머리를 상하게 하셨다. 그리고 최후에 다시 오실 예수님은 장차 철장(the rod of iron)으로 만국을 다스리고 심판하시러 오신다. 그래서 사단은 예수 성탄 때부터 큰 붉은 용으로 나타나 해산하는 여자를 해하고 그 아이를 삼키려고 했다. 실제로 복음서에 나오는 헤롯 왕은 유대인의 왕을 대적하는 적그리스도의 영으로 예루살렘을 소동하게 하여, 베들레헴과 그 모든 지경 안에 있는 사내아이를 박사들에게 자세히 알아본 그때를 기준하여 두 살 아래로 사내아이를 다 죽였다. 예수님께서는 애굽으로 피하였고 헤롯이 죽은 후, 주의 사자의 지시를 따라 이스라엘로 돌아왔다. 큰 용이 여자를 핍박한 기간은 한 때와 두 때와 반 때, 즉 3년 6개월, 42달, 1260일이었다.

신 32:10 여호와께서 그를 황무지에서, 짐승이 부르짖는 광야에서 만나시고 호위하시며 보호하시며 자기의 눈동자 같이 지키셨도다 11 마치 독수리가

자기의 보금자리를 어지럽게 하며 자기의 새끼 위에 너풀거리며 그의 날개를 펴서 새끼를 받으며 그의 날개 위에 그것을 업는 것 같이 12 여호와께서 홀로 그를 인도하셨고 그와 함께 한 다른 신이 없었도다

12-8   아담의 범죄 후 하나님께서는 여자의 후손과 뱀의 후손의 영적 싸움을 말씀하셨다. 여호와께서는 뱀에게 "내가 너로 여자와 원수가 되게 하고 네 후손도 여자의 후손과 원수가 되게 하리니 여자의 후손은 네 머리를 상하게 할 것이요 너는 그의 발꿈치를 상하게 할 것이니라(창 3:15)" 말씀하셨다. 마귀가 준비한 음녀, 곧 자줏빛과 붉은빛 옷을 입고 금과 보석과 진주로 꾸며 온갖 더러운 것과 가증한 물건과 음행의 더러운 것을 가득하게 가지고 천하를 꾀며 여자의 후손(계 17:4)을 핍박하였다. 결국 여자의 후손으로 오신 예수 그리스도로 말미암아 그의 신부 된 성도들도 여자 음녀, 이세벨, 바벨론과 싸워 이긴다. 주님께서 속히 사단을 너희 발아래에 상하게 하시고 이김을 주신다. 여인의 후손, 그리스도의 후사들인 성도는 하나님의 계명을 지키면서 예수의 증거를 가진 자로서 뱀의 후손 마귀의 세력들과 피 흘리기까지 싸워 승리해야 한다. 아브라함과 다윗의 자손 예수 그리스도의 세계를 완성해야 한다.

롬 16:20 평강의 하나님께서 속히 사단을 너희 발아래에서 상하게 하시리라 우리 주 예수의 은혜가 너희에게 있을지어다

12-9   일반적으로 성부 하나님께서는 창조 사역을, 성자 예수 그리스도께서는 구원 사역을, 보혜사 성령님께서는 창조와 구원을 이루시고 보존하시며 도우신다. 사단도 하나님을 빙자하고 모방하여 옛 뱀, 용, 마귀로 거룩하지 못한 세 가지 이름으로 불린다. 사단을 따르는 적그리스도는 하나님의 아들 예수 그리스도를 대적하여 배교, 배도하게 한다. 사단을 따르는 거짓 선지자는 참 선지자와 주의 증인들을 핍박하고 그들의 피에 취하여 있다. 사단은 하나님의 말씀을 거짓 것으로 바꾸어 보암직하고, 먹음직하며, 지혜롭게 할 만큼 탐스러운 것으로 미혹하고 있다. 사단은 자기의 때가 얼마 남지 않았기에 할 수만 있으면 주의 택하신 자들도 미혹하려고 한다. 그래서 예수님은 마지막 때에 배교하는 일이 없어야 하고, 미혹되지 않도록 주의하라고 하시며, 늘 깨어 인자 앞에 서도록 기도하라고 하셨다.

살후 2:2 영으로나 또는 말로나 또는 우리에게서 받았다 하는 편지로나 주의 날이 이르렀다고 해서 쉽게 마음이 흔들리거나 두려워하거나 하지 말아야 한다는 것이라 3 누가 어떻게 하여도 너희가 미혹되지 말라 먼저 배교하는 일이 있고 저 불법의 사람 곧 멸망의 아들이 나타나기 전에는 그 날이 이르지 아니하리니 4 그는 대적하는 자라

12-10   하나님께서 교회와 성도를 신부로 준비하실 때 사단은 여자, 이세벨을 음녀로 준비한다. 하나님께서 거룩한 새 예루살렘 성을 준비하실 때 사단은 더러운 영이 모이는 곳, 각종 더럽고 가증한 새들이 모이는 곳에서 음행의 포도주에 취하고 성도들의 피에 취해 있는 도시, 바벨론을 준비한다. 하나님께서는 소돔과 고모라 때처럼 롯과 그 가족들을 건져내시기 위해 기회를 주시고 바벨론을 향해 말씀하신다. "내 백성아 거기서 나와 그의 죄에 참여하지 말고 그가 받을 재앙들을 받지 말라. 그의 죄는 하늘에 사무쳤으며 하나님은 그의 불의한 일을 기억 하신지라(계 18:4~5)"고 말씀하셨다. 소돔과 고모라에서 나와야 살고 노아의 방주로 들어가야 사는 것처럼 마지막 때는 마치 '롯의 때, 노아의 때'와 같다고 하신 말씀을 기억하고 바벨론에서 나와야 한다. 즉 소돔과 고모라 성(폴리스), 죄악과 우상의 도시, 교만의 도시, 니므롯의 나라의 시날 땅 바벨탑은 곧 불과 유황과 연기로 멸망할 성읍이니 그들의 죄에 참여하지 말고 하나님의 백성은 거기서 나와야 한다.

눅 17:28 또 롯의 때와 같으리니 사람들이 먹고 마시고 사고 팔고 심고 집을 짓더니 **29** 롯이 소돔에서 나가던 날에 하늘로부터 불과 유황이 비오듯 하여 그들을 멸망시켰느니라 **30** 인자가 나타나는 날에도 이러하리라… **32** 롯의 처를 기억하라

요한계시록
13장

Revelation

13-1   요한계시록 13장에서 요한은 바다에서 올라오는 '한 짐 승' 곧 적그리스도의 출현을 보았다. 성경에는 적그리스도를 복수로 기록하고 있는데, 요한일서에서는 이미 적그리스도의 영이 활동하고 있었기 때문이다. 역사적으로 나타난 적그리스도의 가장 강력한 형태(짐승)는 멸망의 가증한 것이 거룩한 곳에 서서 하나님을 비방하고 성도들을 박해한 북 왕국, 시리아의 왕 안티오쿠스 에피파네스 4세, 로마의 황제 네로와 도미티아누스 등이 있다. 요한이 보았던 그 짐승은 머리는 일곱이고 뿔은 열이나 되었다. 그 뿔에는 열 왕관이 있었고, 머리들에는 하나같이 신성모독하는 이름들이 있어 하나님을 대적하는 적그리스도의 영이었다. 그는 스스로를 하나님이라 칭하며 황제 숭배(우상)를 강요하며 하늘에 사는 성도들을 비방하고 박해하였다. 적그리스도는 성도들과 예수의 증인들의 피에 취하였기에 그들이 행한 대로 장차 '진노의 포도주 대접' 재앙을 받게 된다. 적그리스도를 짐승으로 표현한 이유는 다니엘서와 에스겔서에서 나타난 표범(헬라), 곰(바사), 사자(바벨론)와 같은 제국의 왕을 가리키기 때문이다. 또한 사단은 창세기 3장에서 옛 뱀으로 짐승의 형상을 입고 나타나기 때문이다. 사단은 그 짐승에게 세 가지, 즉 보좌, 권세, 능력을 주어 강력한 적그리스도의 활동을 하게 하고, 많은 사람을 우상숭배와 음행과 신성모독 하게 한다.

13-2   적그리스도는 성전에서 신성모독을 하고 경건한 성도들을 박해한다. 예수님께서는 다니엘이 말한 바, 멸망의 가증한 것이 거룩한 곳

에 선 것을 보게 되는 때가 적그리스도가 활동하는 마지막 때다. 마지막 때는 요 10:10 말씀대로 예수님이 오시기 바로 전(前)이므로, 먼저 절도, 강도, 도적인 적그리스도가 와서 배교하게 하고, 거짓 선지자가 나타나 미혹한다. 이 때는 추수 때이기에 알곡 성도, 알곡 신앙이 되어 천국 창고에 들어가야 한다. 적그리스도의 활동은 예루살렘 성전과 교회에 제우스 신상과 같은 우상을 세우며 짐승에게 경배하게 되는데 그러면 세상 끝이 가까웠다. 역사적으로 적그리스도, 짐승들이 예루살렘에 와서 성전과 제사, 율법을 훼손한 일이 자주 있었다. 세상 끝에 적그리스도는 예수님의 성육신을 부정하고 십자가와 부활의 복음을 박해한다. 이 때 배교자와 미혹된 자도 있고 이런 적그리스도 앞에서 끝까지 믿음을 지키며 전하는 교회와 성도들도 있고, 주의 이름을 배반하지 않으며 순교자의 길을 가는 주님의 증인도 있다. 역사 속에서 적그리스도의 역할을 했던 왕들은 다음과 같다.

년도	인물	사건과 성경 예언
BC 175년	셀쥬크스 북왕국(시리아)	안티오쿠스 에피파네스 4세, 신의 현현자
BC 167-164	안티오쿠스 에피파네스 4세	예루살렘 약탈, 성전을 더럽힘, 절기와 법 바꿈
BC 165	이때 유다마카비우스 독립운동	수전절(하누카) 성전정화, 요10:22
BC 40	헤롯 대왕(마 2), '자칭 유대인'	로마 원로원에서 유대인의 왕 칭호 얻음
BC 27-14	옥타비아누스 아우구스투스	로마 초대 황제, 호적령(BC 3년) 눅2:1
AD 14-37	티베리우스 황제	'디베료'가 다스린 지 15년, 눅3:1
	예수님 당시, 헤롯 안티파스	'저 여우'(눅13:32), 헤롯왕의 아들 세례 요한 순교
AD 54	클라우디우스 황제	유대인 추방령, 브리스길라 아굴라(행18:2)
	헤롯 가문이 유대 왕	아그립바1세(행 12)~2세(행 25) 야고보 순교, 베드로 체포

년도	인물	사건과 성경 예언
AD 52~60	벨릭스(Felix,52~60)총독(행24)	베스도(Festus, 60~62), 유대 총독(행26) 사도 바울 심문
AD 55~68	네로 박해(1차 박해)	베드로 순교(63년경), 바울 순교(65년경)
AD 69~70	베스파샤누스~티투스 父子	예루살렘포위 ~ 1차 유대 로마전쟁 예루살렘 멸망(70년)
AD 81~96	도미티아누스 황제(2차 박해)	자칭 '주님이자 하나님'인 적그리스도 요한, 클레멘트 박해
AD 98~117	트라야누스 황제(3차 박해)	기독교 10대 박해 중 3대 박해 폴리캅, 이그나티우스, 파피아스 순교
AD 117~138	하드리아누스 황제	제3차 유대~로마전쟁으로 이스라엘 멸망

13-3　　　적그리스도, 짐승이 나타나 세상을 미혹하고 성도와 교회를 박해하려면 강력한 권력이 있어야 한다. 정치적, 경제적, 군사적, 종교적으로 강력한 권력을 가져야 하는데 사단이 짐승에게 그 권세(ἐξουσια)와 보좌(θρόνος)와 능력(δύναμις)을 주었다. 그런데 이 세 가지는 원래 하나님께서 성도들에게 주신 것과 같은 데, 단어도 똑같이 사용되었다. 사람들은 사단의 권세를 받은 짐승, 적그리스도를 경배하면서 "누가 이 짐승과 같으냐?"라고 말한다. 이것은 마치 성도들이 하나님을 향해 "누가 우리 주와 같으신가? 주와 같은 신이 어디 있을까?" 하는 것을 모방하였다. 적그리스도는 불법의 사람, 곧 멸망의 아들로서 자기를 신의 자리까지 높이고 성전에 앉아 자기를 하나님이라고 내세워 경배하라고 하는 자이다. 이때에도 성도는 인자 앞에 서도록 깨어 기도함으로

신부로 단장하고 있어야 한다. 하늘과 땅의 모든 권세를 가지시고 땅의 임금들의 머리가 되신 예수 그리스도 때문에 적그리스도 즉, 짐승을 두려워할 필요가 없다. 살아계신 예수님께서 세상 끝날까지 항상 우리와 함께 하시기 때문이요, 성령께서 대답할 말을 주시기 때문이다.

눅 18:8 내가 너희에게 이르노니 속히 그 원한을 풀어 주시리라 그러나 인자가 올 때에 세상에서 믿음을 보겠느냐 하시니라

13-4   땅에서 올라온 또 다른 짐승은 거짓 선지자였다. 그는 사단에게 용의 입처럼 말하는 권세를 받아 천하를 미혹하였다. 옛 뱀, 용의 입처럼 사람(아담)을 미혹하니 아담과 하와처럼 말씀을 버리게 되고 주님을 떠나게 된다. 거짓 선지자가 말한 죄들은 보암직, 먹음직, 탐스럽게 보이고 들려 눈과 귀와 입으로 들어오게 한다. 죄는 항상 육신을 통해서 들어오는데, 눈, 귀, 입으로 들어온다. 길가에 떨어진 씨와 같이 하나님의 말씀을 사단에게 빼앗기면 죄짓고 열매 맺지 못한다. 거짓 선지자는 어린양을 흉내 내어 양같이 두 뿔이 있었다. 사단도 겉으로는 어린양 예수님 같아 보이지만 속에는 노략질하는 이리였다. 사도 바울은 마지막 때에 사단은 자기를 광명의 천사와 의의 일꾼으로 가장하여 나타나는 일이 이상하지 않다고 했다. 거짓 선지자들을 거짓 기사와 표적을 행하여 할 수만 있으면 택하신 자라도 미혹하였다. 하나님께서는 연약한 소자를 유혹, 미혹, 꾀는 자를 크게 심판하신다. 그들은 모두 불 못에 던져진다. 요한이 보았던 짐승은 정치적인 면에서

적그리스도, 종교적인 면에서 거짓 선지자이다. 이 두 짐승은 서로 하나된 사단의 일꾼이었고, 광명의 천사로 가장한 자들이었다.

마 7:15 거짓 선지자들을 삼가라 양의 옷을 입고 너희에게 나아오나 속에는 노략질하는 이리라… **24:24** 거짓 그리스도들과 거짓 선지자들이 일어나 큰 표적과 기사를 보여 할 수만 있으면 택하신 자들도 미혹하리라

고후 11:13 그런 사람들은 거짓 사도요 속이는 일꾼이니 자기를 그리스도의 사도로 가장하는 자들이니라 **14** 이것이 이상한 일이 아니니라 사단도 자기를 광명의 천사로 가장하나니 **15** 그러므로 사단의 일꾼들도 자기를 의의 일꾼으로 가장하는 것이 또한 대단한 일이 아니니라 그들의 마지막은 그 행위대로 되리라

마 10:32 누구든지 사람 앞에서 나를 시인하면 나도 하늘에 계신 내 아버지 앞에서 그를 시인할 것이요 **33** 누구든지 사람 앞에서 나를 부인하면 나도 하늘에 계신 내 아버지 앞에서 그를 부인하리라

13-5   공중에서는 세상 권세를 잡은 사단 마귀가 역사하고, 땅에서는 마귀에게 권세를 받은 두 짐승, 적그리스도와 거짓 선지자가 활동한다. 두 짐승은 용에게 능력과 보좌와 큰 권세를 받았고, 용의 입처럼 말하는 권세를 받았다. 용이 그들에게 준 능력(두나미스), 보좌(드로노스: 권좌), 큰 권세(엑수시아)는 하나님이 그의 택하신 종들과 성도에게 주신 것과 같

13장 :

은 능력, 보좌, 권세를 주었는데, 헬라어로 같은 단어가 사용되었다. 그러나 같은 거라고 해도 누가 주었느냐가 중요하고, 그 열매로 그들을 분별해야 한다. 사단도 거짓 선지자를 통해 우상에게 생기를 주어 우상으로 말하게 함으로 기사와 표적을 통해 짐승과 사단을 숭배하게 한다. 그리고 우상에게 경배하지 않는 자는 몇이든 다 핍박하고 죽인다. 이렇게 마귀, 적그리스도, 거짓 선지자가 악한 삼위일체로 역사하는 때가 마지막 때다(계 13:13~15).

> **계 13:13** 큰 이적을 행하되 심지어 사람들 앞에서 불이 하늘로부터 땅에 내려오게 하고 **14** 짐승 앞에서 받은 바 이적을 행함으로 땅에 거하는 자들을 미혹하며 땅에 거하는 자들에게 이르기를 칼에 상하였다가 살아난 짐승을 위하여 우상을 만들라 하더라 **15** 그가 권세를 받아 그 짐승의 우상에게 생기를 주어 그 짐승의 우상으로 말하게 하고 또 짐승의 우상에게 경배하지 아니하는 자는 몇이든지 다 죽이게 하더라

13-6   거짓 선지자들은 자기를 그리스도라고 하고, 또는 "그리스도가 여기 있다, 혹은 저기 있다"고 말한다. 예수님께서는 이에 대해 "보라 그리스도가 광야에 있다 보라 골방에 있다고 하리니 나가지 말고 믿지도 말라"고 하셨다. 왜냐하면 예수님께서 재림하실 때 골방, 광야에 오시지 않고 공중에 구름을 타고 천사장의 소리와 하나님의 나팔 소리로부터 오시기 때문이다. 모든 사람이 다 알 수 있게 오시고 그를 찌른 자들도 볼 수 있게 오신다. 번개가 동에서 나서 서쪽까지 번쩍임 같이 인

자의 임함도 그러하다고 하셨기에 다 알고 보게 된다. 예수님은 공중에 오신다. 예수님은 승천하셨을 때 구름을 타고 올라가신 그대로, 500여 형제들이 본 그대로 다시 오신다고 하셨다. 예수님께서도 친히 말씀하셨다. "인자가 구름을 타고 영광과 큰 능력으로 오는 것을 보리라" 하셨다. 주님은 약속하시고 말씀하신 대로 성경대로 오신다. 하늘로부터 영광과 큰 권능을 가지시고 공중에 구름을 타고 오신다. 성경대로 오신다.

> **마 24:23** 그 때에 사람이 너희에게 말하되 보라 그리스도가 여기 있다 혹은 저기 있다 하여도 믿지 말라 24 거짓 그리스도들과 거짓 선지자들이 일어나 큰 표적과 기사를 보여 할 수만 있으면 택하신 자들도 미혹하리라 25 보라 내가 너희에게 미리 말하였노라 26 그러면 사람들이 너희에게 말하되 보라 그리스도가 광야에 있다 하여도 나가지 말고 보라 골방에 있다 하여도 믿지 말라… 30 그 때에 인자의 징조가 하늘에서 보이겠고 그 때에 땅의 모든 족속들이 통곡하며 그들이 인자가 구름을 타고 능력과 큰 영광으로 오는 것을 보리라

13-7   두 짐승 즉, 적그리스도를 따르며 배교한 자와 거짓 선지자에게 미혹된 자들은 짐승의 표(mark)를 받는다. 오른손이나 이마에 짐승의 표를 받았는데, 이 표를 가진 자 외에는 매매를 할 수 없게 된다. 그 표는 육백육십육이었고 짐승의 수, 사람의 수, 그 이름의 수였다. 그러니까 666 숫자는 짐승, 사람, 이름을 모두 만족하는 것이어야 한다. 고대사회에서 사람의 이름을 숫자로 바꾸는 것을 게마트리아(gematria)라고 하고,

헬라어로는 이소프세피즘(isopsephism)이라고 한다. 로마의 폼페이 벽에는 '나는 이름이 545인 그녀를 사랑한다'는 글이 있다. 로마자와 히브리어 알파벳은 숫자로도 표기되는 게 일상이었다. 실제로 기독교 박해자였던 네로(Neron Kaisar)의 이름을 숫자로 표현하면 666이 된다. 또한 666에는 부정관사(a)가 붙어 있어 어떤 사람을 가리킨다. 요한일서에는 이미 적그리스도는 많이 있어 왔고, 적그리스도의 영은 벌써 활동하고 있다고 했다. 마지막 때는 짐승의 표를 받지 않아야 하고 적그리스도 앞에서 배교하지 않으며 거짓 선지자 앞에서 미혹되지 않음으로 예수님 오실 때에 세상에서 믿음을 보여드려야 한다.

> **계 13:17** 누구든지 이 표를 가진 자 외에는 매매를 못하게 하니 이 표는 곧 짐승의 이름이나 그 이름의 수라 **18** 지혜가 여기 있으니 총명한 자는 그 짐승의 수를 세어 보라 그것은 사람의 수니 그의 수는 육백육십육이니라

13-8   마귀는 짐승과 우상을 따르는 자에게 '표'를 하고, 하나님은 택하신 자기 백성에게 '인(seal)'을 치신다. 요한일서에는 마지막 때에 하나님의 자녀와 마귀의 자녀가 나타난다고 했다. 또한 하나님의 자녀인 것을 증거하는 이가 셋이라고 했는데 '물과 피와 성령'이라고 했다. 예수 그리스도의 십자가의 피, 십자가의 의, 그리고 성령이 친히 우리 영으로 더불어 우리가 하나님의 자녀인 것을 하나가 되어 증거해 주신다. 계시록 7장에서 유대인과 이방인의 허다한 무리, 구원받은 자는 모두 인침을 받았다. 그들의 이마에는 '어린양의 이름과 그 아버지의 이름'을

쓴 것이 있었고 그들만이 알고 있는 새 노래를 하나님의 거문고를 가지고 찬양할 수 있었다. 그들은 모두 땅에서 속량함을 받았는데 그들은 여자와 더불어 더럽히지 아니하고 순결한 자라 어린양이 어디로 인도하는지 따라가는 자였다. 그러나 배교하고 미혹되어 짐승을 따르고 우상 숭배하는 자들의 이마와 오른손에 666 표가 있었다. 그러므로 666은 바코드, 베리 칩, 백신, AI 등이 아니며 실제로 적그리스도, 짐승을 가리키는 사람의 수, 이름의 수, 짐승의 수이다.

> **요일 5:6** 이는 물과 피로 임하신 이시니 곧 예수 그리스도시라 물로만 아니요 물과 피로 임하셨고 증언하는 이는 성령이시니 성령은 진리니라 **7** 증언하는 이가 셋이니 **8** 성령과 물과 피라 또한 이 셋은 합하여 하나이니라 **11** 또 증거는 이것이니 하나님이 우리에게 영생을 주신 것과 이 생명이 그의 아들 안에 있는 그것이니라 **12** 아들이 있는 자에게는 생명이 있고 하나님의 아들이 없는 자에게는 생명이 없느니라

13-9   예수님께서는 일찍이 "나더러 주여! 주여! 하는 자마다 천국에 다 들어갈 것이 아니라 다만 내 아버지의 뜻대로 행하는 자라야 들어가리라"고 하셨다. 아버지의 뜻대로 그 이마에 어린양과 아버지의 이름을 쓴 것이 있는 자, 물과 피와 성령으로 인치심을 받은 자, 끝까지 어린양을 따라가는 자, 이세벨과 같은 음녀(여자)인 큰 성, 바벨론에서 더럽히지 않는 자들이다. 바벨론의 죄에 참여하지 않고 거기에서 나온 자들이다. 예수 그리스도로 속량함을 받아 처음 익은 열매, 부활에 참여하는

자들이다. 자기의 두루마기를 예수의 피에 씻어 희게 한 자들로 복을 받은 자들이며, 그 입에는 거짓말이 없고 흠이 없는 자들이었다. 그들만이 새 노래를 부를 수 있었고, 속량함을 받지 못한 자들은 이 노래를 알 수도, 부를 수도 없다.

> **계 7:3** 이르되 우리가 우리 하나님의 종들의 이마에 인치기까지 땅이나 바다나 나무들을 해하지 말라 하더라 **4** 내가 인침을 받은 자의 수를 들으니 이스라엘 자손의 각 지파 중에서 인침을 받은 자들이 십사만 사천이니 **14:1** 또 내가 보니 보라 어린양이 시온산에 섰고 그와 함께 십사만 사천이 서 있는데 그들의 이마에는 어린양의 이름과 그 아버지의 이름을 쓴 것이 있더라… **3** 그들이 보좌 앞과 네 생물과 장로들 앞에서 새 노래를 부르니 땅에서 속량함을 받은 십사만 사천 밖에는 능히 이 노래를 배울 자가 없더라

13-10　　　적그리스도는 바다에서 올라오는 짐승으로 사단에게 능력과 지위와 권세를 받은 자이다. 여기서 능력(power)은 하나님이 우리에게 주신 권능(δύναμις ; 두나미스, 다이나믹)을 모방하였다. 또 사단은 짐승에게 지위(seats), 즉 왕좌(θρόνος ; 왕권, 보좌, 발판)를 주었고, 합법적인 세상 권력으로 권세(ἐξουσία ; 특권, 힘 authority)를 주었다. 그래서 적그리스도는 엄청난 정치적, 경제적, 군사적, 문화적 힘을 가지고 천하를 미혹하며 짐승을 따르게 하고 사단을 숭배하게 했다. 그러나 그가 아무리 강력하게 활동해도 일하는 시간은 제한되어 있는데, '3년 반, 42개월, 1260일'로 정해져 있다. 거짓 선지자는 땅에서 올라오는 또

다른 짐승으로 사단에게 용의 입의 권세를 받아 천하를 미혹할 수 있었다. 창세기 3장에서 옛 뱀, 용, 마귀, 사단이 아담과 하와에게 나타났던 것처럼, 빼어난 논리, 합리, 이성, 지식의 말로 천하를 꾀며 미혹한다. 게다가 거짓 기사와 표적을 행하여 택하신 자도 넘어지게 한다. 마지막 때, 세상 끝 즉, 예수님이 오실 때가 되면 마귀는 자기의 때가 얼마 남지 않기에 미혹한다. 그러나 공중에 나타나시면 붙잡혀 불 못에 던져진다. 두 짐승의 활동은 제한된 시간 안에 있기에 성도들은 처음 믿은 도리를 굳게 잡아 믿음을 지켜 면류관을 빼앗기지 않아야 한다.

> **계 13:2** 내가 본 짐승은 표범과 비슷하고 그 발은 곰의 발 같고 그 입은 사자의 입 같은데 용이 자기의 능력과 보좌와 큰 권세를 그에게 주었더라… **11** 내가 보매 또 다른 짐승이 땅에서 올라오니 어린양 같이 두 뿔이 있고 용처럼 말을 하더라

> **마 24:24** 거짓 그리스도들과 거짓 선지자들이 일어나 큰 표적과 기사를 보여 할 수만 있으면 택하신 자들도 미혹하리라

13-11　　사단이 두 짐승, 적그리스도와 거짓 선지자를 준비할 때, 하나님께서는 두 증인을 준비하신다. 그들은 사도행전 1:8 말씀대로 땅 끝까지 이르러 주님의 증인이 되어 짐승과 싸우며 인내로써 믿음을 지켰다. 세상 끝날까지 예수 그리스도는 함께 하셨고, 성령님은 대적 앞에서 대답할 말을 주셨다. 두 증인은 끝까지 믿음을 지키고 세상에서 믿음을 보여드리며, 순교한다. 마지막 때의 영적 전투는 두 짐승과

13장

두 증인의 싸움이다. 공중 권세 잡은 마귀의 세력과 하늘과 땅의 모든 권세를 잡은 예수 그리스도의 세계와 영적 전투이다. 하나님의 자녀와 마귀 자녀의 싸움이고, 교회와 바벨론의 싸움이었다. 그러나 이미 어린 양께서 승리하셨다. 다윗의 뿌리요, 다윗의 사자가 이기신 싸움이다. 예수님께서는 성도들에게 "세상에서 환란을 당하나 담대하라"고 하셨다.

> **계** 19:15 그의 입에서 예리한 검이 나오니 그것으로 만국을 치겠고 친히 그들을 철장으로 다스리며 또 친히 하나님 곧 전능하신 이의 맹렬한 진노의 포도주 틀을 밟겠고 16 그 옷과 그 다리에 이름을 쓴 것이 있으니 만왕의 왕이요 만주의 주라 하였더라

13-12   적그리스도를 가리키는 상징, 666은 짐승의 수, 사람의 수, 그 이름의 수로서 일곱 머리와 열뿔을 가지고 있었다. 뿔은 권세를 나타낸다. 역사적으로 나타난 적그리스도들은 모두 강력한 제국의 통치자, 왕들이었다. 천하를 배교하게 만들 수 있는 정치적, 종교적, 경제적, 군사적으로 절대권력자였다. 당시 로마의 황제는 무소불위의 절대권력자요, 신과 같았다. 다니엘이 말한 바, 북방 왕, 시리아의 안티오쿠스 에피파네스 4세와 같은 자였다. 그들은 사단에게 이미 강력한 권위, 지위, 능력을 받았다. 여기에 음녀, 바벨론과 또 다른 짐승인 거짓 선지자가 적그리스도와 함께 하였다. 사단은 정치적으로는 적그리스도를, 종교적으로는 거짓 선지자를 세워 용의 입을 주어 천하를 미혹하게 하였다. 그러므로 깨어 기도하지 않으면 영적 분별을 못해서 미혹되기에 인자 앞에 서도록 깨어 기도하며, 인자가 올 때 믿음을 보여드려야 한다. 정신

을 차리고 근신하여 기도하고 빛의 사자들이 우는 사자처럼 삼키려 달려드는 마귀를 대적해야 한다.

> **마 24:4** 예수께서 대답하여 이르시되 너희가 사람의 미혹을 받지 않도록 주의하라 **5** 많은 사람이 내 이름으로 와서 이르되 나는 그리스도라 하여 많은 사람을 미혹하리라… **13** 그러나 끝까지 견디는 자는 구원을 얻으리라

> **계 2:10** 너는 장차 받을 고난을 두려워하지 말라 볼지어다 마귀가 장차 너희 가운데에서 몇 사람을 옥에 던져 시험을 받게 하리니 너희가 십 일 동안 환난을 받으리라 네가 죽도록 충성하라 그리하면 내가 생명의 관을 네게 주리라 **13:11** 내가 보매 또 다른 짐승이 땅에서 올라오니 어린양 같이 두 뿔이 있고 용처럼 말을 하더라

13-13 　　성경에서는 적그리스도와 그의 영을 가진 자들의 특징을 일곱 가지로 말씀한다. 첫째, 아버지와 아들을 부인하고 그리스도께서 육체로 오심을 부인하는 자다. 둘째, 과장되고 신성모독하는 자이다. 셋째, 하나님을 향하여 비방하고 하늘에 있는 그의 백성을 비방하는 자이다. 넷째, 멸망의 가증한 것을 세우고 성전에 앉아 자기를 하나님이라고 하는 자이다. 다섯째, 성전과 절기, 예배, 기도를 폐하고 우상숭배와 음행하게 하는 자이다. 여섯째, 옛 뱀, 용, 마귀 사단에게 권세, 능력과 보좌를 받은 자이다. 일곱째, 자기를 따르는 자에게 666, 짐승의 표를 주어 매매하지 못하게 함으로 세상을 통제하는 자이다.

단 7:24 그 열 뿔은 그 나라에서 일어날 열 왕이요 그 후에 또 하나가 일어나리니 그는 먼저 있던 자들과 다르고 또 세 왕을 복종시킬 것이며 **25** 그가 장차 지극히 높으신 이를 말로 대적하며 또 지극히 높으신 이의 성도를 괴롭게 할 것이며 그가 또 때와 법을 고치고자 할 것이며 성도들은 그의 손에 붙인 바 되어 한 때와 두 때와 반 때를 지내리라 **26** 그러나 심판이 시작되면 그는 권세를 빼앗기고 완전히 멸망할 것이요

13-14   요한계시록 13장, 17장을 알아야 '여자, 짐승'에 대하여 정확하게 알 수 있다. 이것은 다니엘 7장에서 보았던 짐승과 같은 맥락에서 이해할 수 있다.

사단	하늘의 전쟁에서 패하여 땅에 내려옴	아담과 하와 미혹	비고
옛 뱀, 용, 마귀	공중 권세 잡은 자	세상풍속, 불순종의 아들들 가운데 역사하는 영	엡 2장
	천하를 미혹하는 자	거짓의 아비	
	디아블로스 파멸, 파괴자, (히)아바돈 (헬)아볼루온	다섯째 나팔 (황충전갈 재앙, 다섯달)	오직 이마에 인침을 받지 아니한 사람들만 해하라
	절도요, 강도, 도적	빼앗고, 죽이고, 파괴함	to steal, to kill, to destroy
	광명의 천사와 의의 일꾼으로 가장함	외식, 위선, 가식, 형식	거짓의 아비
여자	네 본 여자는… 큰 성이라 큰 성 바벨론(17:18)	가증한 물건, 음행의 더러운 것	내 백성아 거기서 나와 그들의 죄에 참여 말라
큰 음녀, 이세벨 바벨론	음행의 포도주에 취함. 하나님을 모독하는 이름	모든 자의 피가 그 성중에서 발견됨	그가 받을 재앙을 받지 말라

짐승 열 뿔 일곱 산 일곱 머리	여자가 일곱 머리, 열 뿔 가진 짐승을 타고 있음	사람들의 영혼을 사고 팜	그 행위대로, 준대로 갑절로 갚아 주리라
	짐승은 표범 같고, 곰의 발, 사자의 입을 가짐	머리에는 신성모독하는 이름들이 기록	짐승은 용에게 능력, 왕좌, 큰 권한 줌
	일곱 머리는 여자가 앉은 일곱 산이요 또 일곱 왕이라	다섯은 망함, 하나는 있고 다른 하나는 아직	네가 본 열 뿔은 아직 통치 시작하지 않은 열왕
	열 뿔은 열 왕이니 아직 나라를 얻지 못함	짐승과 더불어 임금처럼 한동안의 권세 받음	그들이 짐승(적그리스도)에게 능력과 권세를 줌
	이마에 이름이 기록되었으니 큰 바벨론이라	땅의 음녀들과 가증한 것들의 어미	심은대로, 행한대로 책에 기록된 대로
	큰 성 바벨론이 여귀신의 처소, 각종 더러운 영	화 있도다. 화 있도다	하나님의 잔치에 새들이 그들 살을 먹음
	더럽고 가증한 새들 모임, 사치의 세력, 부귀세력	무너졌도다 무너졌도다	하루 동안, 한 시간에
짐승 (열 뿔, 일곱머리)	과장되고 신성모독하는 이름	열 뿔 = 열왕	표범같은데, 곰의 발, 사장의 입, 무서운 짐승
바다에서 올라온 짐승	용에게 능력과 보좌와 큰 권세 받음	일곱 머리는 일곱 산, 일곱 왕	다섯은 망함 하나 있고, 이르지 않음
짐승 적그리스도 불법의 사람 불법의 비밀 멸망의 아들	마흔두 달 동안 일할 권세 (3년 반, 1260일)	계 11:2, 계13:5, 요일 2:22, 4:3	아버지와 아들 부인 성육신 부인하는 영
	용과 우상에게 경배	교만, 우상숭배, 살인, 음행의 포도주에 취함	예) 바벨탑 - 반항의 탑교만, 우상, 음행
	멸망의 가증한 것이 거룩한 곳에 선 것을 봄	성전과 제사, 기도 폐지 (하누카 절기)	안티오쿠스 에피파네스 4세(167~164)
	자기를 높이고 성전에 앉아 하나님이라 내세움	적그리스도	
	짐승의 표 666 짐승의 수 사람의 수, 이름의 수	이마와 오른손에 표시	Mark vs Seal

13장

또 다른 짐승은 거짓 선지자	땅에서 올라와 거짓 표적과 기사로 미혹하는 자	자기 때가 얼마 남지 않음	니골라당, 발람의 교훈
땅에서 올라옴	용처럼 말함	그리스도가 광야, 골방에 있다 함	불 못에 던져짐(마귀, 짐승, 거짓선지자)
여자가 앉은 물	그 물들은 백성과 무리와 나라와 언어들이라	네가 본 열 뿔과 짐승은 여자를 미워하고	벌거벗긴 채로 그 여자의 살을 먹고 불태움

살후 2:8 그 때에 불법한 자가 나타나리니 주 예수께서 그 입의 기운으로 그를 죽이시고 강림하여 나타나심으로 폐하시리라 **9** 악한 자의 나타남은 사탄의 활동을 따라 모든 능력과 표적과 거짓 기적과 **10** 불의의 모든 속임으로 멸망하는 자들에게 있으리니 이는 그들이 진리의 사랑을 받지 아니하여 구원함을 받지 못함이라

13-15 　　적그리스도의 출현에 대해 정리해 보자. 예수님께서는 일찍이 "나보다 먼저 온 자는 절도, 강도, 삯꾼, 거짓 목자"라고 하셨다. 속에는 노략하는 이리이고 우는 사자처럼 입 벌리고 달려든다. 그래서 하나님의 아들이 세상에 나타나신 것은 마귀의 일을 멸하시려고 하셨다. 또다시 세상을 심판하시려고 공중에 오신다. 초림 때 오신 메시야 예수님은 '때가 차매' 오셨는데, 마태복음에서는 다니엘서가 말한 그 기간(시간)을 기록하였다. 마태는 아브라함 때로부터 다윗까지, 다윗의 때로부

터 바벨론으로 사로 잡혀갈 때까지, 바벨론에 사로 잡혀간 후로부터 그리스도까지 각각 열네 대(마 1:17)라고 했다. 한 세대를 30년으로 잡으면 420년, 35년으로 잡으면 490년의 시간이다.

마 1:17 그런즉 모든 대 수가 아브라함부터 다윗까지 열네 대요 다윗부터 바벨론으로 사로잡혀 갈 때까지 열네 대요 바벨론으로 사로잡혀 간 후부터 그리스도까지 열네 대더라

갈 4:4 때가 차매 하나님이 그 아들을 보내사 여자에게서 나게 하시고 율법 아래에 나게 하신 것은

13-16　하나님께서 세상을 창조하실 때는 일곱 숫자를 기준으로 하셨다. 7일은 안식일로, 7년은 면제년으로, 7년 면제년이 7번 있으면 50년째는 희년으로, 바벨론 포로에서 귀환할 때까지 기간도 면제년이 10번 지난 70년이라고 예레미야, 에스겔을 통해 말씀해 주셨다. 다니엘이 예언한 70이레(× 7년)도 계산하면 490년이 된다. 아브라함 때부터 다윗까지가 열네 대(代)로 490년, 다윗부터 바벨론 포로까지가 열네 대(代)로 420~490년, 바벨론으로 사로잡혀간 후부터 그리스도까지 열네 대(代), 490년으로 동일하다고 성경은 말씀하고 있다. 그러므로 예수 그리스도는 약속한 대로 '때가 차매' 성경대로 오셨다. 그리고 마지막 세상 끝에는 구름을 타고 강림하시고 재림하신다. 하나님의 종이라 일컬었던 바

13장⦙

사(페르시아) 왕, 고레스 원년의 칙령은 정확하게 536년이다. 다니엘이 포로로 잡혀갈 때가 BC 606년이니 70년 만에 정확하게 귀환한 것처럼 예수님도 하나님의 말씀대로 다시 오신다.

단 9:24 네 백성과 네 거룩한 성을 위하여 일흔 이레를 기한으로 정하였나니 허물이 그치며 죄가 끝나며 죄악이 용서되며 영원한 의가 드러나며 환상과 예언이 응하며 또 지극히 거룩한 이가 기름 부음을 받으리라

13-17 바사, 페르시아 제국의 5대 왕, 아닥사스다(Artaxerxes, BC465~424)는 아버지 아하수에로(Ahasuerus; 세계사에서 이름은 Xerxes I, BC. 485~405, 에스더의 남편)의 아들로, BC 465~424년 동안 바사를 통치하였다. 아닥사스다의 술 맡은 관원장(참모, 방백)이 느헤미야이다. 아닥삭스다 왕이 예루살렘 성의 중건을 위하여 느헤미야를 파송한 때가 BC 446년이다. 이 때 다니엘이 저녁 제사 드릴 때 즈음하여 가브리엘 천사가 나타나 '70이레'에 대한 말씀과 환상을 해석해 주었다. 그 내용은 예루살렘 성이 어렵게 중건되고 장차 그리스도, 기름 부은 자가 나타나고 그 후에 적그리스도가 나타날 것을 말씀해 주었다. 그 예언대로 세상 끝에는 장차 적그리스도가 나타나 멸망의 가증한 것을 성전에 세우고, 그 위에 앉아 자신을 하나님이라고 하며 신성모독을 한다. 적그리스도는 성소, 제사, 말씀, 때(절기)을 폐하고 성도를 박해한다고 하셨다. 그러다가 만왕의 왕, 만유의 주께서 오시면 반드시 적그리스도 불법의 아들이요 멸망의 자식들

은 불 못에 던져진다.

단 9:25~27 그러므로 너는 깨달아 알지니라 예루살렘을 중건하라는 영이 날 때부터 기름 부음을 받은 자, 왕이 일어나기까지 일곱이레와 예순 두 이레가 지날 것이요 그 곤란한 동안에 성이 중건되어 광장과 거리가 세워질 것이며 예순 두 이레 후에 기름 부음을 받은 자가 끊어져 없어질 것이며 그 후에 장차 한 왕의 백성이 와서 그 성읍과 성소를 무너뜨리려니와… 그가 장차 많은 사람들과 더불어 한 이레동안의 언약을 굳게 맺고 그가 그 이레의 절반에 제사와 예물을 금지할 것이며 또 포악하여 가증한 것이 날개를 의지하여 설 것이며 또 이미 정한 종말까지 진노가 황폐하게 하는 자에게 쏟아지리라 하였으니라 하니라'

13-18　　예수님께서는 세상 끝을 '추수 때'라고 하셨고 모든 성도의 신앙은 알곡과 가라지로 구별되어 거두신다. 그래서 마지막 때가 되면 하나님의 자녀와 마귀의 자녀가 나타난다. 양과 염소로, 지혜로운 신부와 미련한 신부로, 충성된 종과 악한 종으로, 영생에 들어갈 자와 영벌에 들어갈 자로, 생명책에 기록된 자와 녹명되지 못한 자로 나타난다. 또한 좁은 길과 좁은 문으로 들어간 자는 생명 길로 나아가고, 넓은 길과 넓은 문으로 들어가는 자가 멸망 길로 나아가며, 한번 밖에 못 사는 인생인데 반석 위에 집을 지은 사람과 모래 위에 집을 지은 자로 나타난다.

하나님의 자녀	마귀의 자녀
좁은 길, 좁은 문으로 들어가 생명길 간 자	넓은 길, 넓은 문으로 들어가 멸망길 간 자
반석 위에 집을 지은 자	모래 위에 집을 지은 자
생명의 부활로 나오는 자	심판의 부활로 나오는 자
주님의 우편에 앉을 자, 양과 같은 자	주님의 좌편에 앉을 자, 염소 같은 자
두 사람이 밭을 갈다가 데려감을 당한 자	버려둠을 당한 남자
두 여자가 맷돌 갈다가 데려감을 당한 자	버려둠을 당한 여자
추수 때에 알곡, 의인의 아들들	추수 때에 가라지와 쭉정이, 악한 자의 아들
주의 강림의 날에 공중으로 올라가는 자	주의 강림의 날에 땅에 남아있는 자
하나님께 인침을 받은 자	오른손과 이마에 짐승의 표를 받은 자
자기의 두루마기를 빨아 옷을 희게 한 자	주님의 심판을 보고도 회개하지 않는 자
주인 잔치의 즐거움에 참여할 자	바깥 어두운 곳에서 슬피 울며 이를 갈 자
바벨론의 죄에 참여치 않고 거기서 나온 자	여자와 더불어 음행하고 짐승을 경배한 자
새 예루살렘에 들어가는 자	바벨론에 참여하는 자
어린양의 피에 옷을 씻어 희게 한 자	옷이 더럽혀져 예복을 입지 않는 자
어린양이 어디로 인도하든지 따라가는 자	짐승을 따라가는 자
끝까지 증인(순교), 신부, 일꾼, 제자된 자	배교, 배도, 미혹된 자
어린양 생명책에 기록(녹명)된 자	생명책에 기록되지 못한 자, 제하여 진 자
생명나무 열매와 생명수에 참여할 자	둘째 사망, 불 못에 던져질 자

요일 3:10 이러므로 하나님의 자녀들과 마귀의 자녀들이 나타나나니 무릇 의를 행치 아니하는 자나 또는 그 형제를 사랑치 아니하는 자는 하나님께 속하지 아니하니라

13-19   사도바울은 데살로니가후서 2장에서 "예수 그리스도의 주의 날이 이르기 전, 적그리스도, 멸망의 아들이 먼저 온다"고 했으니 그가 나타나기 전까지 쉬 동심하지 말라고 하셨다. 예수님께서는 요한복음 10장에서 말씀하신 대로 "나보다 먼저 온 자는 절도, 강도"라고 하신 말씀을 성취하신다. 도둑이 먼저 와서 죽이고 빼앗고 멸망시키는 일을 한다고 하셨다. 참 목자, 선한 목자는 양들에게 생명을 주시고 더욱 풍성히 주신다. 선한 목자 예수님이 오시기 전에 반드시 적그리스도가 먼저 온다. 거짓 선지자에게 미혹된 자들은 그리스도가 골방과 광야에 있다는 말을 듣고 믿는다. 성도는 미혹을 받지 않도록 깨어 기도해야 한다. 끝까지 믿음을 지키고 두 증인처럼 적그리스도에 맞서 최후의 증인, 땅 끝에서 선 증인이 되어야 한다. 신구약을 통틀어 하나님의 종들과 성도들은 마귀의 세력(우상)과 항상 맞서 싸웠다. 모세는 애굽의 신들에 맞섰다. 엘리야는 바알과 아세라(아스다롯)에 맞섰다. 다니엘은 바벨론의 금 신상에 맞섰다. 마카비는 헬라의 신들에 맞섰다. 초대 교회 성도들은 로마의 신들에 맞섰다. 지금의 성도들은 적그리스도의 영에 맞서 영적 전투를 하고 있다. 최후에 두 증인은 최후에 나타난 적그리스도에게 맞서 싸우고 승리한다.

요한계시록
14장

Revelation

14-1   요한계시록 14장에서 요한은 어린양 예수 그리스도께서 시온 산에 섰고 구원받는 하나님의 자녀들도 함께 있는 것을 보았다. 이때는 예수님의 두 증인이 땅 끝에서 순교한 후, 하나님의 능력으로 부활하여 구름 속으로 끌어 올려 공중에서 주님을 영접하였는데, 예수님께서 구름을 타고 공중에 강림하셨기 때문이다. 주님께서는 약속하신 대로 무덤에서 잠자던 자들을 깨워 주셨으므로 죽은 자들이 무덤에서 일어나 구름 속으로 끌려 올라가 공중에서 주를 영접한 후 주와 함께 있게 된다. 고전 15장에서 "마지막 나팔 불 때 우리가 다 잠잘 것이 아니요 홀연히 변화한다"고 했다. 그때는 추수 때이므로 예수님께서는 천사들을 사방으로 보내어 알곡을 거두어 천국 창고에 들이신다. 집과 밭(일터)과 침상에서 한 사람은 데려감을 당하고 한 사람은 버려둠을 당한다. 성부 아버지 하나님은 때와 기한을 정하셨고 이제 아들을 위하여 어린양 혼인 잔치를 준비하셨다. 천국 복음이 모든 민족에게 전파되어 세상 끝이 왔고, 슬기로운 다섯 처녀와 같은 신부들과 죽도록 충성하고 착한 종들이 준비되었으며, 의인들의 아들들인 알곡이 준비되었다. 주의 택하신 자들은 모두 구름 속으로 끌어올려 공중에서 주를 영접한 성도들은 어린양 혼인 잔치에 들어가게 된다. 그리고 데려감을 당하지 못하고 버려둠을 당한 자들은 땅에 남아 하나님 진노의 일곱 대접으로 심판을 받게 되었다.

마 8:23 그러므로 천국은 그 종들과 결산하려 하던 어떤 임금과 같으니

22:2 천국은 마치 자기 아들을 위하여 혼인 잔치를 베푼 어떤 임금과 같으니

24:31 그가 큰 나팔소리와 함께 천사들을 보내리니 그들이 그의 택하신 자

14-2   예수님께서는 세상 끝을 추수 때라고 하셨다. 추수 때가 되기 위해 천국복음이 모든 민족에게 다 전파되었다. 그리고 예수님이 그동안 말씀하신 징조들이 모두 이루어졌고 "인자가 문 앞에 이른 줄 알라"고 하신 때가 왔다. 이때가 추수 때이기 때문에 예수님은 '심판자'로 오신다. 천사들을 사방에 보내어 이 끝에서 저 끝까지 사방에서 주의 택하신 자들을 모아 추수하신다. 알곡과 가라지로 거두신다. 의인들의 자녀는 자기 아버지의 나라인 천국 창고에 들이시고 해와 같이 빛나게 하신다. 이제 주님은 심판자로 시온산에 서셨다. 시온산은 구약에서 성도들을 불러 모으는 장소였고 하나님의 도성, 다윗 성이었다. 시온산에 선 백성들은 모두 하나님의 후사, 상속자, 그리스도와 함께 한 후사로서 하나님의 나라를 유업으로 받게 되었다.

마 13:39 가라지를 뿌린 원수는 마귀요 추수 때는 세상 끝이요 추수꾼은 천사들이니 40 그런즉 가라지를 거두어 불에 사르는 것 같이 세상 끝에도 그러하리라 41 인자가 그 천사들을 보내리니 그들이 그 나라에서 모든 넘어지게 하는 것과 또 불법을 행하는 자들을 거두어 내어 42 풀무 불에 던져 넣으리니 거기서 울며 이를 갈게 되리라 43 그 때에 의인들은 자기 아버지 나라에서 해와 같이 빛나리라 귀 있는 자는 들으라

갈 4:7 그러므로 네가 이 후로는 종이 아니요 아들이니 아들이면 하나님으로 말미암아 유업을 받을 자니라… **5:21** 투기와 술 취함과 방탕함과 또 그와 같은 것들이라 전에 너희에게 경계한 것 같이 경계하노니 이런 일을 하는 자들은 하나님의 나라를 유업으로 받지 못할 것이요

창 7:16… 하나님이 그에게 명하신 대로 들어가매 여호와께서 그를 들여보내고 문을 닫으시니라

14-3   예수님께서 구름을 타고 공중에 강림하실 때, 즉 두 번째 나타나실 때(second coming)는 조용히 오시지 않는다. 주의 호령과 천사장의 소리와 하나님의 나팔 소리로부터 친히 하늘로부터 강림하시기 때문이다. 예수님은 스스로 "인자의 임함은 번개가 동편에서 나서 서편까지 번쩍임같이 오신다"고 하셨다. 하늘에서는 주의 호령과 하나님의 나팔 소리와 천군 천사의 찬양, 성도들의 찬양 소리에 천지가 진동할 것이다. 번개가 동편에서 나서 서쪽까지 번쩍임 같이 인자의 임함도 그러하게 된다. 이제 예수님께서 승리자와 심판자로 '만왕의 왕, 만주의 주'로 오신다. 이렇게 될 것이었기에 예수님께서 친히 말씀하시길, "인자가 구름을 타고 큰 영광과 권능으로 오는 것을 보리라"고 하셨다.

계 11:15 일곱째 천사가 나팔을 불매 하늘에 큰 음성들이 나서 이르되 세상 나라가 우리 주와 그의 그리스도의 나라가 되어 그가 세세토록 왕 노릇 하

14장

시리로다 하니 16 하나님 앞에서 자기 보좌에 앉아 있던 이십사 장로가 엎드려 얼굴을 땅에 대고 하나님께 경배하여 17 이르되 감사하옵나니 옛적에도 계셨고 지금도 계신 주 하나님 곧 전능하신 이여 친히 큰 권능을 잡으시고 왕 노릇 하시도다

14-4   마지막 때를 살면서 세상 끝이 오면 주께서 '아시는 자'가 있고 '도무지 알지 못하시는 자'가 있다. 그래서 세상에서 둘로 나뉘어진다. 두 사람이 밭을 갈다가, 맷돌 갈다가, 침상에 있다가, 신부로 준비되어 있다가 한 사람은 데려감을 당하고 한 사람은 버려둠을 당한다. 공중으로 끌어 올려가는 자가 있고, 버려둠을 당하여 땅에 남은 자로 즉, 알곡과 가라지, 의인의 아들과 악한 자의 아들, 어린양 생명책에 녹명된 자와 그렇지 못한 자로 구별된다. 이로써 하나님의 자녀와 마귀의 자녀가 나타난다. 추수꾼인 천사들은 누가 하나님의 자녀인지, 어린양 생명책에 기록된 이름인지를 안다. 그래서 주님께서는 천사들을 사방에 보내어 주의 택하신 자들을 모아 천국에 들이신다. 그들의 이마와 오른손을 보면 알 수 있다. 구원받는 자녀들은 이마에 아버지와 아들의 이름을 쓴 것이 있어 알 수 있고, 어린양의 피에 씻어 그 옷을 희게 한 자들로서 '이신칭의(以信稱義)' 믿음으로 그리스도와 합하여 예수님으로 옷 입고 성령으로 인쳐서 쉽게 구별할 수 있었다. 주님이 평소 말씀하신 대로 양과 염소로, 좋은 물고기와 나쁜 물고기로, 착하고 충성된 종과 악하고 게으른 종으로, 증인과 배교자로, 신부와 음녀로 나뉘어 구별된다.

마 25:33 양은 그 오른편에 염소는 왼편에 두리라… **41** 또 왼편에 있는 자들에게 이르시되 저주를 받은 자들아 나를 떠나 마귀와 그 사자들을 위하여 예비된 영원한 불에 들어가라

14-5   '주님의 날'에 대한 '때와 기한' 즉, 날짜와 요일, 시간, '년 월 일 시'는 알 수 없다. 그것은 아버지께서 자기 권한에 두셨기 때문이다. 천사도 모르고 아들도 모른다. 예수님 스스로도 "인자가 저물 때일지, 한밤중일지, 새벽일지, 닭 울 때일지 알지 못함이라"고 하셨다. 예수님과 천사들도 모르시는데 이단들이 안다고 하는데 참으로 불가능하다. 그 날짜와 요일과 시간은 아버지만 아시는 데는 이유가 있다. 유대인 전통에 의하면 아들의 혼인 잔치의 날짜는 아버지가 결정한다. 유대인의 결혼은 약혼으로 시작하며 신랑과 신부가 포도주를 마심으로 언약을 맺는다. 그 후 신랑은 신부를 맞이할 처소를 예비하러 가고, 신부는 신랑을 위하여 정한 때까지 준비하고 단장한다. 신랑과 신부가 준비가 다 된 것을 아버지가 보시면, 혼인 잔치 날짜를 정하는 전통에 따른 것과 같다. 그 날이 되면, 신랑과 친구들은 나팔을 불며 신부를 맞으러 온다. 하나님께서는 심판을 아들에게 맡기셨지만, 심판의 날과 때와 기한은 아버지의 권한에 두셨다.

요 5:22 아버지께서 아무도 심판하지 아니하시고 심판을 다 아들에게 맡기셨으니

행 1:7 이르시되 때와 시기는 아버지께서 자기의 권한에 두셨으니 너희가 알 바 아니요

막 13:35 그러므로 깨어 있으라 집 주인이 언제 올는지 혹 저물 때일는지, 밤 중일는지, 닭 울 때일는지, 새벽일는지 너희가 알지 못함이라

14-6　여기서 부활의 시점도 알 수 있다. 요한복음 5장에서 예수 님은 신랑의 음성을 들을 때가 온다고 하셨다. "하나님이 아들의 음성 을 들을 때가 오나니 곧 이 때라… 듣는 자는 살아나리라(요 5:25)"고 하 셨다. 열 처녀 비유에서는 "보라 신랑의 음성이로다"하는 하늘의 음성 이 있었고, 지혜롭게 준비한 신부들은 주님을 맞이해 들어가고 문은 닫 혔다. 주의 날에 성도는 무덤에서 다 잠잘 것이 아니요, 마지막 나팔에 홀연히 신령한 몸으로 변화된다. 주안에서 자는 자들을 주님이 깨우러 오신다고 약속하셨었다. 일찍이 주의 신부 된 사랑하는 성도들을 향해 "나의 사랑 나의 어여쁜 자여 일어나 함께 가자"고 노래하셨다. 그들은 일어나 혼인 잔치에 들어가게 된다. 바울 사도가 말씀한 '부활의 순서' 에 따르면 예수님이 오실 때 먼저 죽은 자들이 일어나 구름 속으로 끌 려 올라가고, 그 후에 우리 살아남은 자들도 구름 속으로 끌어 올려 공 중에서 주를 영접하게 하심으로 항상 주와 함께 있게 된다. 예수님의 생 명과 부활을 믿는 자는 아들의 음성을 들을 때, 부활의 첫 열매 되신 예 수님께 붙어 있어 썩을 것이 썩지 않음을 입고 죽을 것이 죽지 아니함

을 입게 된다. 사망을 삼키고 이기리라는 주의 말씀이 성취된다. 그래서 주안에서 죽는 자는 복이 있었고, 경건한 자들의 죽음을 주께서는 귀중히 보신다고 하셨다.

> **살전 4:16** 주께서 호령과 천사장의 소리와 하나님의 나팔소리로부터 친히 하늘로부터 강림하시리니 그리스도 안에서 죽은 자들이 먼저 일어나고(rise) 그 후에 우리 살아남은 자들도 그들과 함께 구름 속으로 끌어 올려 공중에서 주를 영접하게 하시리니 그리하여 우리가 항상 주와 함께 있으리라

14-7 주님께서 다시 오실 때는 '심판자'로 오신다. "보라, 곡식이 익어 희어졌도다" 하신 추수 때요, 심판 때다. 하나님께서는 '이한 낫'을 가지시고, 좌우에 날 선 검과 같은 하나님의 말씀으로 모든 것을 만물을 상관하시는 자의 눈앞에 벌거벗은 것처럼 드러내시고 심판하신다. 그들이 이 땅에서 말한 대로, 행한 대로, 심은 대로, 기록한 대로 심판하신다. 이때 우리는 알곡 성도로 추수되어 천국 창고에 들어가게 되고 아버지의 나라에서 의인들로 해 같이 빛나게 된다. 알곡 성도는 누구인가? 다섯 가지로 말씀하고 있다. 첫째, 자기의 옷을 더럽히지 않고 두루마기를 빠는 자들 즉, 순결한 자이다. 둘째, 세상과 타협하지 않고 어린양 예수 그리스도께서 어디로 인도하든지 따라가는 자이다. 셋째, 하나님 아버지와 어린양의 이름이 그 이마에 씌어 진 자 즉, 성령으로 인침 받은 자이다. 넷째, 짐승의 표를 받지 않고 짐승과 우상에게 경배하지 않는 자

14장

들로서 영원한 복음을 가진 자이다. 다섯째, 하나님의 계명을 지키며 예수님에 대한 믿음을 지키는 자이다. 인내로써 믿음의 경주를 하며, 우리 주 예수 그리스도를 변함없이 사랑하는 제자, 증인, 일꾼, 신부이다.

14-8 이 땅에 남은 자들, 즉 공중으로 올라가지 못하고 남겨진 자들은 크게 두려워하며 하늘만 쳐다보게 된다. 하나님 아들의 음성을 들을 때 불신자들도 무덤에서 다 잠잘 것이 아니요, 심판의 부활로 나아온다. 주님을 찌른 자들과 주님을 다시 십자가에 못 박은 자들, 불신자들은 가슴을 치며 통곡하며 주님 오심을 본다. 공중으로 끌어 올라가지 못한 자들에게는 '둘째 화'가 임하는데 일곱 대접의 재앙, 하나님의 '진노의 포도주 일곱 대접'의 재앙이 준비되어 있는데, 대접을 쏟으실 때마다 무서운 재앙이 예고되었다. 일곱 대접 재앙의 중요한 특징은 땅에서 짐승의 표를 받고 우상에게 경배한 자들에게만 쏟아진다. 그도 그럴 것이 성도들은 주님 오셨을 때 홀연히 다 변화하였으며, 천사들을 세계 모든 사방에 보내어 알곡 성도를 모아 구름 속으로 끌어올려 가 공중에서 주님을 영접하여 항상 주와 함께 있기 때문이다. 그러나 적그리스도를 따라 배교하고, 거짓 선지자들을 따라 미혹되어 우상숭배, 음행, 교만, 살인, 사치하며 하나님을 비방하고 회개하지 않는 자들은 이 땅에 남아 진노의 일곱 대접의 재앙을 당한다. 일곱 대접의 재앙은 이 땅에서 마지막 재앙(환란)이었기에 이것으로 하나님의 진노가 마쳐진다.

계 16:2 첫째 천사가 가서 그 대접을 땅에 쏟으매 짐승의 표를 받은 사람들과 그 우상에게 경배하는 자들에게 악하고 독한 종기가 나더라… **16:6** 그들이 성도들과 선지자들의 피를 흘렸으므로 그들에게 피를 마시게 하신 것이 합당하니라… **16:9** … 이 재앙들을 행하는 권세를 가지신 하나님의 이름을 비방하며 또 회개하지 아니하고 주께 영광을 돌리지 아니하더라 **15:1** 또 하늘에 크고 이상한 다른 이적을 보매 일곱 천사가 일곱 재앙을 가졌으니 곧 마지막 재앙이라 하나님의 진노가 이것으로 마치리로다

14-9　　우리 주 예수 그리스도께서는 다시 오실 때에 구원자가 아닌 심판자로 오신다. 초림 때는 십자가를 지시고 구원자로 오셨지만, 다시 오실 때는 온 천지 만물의 심판자로 오신다. 만왕의 왕, 만주의 주와 심판자로 오셔서 성도들의 피를 갚아주시고, 상 주시기 위하여, 우리 처소로 데려가신다. 그것을 이루기 위하여 주님은 속히 오시겠다고 하셨다. 지금까지 많은 징조가 있었다. 해, 달, 별에서 징조와 번개가 동쪽에서 서쪽까지 번쩍였다. 하늘에서 큰 음성이 나고, 공중에 큰 구름과 나팔 소리가 개선가로 하늘로부터 크게 울려 퍼졌다. 그 찬송의 가사는 '세상 나라가 우리 주와 그의 그리스도의 나라가 되어 그가 세세토록 왕 노릇 하리로다. 감사하옵나니 옛적에서 계셨고 지금도 계신 주 하나님 곧 전능하신 이여 친히 큰 권능을 잡고 왕 노릇 하시도다' 였다. 이런 찬양과 함께 주님은 심판자와 만왕의 왕, 만주의 주로 이 땅에 두 번째 나타나신다. 성도들에게는 승리의 날이요, 불신자에게는 진노의 날이다. 모든

것이 감사, 감격, 감동, 감탄이다.

마 3:3 그는 선지자 이사야를 통하여 말씀하신 자라 일렀으되 광야에 외치는 자의 소리가 있어 이르되 너희는 주의 길을 준비하라 그가 오실 길을 곧게 하라 하였느니라

욜 3:14 사람이 많음이여, 심판의 골짜기에 사람이 많음이여, 심판의 골짜기에 여호와의 날이 가까움이로다

14-10 예수 그리스도께서 강림하셨을 때 이방인들은 분노하였다. 하나님의 종 선지자들과 성도들과 또 작은 자든지 큰 자든지 주의 이름을 경외하는 자들에게 상 주시며 또 땅을 망하게 하는 자들을 멸망시킬 때가 이르렀다. 그동안 계시록 5장에서 다섯째 인 때부터 성도들의 탄원과 신원의 기도에 응답하시고 주님이 핏값을 갚아 주시려고 오셨다. 그리고 주님은 오셔서 죽도록 충성한 일꾼들에게는 생명의 관을 주시고, 슬기로운 신부들은 혼인 잔치에 맞아 주시며 땅 끝까지 증인되고 순교한 자들은 찾아주신다. 주님과 약속했던 제자들은 처소를 예배하신 대로 영접해 주시고 주님 계신 곳에 있게 하신다. 이 땅에서는 우리가 주님을 영접했지만 주의 날에는 주님께서 신부였던 성도들을 위해 준비하신 처소로 영접해 주신다.

시 2:1 어찌하여 이방 나라들이 분노하며 민족들이 헛된 일을 꾸미는가 2 세상의 군왕들이 나서며 관원들이 서로 꾀하여 여호와와 그의 기름 부음 받은 자를 대적하며 3 우리가 그들의 맨 것을 끊고 그의 결박을 벗어 버리자 하는도다 4 하늘에 계신 이가 웃으심이여 주께서 그들을 비웃으시리로다 5 그 때에 분을 발하며 진노하사 그들을 놀라게 하여 이르시기를 6 내가 나의 왕을 내 거룩한 산 시온에 세웠다 하시리로다

겔 30:3 그 날이 가깝도다 여호와의 날이 가깝도다 구름의 날일 것이요 여러 나라들의 때이리로다

14-11   요한계시록 14장에서는 "하나님의 자녀로 인침을 받지 못하고 아버지와 어린양의 이름을 쓴 것이 없다면 새 노래를 부를 수 없다"고 하셨다. 세상은 알 수도, 볼 수도, 부를 수 없는 새 노래가 성도들에게 있었다. 그들은 누구인가? 다섯 가지로 말씀한다. 첫째, 여자와 더불어 음행하지 않는 자, 큰 성 바벨론에 참여하지 않고 소돔과 고모라와 같은 죄에 참여하지 않는 자이다. 구약의 이세벨과 같은 자에게 무릎을 꿇지 않고 예수그리스도의 신부로 순결한 자들이다. 둘째, 그들은 어린양이 어디로 인도하든지 따라가는 자들이다. 제 십자가를 지고 달려갈 길을 다 마친 제자들이요, 땅 끝까지 증인 된 자들이다. 셋째, 그들은 하나님과 어린양 예수 그리스도께 속하여 처음 익은 열매, 첫째 부활의 열매에 참여하는 자들이다. 넷째, 그 입에 거짓말이 없고 예수 그리스도의

의로 속량함을 입어 깨끗함으로 흠이 없는 자들이다(계 14:1~6). 옛 사람은 흠과 점이 많은 죄인이었지만, 새 사람은 예수 그리스도의 의로 말미암아 흠과 점과 티와 주름 잡힌 것이 하나도 없는 자이다. 주홍같이 붉은 죄, 진홍같이 붉은 죄가 예수님의 피에 씻겨 눈과 같이, 양털같이 희어져 깨끗하게 된 자이다. 마지막으로 그들은 모든 민족과 종족과 방언과 백성에게 전할 '영원한 복음'을 가지고 있었다.

> **시 40:2** 나를 기가 막힐 웅덩이와 수렁에서 끌어올리시고 내 발을 반석 위에 두사 내 걸음을 견고하게 하셨도다 3 새 노래 곧 우리 하나님께 올릴 찬송을 내 입에 두셨으니 많은 사람이 보고 두려워하여 여호와를 의지하리로다

14-12　예수님께서 강림하실 때 성도들을 공중으로 끌어 올려 주님을 영접하게 하심으로 주와 함께 있게 된다. 이 땅에 남아 있지 않았다. 주와 함께 어린양 혼인 잔치에 참여하고 주께서 예비하신 처소를 하늘로부터 덧입게 하신다. 예수님을 믿는 자들의 시민권이 하늘에 있었기에 본향으로 인도하신다. 이 땅에서 우리가 주님을 영접하여 하나님의 자녀가 되는 권세를 얻었지만, 주께서 강림하실 때에는 주님이 공중에서 영접하여 우리를 처소로 들어가게 하신다. 그때까지 성도들은 두렵고 떨림으로 구원을 이루고 지키며 전파해야 한다. 손에 쟁기를 잡고 뒤를 돌아보는 자는 하나님 나라에 합당하지 않다고 하셨다. 롯의 처는 뒤를 돌아본 고로 소금기둥이 되었다. 그녀는 받은 구원을 두렵고 떨림으로 이루지 못했다. 롯의 때는 인자가 오실 때와 같다. 주님의 나라에

'청함'과 '택함'을 모두 얻은 자가 마지막 날에 복 있는 사람이다.

요 14:3 가서 너희를 위하여 거처를 예비하면 내가 다시 와서 너를 내게로 영접하여 나 있는 곳에 너희도 있게 하리라

살전 4:17 그 후에 우리 살아 남은 자들도 그들과 함께 구름속으로 끌어올려 공중에서 주를 영접하게 하시리니 그리하여 우리가 항상 주와 함께 있으리라

눅 9:62 예수께서 이르시되 손에 쟁기를 잡고 뒤를 돌아보는 자는 하나님의 나라에 합당하지 아니하니라 하시니라

14-13   요한계시록은 '하늘의 이야기'와 '땅의 이야기'가 서로 만나고 구별된다. 그래서 시공간을 구별해야 한다. 땅에 속한 사람에 대한 말씀인지? 아니면 하늘에 속한 이들에게 대한 말씀인지를 구별해야 한다. 땅에 남은 자들은 애통하고, 구름 속으로 끌어올려 공중(하늘)에 올라간 자는 새 노래를 부른다. 하늘에 있는 자에게는 어린양 혼인 잔치가 준비되었고 거기에 청함을 받아 복 있는 자였다. 그러나 땅에 남은 자들은 예수님께서 손에 가지신 '이한 낫'을 휘두르실 때 재앙을 당하고, 모아다가 진노의 포도주 틀에 던져 넣도록 예비되어 있다. 주님께 예리한 낫을 휘둘러 포도송이를 거두라고 하실 때, 추수꾼인 천사들이 사방에서 거두어 포도주 틀에 던져 밟으니 피가 나서 1600 스타디온(스테디

14장 :

움), 약 307km에 퍼졌다. 진리, 로고스이신 예수 그리스도께서 이한 낫으로, 관절과 골수까지 찔러 쪼개시는 좌우에 날 선 검으로, 성령의 검, 곧 하나님의 말씀으로, 모든 사람이 행한 대로, 심은 대로, 기록된 대로 심판을 받았다.

> **히 4:12** 하나님의 말씀은 살아 있고 활력이 있어 좌우에 날선 어떤 검보다도 예리하여 혼과 영과 및 관절과 골수를 찔러 쪼개기까지 하며 또 마음의 생각과 뜻을 판단하나니 13 지으신 것이 하나도 그 앞에 나타나지 않음이 없고 우리의 결산을 받으실 이의 눈 앞에 만물이 벌거벗은 것 같이 드러나느니라

14-14　구름 속으로 끌어 올려 공중에서 주를 영접한 자들은 한 가지 공통점이 있었다. 땅에 거주하는 자들, 곧 모든 민족과 종족과 방언과 백성에게 전할 영원한 복음을 가진 자들이었다. 예수 그리스도의 복음, 십자가의 복음, 부활의 복음으로 구원받은 자들, 그들이 주님과 함께 영원히 왕 노릇 하게 되었다. 예수님은 복음으로 우리를 나라와 제사장으로 삼으셨다. 새 하늘과 새 땅을 바라보게 하시고 달려가게 하셨다. 아브라함과 선진들의 믿음을 따라 이 땅에 영구한 도성이 없음을 알고 더 나은 본향을 바라보고 달려간 자들이었다. 여호수아가 주었던 안식보다, 예수님이 주실 더 좋은 안식에 들어가기를 사모하는 자들이었다. 불신자들을 심판하실 시간이 가까이 왔을 때, 천사는 "하늘과 바다와 물들의 근원을 만드신 이를 경배하라"고 외친다. 우상숭배와 음행, 살인, 거짓말과 모든 사단의 나라, 큰 성 바벨론은 무너진다. 소돔과 고

모라와 같이, 시날 땅의 바벨탑과 같이 무너진다. 세상 나라는 멸망당하고 하나님의 나라, 주 예수의 교회는 영영 왕성한다.

14-15   그래서 성도는 주님을 만나기 전까지 믿음으로 인내해야 한다. 끝까지 믿음을 지키고 달려갈 길을 마쳐야 하며, 선한 싸움을 싸워 승리해야 한다. 두렵고 떨림으로 받을 구원을 지키고 이루며 면류관을 얻도록 달려가야 한다. 이 땅에서 짐승과 거짓 선지자를 따라 배교, 미혹, 음행, 우상숭배에 참여하지 않아야 한다. 짐승의 표, 사람의 수, 그 이름의 수, 짐승의 수를 뜻하는 '666', 적그리스도의 표를 이마와 오른손에 받지 않아야 한다. 만약 그 이름의 표를 받는 자는 누구든지 밤낮 괴로움과 진노와 심판을 받는다. 성도는 인자 앞에 서도록 깨어 기도하고 인내하며 시험과 미혹에 빠지지 않고 죽도록 충성하여 면류관을 써야 한다. 그리고 주님 오실 때까지 '영과 혼과 몸'이 흠 없게 보전되도록 항상 기뻐하고 쉬지 말고 기도하며 범사에 감사하며 미혹되지 않아야 한다. 인자 앞에 서도록 깨어 기도하면서 예수님께 잡힌 바 된 그것을 잡으려고, 하나님이 위에서 부르신 부름의 상을 위하여 달려가야 한다. 우리의 이름이 하늘에 기록된 것을 인하여 기뻐할 때가 오고 있다.

계 14:12 성도들의 인내가 여기 있나니 그들은 하나님의 계명과 예수에 대한 믿음을 지키는 자니라

마 10:26 그런즉 그들을 두려워하지 말라 감추인 것이 드러나지 않을 것이 없

14장 :

고 숨은 것이 알려지지 않을 것이 없느니라 28 몸은 죽여도 영혼은 능히 죽이지 못하는 자들을 두려워하지 말고 오직 몸과 영혼을 능히 지옥에 멸하실 수 있는 이를 두려워하라

14-16   하나님께서 추수 때에 '이한 낫'으로 심판하시는 까닭은, 구약 요엘서의 말씀을 이루기 위해서다. 하나님께서 이스라엘의 심판을 '여호사밧 골짜기', 즉 판결 골짜기에서 낫을 대시는 말씀을 성취하시기 위해서다. 마지막까지 화인 맞은 심령들, 마귀와 두 짐승(적그리스도와 거짓 선지자)을 따르는 불신자들은 하나님을 거역하고 신성 모독하다가 심판을 받았다. 이한 낫으로 포도송이들을 거두어 포도즙 틀에 넣고 심판하실 때, 그 피가 307Km 흐른 것처럼 그들의 사악함과 죄악이 흘러넘쳤다. 요엘은 주의 날에 '이한 낫'으로 공의와 정의로 심판하실 것을 말씀했는데, 결국 계시록에서도 그렇게 심판하셨다. 심판의 때, 추수절(숙콧)에는 악인이 심판을 견디지 못하며 바람에 나는 겨(가라지)와 같아서 그들은 의인들의 회중에 결코 들어오지 못한다.

욜 3:12 민족들은 일어나서 여호사밧 골짜기로 올라올지어다 내가 거기에 앉아서 사면의 민족들을 다 심판하리로다 13 너희는 낫을 쓰라 곡식이 익었도다 와서 밟을지어다 포도주 틀이 가득히 차고 포도주 독이 넘치니 그들의 악이 큼이로다 14 사람이 많음이여, 심판의 골짜기에 사람이 많음이여, 심판의 골짜기에 여호와의 날이 가까움이로다

쉽게 읽는 요한계시록

요한계시록

15장

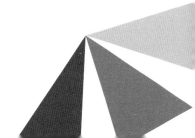

Revelation

15-1　　요한계시록 15장을 통해 예수님께서 말씀하신 세상 끝, 추수 때에 알곡 신앙을 거두어 천국 잔치에 들어가게 하신다. 주님이 말씀하신 대로 준비되고 단장한 신부들은 신랑을 맞아 어린양 혼인 잔치에 들어가게 하신다. 땅에 있었던 성도들과 무덤 속에 잠자던 성도들은 부활에 참여하여 구름 속으로 끌어올려 공중에서 주를 영접하게 되어, 불이 섞인 유리 바다를 지나 어린양의 혼인 잔치에 들어간다. 그들은 끝까지 믿음을 지키고 승리한 자들, 알곡 신앙, 신부 신앙, 증인 신앙을 가진 자들이었다. 그들은 마치 출애굽 때 모세가 불렀던 홍해의 노래, 구원하신 어린양의 노래를 불렀던 것처럼 찬송하며 잔치에 참여한다. 추수 때가 되면 어떤 자는 데려감을 당했고 어떤 자는 버려둠을 당했다. 추수 때에 버려둠을 당하여 땅에 남은 자에게는 '하나님의 진노를 가득 담은 일곱 대접의 재앙이 예비되어 있었다.

15-2　　주께서는 추수 때에 천사들을 보내어 알곡 성도들을 추수하여 모으신다. 알곡은 의인의 아들들로서 자기 아버지의 나라에 들어가도록 천국 창고에 들여보내신다. 그러나 가라지 성도들, 불법을 행하는 자는 땅에 남겨져 예리한 낫으로 심판을 받는다. 하나님께서는 '정확 무오'하고 좌우에 날 선 어떤 검보다도 더 예리한 검, 성령의 검 즉, 하나님의 말씀대로 공의로운 심판을 행하신다. 하나님의 심판에 따라 진노의 일곱 대접이 불신자들에게 쏟아진다. 이미 성도들은 공중으로 끌어올려 데려감을 당해 공중에서 주를 영접하여 주님과 함께 있기 때문이

고, 짐승의 표를 받은 자들과 짐승과 우상을 숭배한 자들만 땅에 남겨졌기 때문이다. 그래서 계 16:2 "첫째 천사가 가서 그 대접을 땅에 쏟으매 짐승의 표를 받은 사람들과 그 우상에게 경배하는 자들에게 악하고 독한 종기가 났다"고 말씀하고 있다. 성도들은 어린양 혼인 잔치에 들어가 복을 받을 자가 되었고, 불신자들은 이 땅에 남겨져 진노의 일곱 대접의 심판을 받게 되었다.

15-3 천국은 마치 어떤 임금이 자기 아들을 위하여 베푼 잔치와 같다고 말씀하셨다. 임금이 베푼 잔치에 초대된 자들은 합당한 예복을 입고 있었다. 그들은 모두 환란에서 나오는 자들인데, 어린양의 피에 씻어 그 옷을 희게 한 예복을 입고 있었다. 그들은 하나님의 거문고(하프, 기타와 같은 현악기)를 가지고 구원의 노래, 새 노래를 불렀다. 마치 모세가 출애굽 한 후, 출애굽기 15장에서 미리암과 소고치며 춤추어 불렀던 노래, 구원의 노래, 어린양의 노래였다. 그 노래의 내용은 다음과 같다. '주 하나님 곧 전능하신 이시여 하시는 일이 크고 놀라우시도다 만국의 왕이시여 주의 길이 의롭고 참되시도다. 주여 누가 주의 이름을 두려워하지 아니하며 영화롭게 하지 아니하오리이까 오직 주만 거룩하시니이다. 주의 의로우신 일이 나타났으며 만국이 와서 주께 경배하리이다' 아멘.

15-4　요한계시록은 하늘의 이야기와 땅의 이야기를 비교하여 대조적으로 보여준다. 천국에 들어간 알곡 성도들과 땅에 남아 있는 가라지의 심판은 추수 때에 천사의 예리한 낫으로 정확하게 심판하신다. 땅에 남아 있는 자들이 받을 심판이 일곱 대접, 하나님 진노의 대접, 재앙(plagues, epidemic; 유행성 전염병)이다. 이것이 마지막 재앙이기 때문에 이것으로 하나님의 진노와 심판이 마쳐진다. 진노의 대접, 일곱 개가 쏟아지는 재앙은 계시록 16장에 잘 기록되어 있다. 일곱 개의 '하나님 진노의 포도주 대접 재앙'이 땅에 쏟아질 때마다 땅과 하늘, 바다, 강, 사람들에게 무서운 재앙이 나타난다. 이 심판이 끝나기 전까지 하늘에 있는 성도들은 어린양 혼인 잔치에 들어가지만, 그 전까지 성전에 능히 들어갈 자는 없었다.

> **계 15:8** 하나님의 영광과 능력으로 말미암아 성전에 연기가 가득차매 일곱 천사의 일곱 재앙이 마치기까지는 성전에 능히 들어갈 자가 없더라.

15-5　예수님께서 이 땅에 계셨을 때 제자들과 최후의 만찬을 하셨다. 그 만찬은 고난의 잔이었고, 예수님께서 십자가를 내다보시고, 속죄제물과 화목제물로 주신 몸과 피를 나누는 것이었다. 주님이 말씀하신 참된 양식, 참된 음료는 영생할 떡과 영생하게 하는 생수였다. 이것으로 예수님께서 인류의 속죄와 구원을 이루셨다. 그리고 예수님은 천국에서 제자들과 새 것으로 마실 때까지 기다리시겠다고 하셨다. 이

제 그 약속이 어린양의 혼인 잔치에서 성취된다. 가나의 혼인 잔치 때처럼 새 포도주로 성도들과 함께 주님의 몸과 피를 기억하고 기념하게 된다. 그러나 이 땅에서 짐승에게 경배하고 마귀에게 속한 자들은 진노의 포도주 대접 재앙을 받는다. 주님의 손에서 빠져나가거나 큰 구원을 이같이 등한히 한 자는 망하게 된다. 결국 주님과 언약의 새 포도주 잔치를 나누는 성도들과 진노의 포도주 대접을 받는 불신자들을 대조적으로 보여주었다.

요 15:6 사람이 내 안에 거하지 아니하면 가지처럼 밖에 버려져 마르나니 사람들이 그것을 모아다가 불에 던져 사르느니라

15-6 예수 그리스도께서 공중에 구름 타고 오실 때, 마지막 하나님의 나팔 소리가 하늘로부터 울려날 때, 무덤에서 잠자던 자들이 홀연히 변화하여 신령한 몸으로 부활한다. 신자들은 생명의 부활과 의인의 부활로 나아간다. 불신자들은 심판의 부활과 악인의 부활로 나아간다. 무덤 속에 잠자던 자들은 모두 구름을 타고 오시는 예수님을 보게 되는데, "그를 찌른 자들도 볼 것이요"라고 하셨다. 땅과 바다가 죽은 자들을 내어놓아 심판의 부활로 나온 모든 불신자가 하나님 진노의 일곱 대접의 재앙을 받는다. 짐승과 우상에게 경배하며 마귀의 자녀들, 악한 자의 아들들, 배교자, 미혹된 자, 타협한 자, 바벨론에 참여하여 음행한 자들, 미련한 다섯 처녀, 달란트를 남기지 못한 종, 염소와 같은 자들은 다 심

판을 받는다. 하나님 진노의 대접이 쏟아져 그들은 가슴을 치며 통곡하게 된다. 음부에 왔던 어리석은 부자처럼, 악하고 게으른 종처럼 밖에 나가 슬피 울며 이를 갈 수 있다. 단테의 신곡 중, 지옥(연옥)편에 나오는 말이다. '이곳에 들어오는 자여 모든 희망을 버릴지어다' 후회와 고통을 영원히 당하게 된다.

행 24:15 그들이 기다리는 바 하나님께 향한 소망을 나도 가졌으니 곧 의인과 악인의 부활이 있으리라 함이나이다

요 5:28 이를 놀랍게 여기지 말라 무덤 속에 있는 자가 다 그의 음성을 들을 때가 오나니 **29** 선한 일을 행한 자는 생명의 부활로, 악한 일을 행한 자는 심판의 부활로 나오리라

15-7   요한계시록은 모든 일의 '결국, 결말'을 보여준다. 구약은 원인이었고 신약은 결론이었으며, 계시록은 결말과 결국이었다. 계시록은 천지 만물과 사람의 결국, 악한 자와 짐승, 마귀의 결국을 다 보여준다. 예수 그리스도의 십자가와 부활의 결국이다. 예수 그리스도에 대한 믿음을 지키고 순종하여 거룩함과 충성함으로, 누가 하나님 아버지의 나라에 오게 되었는지를 알려준다. 예수님만이 길이요, 진리요, 생명이요, 부활이심을 믿고 따른 자들이다. 살아온 대로, 믿은 대로, 행한 대로, 바라본 대로, 걸어온 대로 결국 이르게 된다. 믿음의 주요 온전케 하

신 주를 바라보았으니 그의 나라에 들어간다. 산상수훈의 말씀대로 좁은 길을 가고 좁은 문으로 들어갔으니 생명 길로 간다. 누가복음 16장에 나오는 부자는 살아온 대로 이름도 없이 음부의 불꽃에 던져진다. 어린양 생명책에 그 이름이 없기 때문이다. 나사로는 생명책에 기록된 이름이기에 천사들의 손에 받들려 낙원에 들어가 아브라함의 품에 안겨 위로를 받는다. 그것이 세상 끝에 모든 일의 결국(결말)이다. 그러므로 하나님을 경외하고 그 명령을 지키는 것이 "사람의 본분(히. 콜 하아담)"인데, 본분이라는 히브리어 단어의 뜻은 전부이다.

전 9:3 모든 사람의 결국은 일반이라 이것은 해 아래에서 행해지는 모든 일 중의 악한 것이니 곧 인생의 마음에는 악이 가득하여 그들의 평생에 미친 마음을 품고 있다가 후에는 죽은 자들에게로 돌아가는 것이라… 12:13 일의 결국을 다 들었으니 하나님을 경외하고 그의 명령들을 지킬지어다 이것이 모든 사람의 본분이니라

요한계시록
16장

Revelation

16-1　　　요한계시록 16장은 땅에 남은 자들에게 심판하신 하나님의 진노 즉 일곱 대접의 재앙을 기록하였다. 먼저 유행성 전염병(plague epidemic)을 시작으로 재앙이 쏟아졌다. 일곱 대접의 재앙으로 하나님의 마지막 진노가 마쳐지겠지만 짐승의 표를 받고 마귀와 짐승을 숭배한 자들에게 큰 재앙이 임하였다. 일곱 대접의 재앙이 일곱 인과 일곱 나팔과 크게 다른 특징은 짐승의 표(666)를 받은 사람들과 그 우상에게 경배하는 자들에게만 나타났다는 것이다. 첫째, 천사가 진노의 대접을 쏟으니 그들에게 악하고 독한 종기가 생겨났다. 이것은 출애굽 당시 하나님을 대적하고 목이 곧은 백성에게 내린 여섯 번째 악하고 독한 종기 재앙과 같다. 그 당시 모세가 화덕의 재를 한 움큼 하늘을 향해 날리자 그 재가 온 땅의 티끌이 되어 애굽 온 땅의 사람과 짐승에게 붙어서 악성 종기가 생겼었다. 첫 번째 재앙은 인간으로 견디기 어려운 악성 피부병이었는데, 욥이 겪었던 악창처럼 기와 조각으로 긁으며 극심한 고통을 느끼는 심판이었다.

16-2　　　두 번째 천사와 세 번째 천사는 하나님 진노의 대접을 바다와 강과 물 근원에 쏟았다. 바다와 강과 냇물은 곧 피가 되어 그 가운데 모든 생물이 죽게 되었다. 바다에 물고기들이 죽어 악취를 풍길 때, 인간들이 저지른 죄악이 얼마나 악취 나는 것이었는지를 알려준다. 이것은 출애굽 때 있었던 첫 번째 재앙과 같다. 하나님께서 애굽과 바로를 심판하신 것처럼 공의로운 심판이었다. 그동안 악한 자들은 성도들과 예

수의 증인들 피에 취해 있었기 때문이다. 하나님께서 성도들의 신원기도, 탄원 기도를 들으시고 원수를 갚아주셨다. 그래서 천사는 찬양했다. "전에도 계셨고 지금도 계신 거룩하신 이여 이렇게 심판하시니 의로우시도다. 그들이 성도들과 선지자들의 피를 흘렸으므로 그들에게 피를 마시게 하신 것이 합당하나이다. 그러하다 주 하나님, 곧 전능하신 이시여 심판하시는 것이 참되고 의로우시도다"

요 16:33 이것을 너희에게 이르는 것은 너희로 내 안에서 평안을 누리게 하려 함이라 세상에서는 너희가 환난을 당하나 담대하라 내가 세상을 이기었노라

요일 4:4 자녀들아 너희는 하나님께 속하였고 또 그들을 이기었나니 이는 너희 안에 계신 이가 세상에 있는 자보다 크심이라 5:4 무릇 하나님께로부터 난 자마다 세상을 이기느니라 세상을 이기는 승리는 이것이니 우리의 믿음이니라… 5 예수께서 하나님의 아들이심을 믿는 자가 아니면 세상을 이기는 자가 누구냐

16-3 　네 번째 천사는 하나님 진노의 대접을 '해'에 쏟았는데, 갑자기 뜨거워진 태양은 불로 사람들을 크게 태웠다. 거룩하신 하나님의 이름을 비방하고도 회개하지 않는 사람들과 주께 영광을 돌리지 않는 사람들이 불에 태움을 당했다. 구약의 십계명 중에 세 번째 계명인 "여호

와의 이름을 망령되이 일컫지 말라. 나 여호와를 망령되이 일컫는 자를 죄 없다 하지 아니하리라" 하신 말씀대로 우상 숭배자들을 심판하셨다. 바벨론의 죄악에 참여하고 그 성에서 나오지 않으며 짐승과 사단을 숭배했던 자들이 '불 심판'을 당하였다. 그들은 모두 적그리스도를 따라서 하나님께 신성 모독하며 성도들과 하늘에 있는 자들을 비방한 죄에 대한 심판을 당하였다.

> **마 3:10** 이미 도끼가 나무 뿌리에 놓였으니 좋은 열매를 맺지 아니하는 나무마다 찍혀 불에 던져지리라 **11** 나는 너희로 회개하게 하기 위하여 물로 세례를 베풀거니와…

> **히 12:15** 너희는 하나님의 은혜에 이르지 못하는 자가 없도록 하고 또 쓴 뿌리가 나서 괴롭게 하여 많은 사람이 이로 말미암아 더럽게 되지 않게 하며 **16** 음행하는 자와 혹 한 그릇 음식을 위하여 장자의 명분을 판 에서와 같이 망령된 자가 없도록 살피라

16-4   다섯 번째 천사는 하나님 진노의 대접을 짐승의 왕좌에 쏟았다. 짐승은 사단에게 권세와 보좌와 능력(권력)을 받았는데, 여기서 보좌(seat)는 그들의 자리, 지위를 말하는데, 거기에 하나님의 진노가 쏟아졌다. 갑자기 그의 나라는 어두워지고 높은 지위에 있던 자들이 악한 종기로 아파서 자기 혀를 깨물기 시작했다. 출애굽 때 다섯 번째

재앙인 악종, 돌림병과 같았다. 사람들이 그렇게 아파하고 괴로워하면서도 자기들의 행위를 회개하지 아니하고 오히려 하늘의 하나님을 비방하였다. 그래서 마지막 때는 끝까지 회개하지 않는 목이 곧은 세대, 고통하는 때였다. 강퍅하고 혼미한 심령과 사나워진 백성이기에 말씀이 귀에 들려오지 않는다. 애굽의 바로 왕처럼 마음이 강퍅하여 회개하지 못하고 다섯 번째 진노의 대접의 재앙을 그대로 당하였다.

딤전 4:1 그러나 성령이 밝히 말씀하시기를 후일에 어떤 사람들이 믿음에서 떠나 미혹하는 영과 귀신의 가르침을 따르리라 하셨으니 2 자기 양심이 화인을 맞아서 외식함으로 거짓말하는 자들이라

16-5   여섯 번째 천사는 하나님 진노의 대접을 유프라테스강에 쏟았다. 유프라테스강은 총 길이가 2680km의 큰 강인데, 길이 열려 동방에서 왕들이 그리로 모였다. 그 자리에는 더러운 귀신의 영과 개구리 같은 더러운 세 영이 사람들을 충동질하고, 거짓 이적을 행하여 미혹함으로써 아마겟돈 전쟁을 일으킨다. 구약성경에서 더러운 영이 사람을 꾀어 일어나게 된 전쟁이 있다. 열왕기서에 나오는 아합왕을 꾀어 전쟁에 참여하게 만들 때 '한 영'이 나와 역사했었다. 아합은 살기 위하여 변장하고 전쟁터에 나서지만 한 병사가 우연히 쏜 화살에 맞아 죽어 돌아왔다. 그와 같이 유프라테스 강가에 '개구리 같은 더러운 세 영'이 역사해서 왕들을 아마겟돈에 모이게 하고, 사방에 길이 열려 큰 전쟁이 일어났

다. 여섯 번째 대접 재앙으로 이곳에서 전쟁이 있게 되고 적그리스도와 거짓 선지자, 불신자들이 서로 대적함으로 스스로 멸망의 길로 갔다. 성경은 사단의 영을 '개구리 같은 더러운 영'으로 묘사하고, 거룩한 성령은 '비둘기 같이 온유한 영'으로 묘사하였다.

> **왕상** 22:20 여호와께서 말씀하시기를 누가 아합을 꾀어 그를 길르앗 라못에 올라가서 죽게 할꼬 하시니 하나는 이렇게 하겠다 하고 또 하나는 저렇게 하겠다 하였는데 21 한 영이 나아와 여호와 앞에 서서 말하되 내가 그를 꾀겠나이다

> **왕하** 23:29 요시야 당시에 애굽의 왕 바로 느고가 앗수르 왕을 치고자 하여 유브라데 강으로 올라가므로 요시야 왕이 맞서 나갔더니 애굽 왕이 요시야를 므깃도에서 만났을 때에 죽인지라

16-6 아마겟돈은 '하르 므깃도' 히브리어를 헬라어로 표현한 것인데 '므깃도의 산'이란 뜻이다. 예로부터 각 나라의 중요한 전략적 요충지였던 므깃도는 역사적으로 전쟁이 치열한 곳이었다. 사사 시대에는 드보라와 바락의 전투가 여기서 있었고, 기드온과 미디안의 군대가 전투한 곳도 이곳이었다. 솔로몬 시대에는 지정학적으로 중요한 거점으로 병거성을 만들어 진을 쳤던 곳이다. 열왕기서에 보면 요시야 왕이 애굽의 바로에게 임한 하나님의 음성을 듣지 못하고 무리하게 방비하러 나갔

16장 :

다가 전사한 곳도 므깃도의 산이었다. 이 므깃도가 계시록에 오면 마지막 남은 세상의 왕들이 모여 싸우는 곳으로 아마겟돈이었다. 예수님 오시기 전에 징조가 되었던 흰 말, 붉은 말, 청황색 말도 전쟁과 관련되어 있다. 여섯째 나팔재앙 때의 전쟁, 즉 유프라테스 강가에 모인 2억 명(2만만)의 군대가 모여 전쟁한 내용은 계시록 9장에 기록되어 있으니, 16장에서 기록한 아마겟돈 전쟁과 구분할 수 있어야 한다.

16-7   일곱 번째 '하나님 진노의 대접' 재앙은 공중에 쏟아졌다. 그때 공중에서 번개, 우렛소리와 함께 큰 지진이 일어났는데 이같이 큰 지진은 없었다. 특별히 이 지진으로 큰 성, 바벨론이 세 갈래로 갈라지게 되는데, 하나님께서 그의 맹렬한 진노의 포도주 잔을 쏟으셨기 때문이다. 공중에 쏟아진 재앙은 우박으로 그 무게가 한 달란트, 즉 60kg이나(성경 각주 참조) 되어 땅에 떨어짐으로 지구는 초토화되었다. 그럼에도 불구하고 사람들은 회개하지 않고 하나님을 비방하였다. 이것은 주님께서 일찍이 말씀하셨던 무서운 일과 창세 이후로 없던 재앙이었다. 짐승의 표를 받은 자들에게 부어진 진노의 대접 재앙은 악종, 피, 독종, 태움, 종기, 아마겟돈, 큰 지진과 우박의 일곱 가지 재앙이었다.

> **계 6:10** 큰 소리로 불러 이르되 거룩하고 참되신 대주재여 땅에 거하는 자들을 심판하여 우리 피를 갚아 주지 아니하시기를 어느 때까지 하시려 하나이까 하니

히 10:30 원수 갚는 것이 내게 있으니 내가 갚으리라 하시고 또 다시 주께서 그의 백성을 심판하리라 말씀하신 것을 우리가 아노니

16-8   요한계시록에 나오는 환란과 진노를 구분할 필요가 있다. 환란은 헬라어 들립시스로 재앙, 고난, 재난, 흔듦(tribulation)을 뜻한다. 이것은 세상 모든 사람, 즉 신자나 불신자나 모두 겪는다. 이런 환난을 당할 때 예수님께서는 "강하고 담대하라"고 하셨고, "세상을 내가 이기었노라"고 하셨다. 이 때 성도들은 인내의 믿음으로 견뎌야 한다. 그러나 하나님의 진노는 헬라어로 데모스인데, 이것은 성도들에게는 미치지 않는다. 왜냐하면 하나님 진노의 대접, 일곱 대접의 재앙은 불신자들과 마귀의 자식들 즉, 짐승의 표를 받은 자들과 우상 숭배자들에게 쏟아졌다고 말씀하고(계 16:2) 있기 때문이다. 구약성경에서 애굽에 내린 10가지 재앙 중에 고센 땅에 사는 이스라엘 백성과 애굽 백성을 구별하신 것과 같다. 그러므로 성도들은 들립시스의 환란은 인내하고 믿음을 지키며 통과함으로써 인자가 올 때 믿음을 보여주어야 하고, 하나님의 진노인 재앙, 뒤모스는 성도에게 해당이 되지 않음으로, 당하지 않는다.

계 16:2 첫째 천사가 가서 그 대접을 땅에 쏟으매 짐승의 표를 받은 사람들과 그 우상에게 경배하는 자들에게 악하고 독한 종기가 나더라

요한계시록
17장

Revelation

17-1   요한계시록 17장은 천하를 미혹하고 죄에 빠트린 실체, 배후조종자가 지금까지 누구인지 알려준다. 불신자보다 더 악한 자가 있다면 연약한 영혼을 미혹한 자들, 거짓 선지자이다. 예로부터 혹세무민하는 지도자들에 대한 하늘의 심판은 컸다. 바리새인, 서기관, 대제사장들과 같은 리더들, 즉 소경이 소경을 인도한 지도자들에게 엄한 심판이 있다고 말씀한다. 예수님께서는 그들에게 "화 있을진저"라고 하셨다. 잘못된 영적 지도자들, 배나 더 '지옥 자식'이 되게 한 자들에 대한 심판은 크다. 차라리 그들은 나지 아니함이 더 좋았다. 선생된 자들이 더 큰 심판을 받을 줄 알고 항상 조심해야 한다. 그들, 불신자의 세력들이 모여 행한 일들이 17장과 18장에 기록되어 있다. 바로 큰 성 바벨론이 범죄한 일이 기록되었다. 그래서 계시록 17장은 그 바벨론이 누구인지를 말씀해주고, 18장에서는 큰 성 바벨론이 어떻게 망하고, 왜 망하는지를 보여준다.

계18:23b … 네 복술로 말미암아 만국이 미혹되었도다.

마 23:13 화 있을진저 외식하는 서기관들과 바리새인들이여 너희는 천국 문을 사람들 앞에서 닫고 너희도 들어가지 않고 들어가려 하는 자도 들어가지 못하게 하는도다… **15** 화 있을진저 외식하는 서기관들과 바리새인들이여 너희는 교인 한 사람을 얻기 위하여 바다와 육지를 두루 다니다가 생기면 너희보다 배나 더 지옥 자식이 되게 하는도다… **24:10** 그 때에 많은 사람이 실족하게 되어 서로 잡아 주고 서로 미워하겠으며 **11** 거짓 선지자가 많이 일어나 많은 사람을 미혹하겠으며

17-2　　요한계시록은 큰 성 바벨론을 여자, 큰 음녀라고 기록하였다. 천사는 요한에게 음녀, 큰 성 바벨론이 받을 심판을 들려주었다. 땅의 임금들과 땅에 사는 자들은 이 여자와 음행하고 음행의 포도주에 취해 있었다. 여자, 음녀, 큰 성 바벨론에는 하나님을 신성모독하는 이름으로 가득했다. 여자가 붉은빛 짐승을 탔는데 그 짐승은 일곱 머리와 열 뿔을 가지고 있었다. 일곱 머리는 일곱 왕(계 17:10)이었고, 열 뿔은 열 왕(계 17:12)이었다. 그래서 바벨론은 큰 성이며 열왕의 나라였다. 예로부터 도시는 여성 명사로 표현되었고 여성 이름도 많다. 예를 들어 데살로니카는 카산더 장군 아내의 이름을 딴 도시였다. 여자, 큰 음녀, 큰 성으로 표현되었던 바벨론은 화려했고 금잔과 가증한 물건과 음행의 더러운 것들이 가득했으며 땅의 음녀들과 가증한 것들의 어미였다. 여자, 음녀, 큰 성, 바벨론은 성도들의 피와 예수의 증인들의 피에 취해(계 17:6) 있었다. 창세 이후로 어린양 생명책에 기록되지 못한 자들은 이 짐승을 보고 놀라며, 그들의 큰 권세에 굴복하며 그의 우상에게 경배하였다. 구약성경에서는 우상숭배와 음행으로 범죄한 도시였던 예루살렘과 사마리아를 두 여자 "오홀라, 오홀리바" 두 자매(여성)로 비유했던 것을 기억하면 쉽게 이해된다. 바벨론은 여자, 음녀로 비유된 큰 성(폴리스) 도시, 나라였다.

겔 23:4 그 이름이 형은 오홀라요 아우는 오홀리바라 그들이 내게 속하여 자녀를 낳았나니 그 이름으로 말하면 오홀라는 사마리아요 오홀리바는 예루살렘이니라 5 오홀라가 내게 속하였을 때에 행음하여 그가 연애하는 자 곧 그의 이웃 앗수르 사람을 사모하였나니… 44 그들이 그에게 나오기를 기

생에비 나옴 같이 음란한 여인 오홀라와 오홀리바에비 나왔은즉

계 17:5 그의 이마에 이름이 기록되었으니 비밀이라, 큰 바벨론이라, 땅의 음녀들과 가증한 것들의 어미라 하였더라··· **18** 또 네가 본 그 여자는 땅의 왕들을 다스리는 큰 성이라 하더라

17-3　　요한이 보았던 큰 음녀는 물 위에 앉아 있었다. 물 위에 앉아 있다는 것은 계 17:15의 말씀대로 "네가 본 바 음녀의 앉은 물은 백성과 무리와 열국과 방언들이니라"라고 해석해야 한다. 즉 음녀는 세상 모든 나라, 족속, 방언과 사람들 위에 앉아서 막강한 영향력을 미쳐 온갖 죄악과 음행, 우상숭배, 가증한 일을 행하게 하여 도시와 나라, 열방이 짐승을 따르게 했다. 음녀는 가증한 것들의 어미로 땅의 모든 임금들도 그와 더불어 음행하게 하였고, 고멜처럼 음행의 포도주에 취하게 했다. 구약에서 옛 바알의 딸, 우상숭배와 바알 산당의 음행과 살육을 일삼은 피의 여왕 이세벨과 같은 여자가 통치하였으므로 사마리아 성과 같았고, 소돔과 고모라와 같은 성이었다. 사단의 도성, 즉 바벨론, 음녀의 이마에 이름이 써 있었는데 큰 바벨론이었고, 그곳에서 성도들의 피와 예수의 증인들의 피에 취하여 있었다. 마귀는 처음부터 범죄한 자로서 그의 도성은 큰 성, 바벨론, 음녀였다.

계 17:5 그 이마에 이름이 기록되었으니 비밀이라 큰 바벨론이라 땅의 음녀

17장 ⋮

들과 가증한 것들의 어미라… **18** 또 네가 본 그 여자는 땅의 왕들을 다스리는 큰 성이라 하더라

17-4　　　여자가 붉은빛 짐승을 타고 있었는데, 그 짐승의 몸에는 하나님을 신성모독하는 이름들로 가득했다. 여자가 탄 짐승은 일곱 머리와 열 뿔이 있었고, 또한 여자가 일곱 머리는 여자가 앉은 일곱 산(계 17:9)이라고 했다. 일곱 산과 일곱 머리는 같은 것으로 모두 일곱 왕(계 7:10)이라고 했다. 열 뿔도 열 왕(계 17:12)이라고 했다. 다니엘서의 전통에 따르면 장차 나타날 나라들을 짐승 즉, 사자, 곰, 표범, 철, 놋으로 표현되었던 것과 같이 왕들과 나라들을 뜻한다. 다니엘 7장에 나오는 네 짐승은 사자(바벨론 603~539), 곰(바사 539~330), 표범(헬라 330~150), 철 이빨과 놋 발톱과 하나님을 모독하는 큰 말(로마 150~550)로 역사 속에서 그대로 나타났다. 따라서 계시록 17장의 여자, 그가 탄 짐승은 큰 성(폴리스) 바벨론이며 하나님을 신성모독하는 이름과 성도들의 피와 예수 증인들의 피에 가득 취해 있는 마귀의 도성이었다. 하나님 도성의 대표가 예루살렘이었고, 마귀 도성의 대표가 바벨론이었던 것이다.

계 17:18 또 네가 본 그 여자는 땅의 왕들을 다스리는 큰 성이라 하더라

17-5   여자가 앉은 일곱 산과 일곱 머리는 일곱 왕인데 다섯은 망하였고 하나는 있으며 다른 하나는 아직 이르지 아니하였다고 했다. 열두 제자 당시에는 하나님을 대적하는 로마가 큰 성 바벨론, 음녀였다. 그때도 그 왕들은 백성과 무리와 열국과 방언들 위에 앉아서 하나님께 대한 신성모독과 성도 핍박, 우상숭배, 음행을 주도하였다. 성도들과 예수의 증인들은 피에 취해 있었다는 것은, 역으로 순교자들이 피 흘리기까지 싸웠다는 것을 의미한다. 최후 승리자는 예수 그리스도이시고 그를 따르는 성도들이다. 성도, 제자, 신부들은 바벨론의 죄에 참여하지 않고 거기서 나와야 한다. 인자가 올 때 세상에서 믿음을 보시겠다고 하셨다. 계 5:5 "장로 중의 한 사람이 내게 말하되 울지 말라 유대 지파의 사자 다윗의 뿌리가 이겼으니…"라는 말씀대로 주님은 철장을 가지고 만국을 다스리기 위해 오신다. 예수님은 만왕의 왕, 만유의 주님이시다. 예수님 오시기 전, 주의 날이 이르기 바로 전에 강력한 왕이 나타나 천하를 미혹할 때 성도는 신앙을 지키며, 믿음을 보여주어야 한다. 그렇게 되기 위하여 인자 앞에 서도록 깨어 기도해야 한다.

요일 2:17 이 세상도, 그 정욕도 지나가되 오직 하나님의 뜻을 행하는 자는 영원히 거하느니라… 4:4 자녀들아 너희는 하나님께 속하였고 또 그들을 이기었나니 이는 너희 안에 계신 이가 세상에 있는 자보다 크심이라… 5:4 무릇 하나님께로부터 난 자마다 세상을 이기느니라 세상을 이기는 승리는 이것이니 우리의 믿음이니라 5 예수께서 하나님의 아들이심을 믿는 자가 아니면 세상을 이기는 자가 누구냐

17-6   일찍이 마귀는 땅에 내려와 공중 권세를 잡고 있었다. 왜냐하면 하늘의 전쟁에서 미가엘과 그의 사자들에게 패하여 있을 곳이 없으므로 공중에 내려왔기 때문이다. 땅^(공중)에 내려온 마귀는 천하를 미혹하고 이방 풍속을 따르게 하였고, 불순종의 아들들 가운데서 역사하는 영으로 활동하였다. 마귀는 세상을 언제나 우상숭배와 음행과 탐심으로 미혹하였다. 마귀가 있는 곳에 죄가 있었고 처음부터 범죄하였으므로 죄를 짓는 자마다 마귀에게 속하게 되었다. 그 죄의 현장에는 항상 여신들이 있었다. 여신의 기원은 창세기 11장에 나오는 바벨탑에 등장한 여신 세미라미스에서부터 아합왕 때의 음녀와 우상숭배와 신성모독하는 피의 여왕의 전통을 따른다. 그리고 이스라엘이 타락하여 우상과 음행의 도시를 만들었는데 사마리아의 오홀라와 예루살렘의 오홀리바로 비유되었던 것을 따른다.

> **겔 23:4** 그 이름이 형은 오홀라요 아우는 오홀리바라 그들이 내게 속하여 자녀를 낳았나니 그 이름으로 말하면 오홀라는 사마리아요 오홀리바는 예루살렘이니라… 8 그가 젊었을 때에 애굽 사람과 동침하매 그 처녀의 가슴이 어루만져졌으며 그의 몸에 음란을 쏟음을 당한 바 되었더니 그가 그 때부터 행음함을 마지아니하였느니라

17-7   신약에 오면 처처에 여신의 도시가 있었다. 에베소의 아데미, 고린도의 아프로디테, 아덴의 디케, 아데나, 로마의 비너스, 이집트

의 이시스, 메소포타아의 아쉬타르가 있다. 계시록 17장에 말하는 여자
는 바벨론 도시(폴리스, 나라)를 말하는데, 세상의 임금들이 그 여자와 더
불어 음행하였고, 땅에 사는 백성들도 그 성에서 우상숭배와 음행에 취
하였다. 게다가 기독교를 박해함으로 성도들의 피와 예수의 증인들의
피에 취해있었다. 음녀가 앉아 있는 물은 백성, 무리, 열국, 방언들이라
고 하셨기에, 온 세상에서 다 미혹되었었다. 그리고 그 성은 전능하신
하나님의 심판으로 무너지게 되는데 큰 성 바벨론은 하루 동안, 한 시
간에 망하였다.

> **계 17:15** 또 천사가 내게 말하되 네가 본 바 음녀가 앉아 있는 물은 백성과
> 무리와 열국과 방언들이니라

17-8 여신의 기원은 구약, 창세기에 나오는 바벨탑에서 시작한다.
니므롯이 세운 시날 땅의 바벨탑에는 여신이 있었는데 니므롯의 아내인
음녀 세미라미스(Semiramis)이다. 여왕이자 마술사인 세미라미스는 남편
이 죽자, 아들 담무스(Tammuz)와 결혼하여 바벨론의 여신(女神)이 되어
우상숭배와 음행의 아이콘이 되었다. 이 여자가 세상 곳곳에 나타났는
데 제일 알려진 이름이 아스다롯(아쉬타르)이다. 음란, 우상, 박해의 아이
콘이 되어 아프로티데, 아데미, 아데나, 이스시, 비너스, 니케(나이키)로
불렸다. 역사적으로는 아합의 아내, 옛 바알의 딸인 이세벨과 아달랴 등
피의 여왕들로 나타나, 선지자들과 주의 종을 죽이고 하나님의 백성들

을 박해하였다. 이들이 즐기는 것은 사치, 음행, 우상숭배, 각종 더럽고 가증한 일이었다. 자주 빛과 붉은 옷을 입고 금과 보석과 진주로 꾸미며, 손에 금잔을 가졌는데 가증한 물건과 그의 음행의 더러운 것들이 가득하였다. 음녀의 이마에 이름이 기록되어 있었는데 큰 바벨론, 땅의 음녀들과 가증한 것들의 어미라고 씌여 있었다. 그 음녀는 땅의 임금들과 더불어 음행하였고 몸에 신성모독하는 이름들이 가득한 임금들과 음행의 포도주에 취하여 성도들의 피와 예수 증인들의 피를 즐기고 있었다.

계 17:4 그 여자는 자주 빛과 붉은 빛 옷을 입고 금과 보석과 진주로 꾸미고 손에 금 잔을 가졌는데 가증한 물건과 그의 음행의 더러운 것들이 가득하더라 **5** 그의 이마에 이름이 기록되었으니 비밀이라, 큰 바벨론이라, 땅의 음녀들과 가증한 것들의 어미라 하였더라 **6** 또 내가 보매 이 여자가 성도들의 피와 예수의 증인들의 피에 취한지라 내가 그 여자를 보고 놀랍게 여기고 크게 놀랍게 여기니

17-9   예수님께서는 요한복음 10장과 데살로니가후서 2장에서 "주의 날이 이르기 전에 반드시 적그리스도가 먼저 이른다"고 하셨다. 예수님께서는 "나보다 먼저 온 자는 절도요 강도"라고 하셨기에 적그리스도, 거짓 선지자, 짐승들이 마지막 때에 반드시 나타난다. 적그리스도가

먼저 오고 거짓 선지자들도 함께 나타나 그리스도가 광야와 골방에 있다고 주장한다. "보라 그리스도가 여기 있다 저기 있다"고 하면서 미혹한다. 다니엘서도 보면 적그리스도가 나타날 것을 예언했다. "그가 장차 지극히 높으신 이의 성도를 말로 대적하며 또 지극히 높으신 이의 성도를 괴롭게 할 것이며 그가 또 때와 법을 고치고자 할 것이며 성도들은 그의 손에 붙인 바 되어 한 때와 두 때와 반 때를 지내리라^(단 7:25)" 다니엘이 예언한 말씀대로 적그리스도, 짐승이 나타났다.

17-10   그 짐승은 사단에게 권력, 보좌, 능력을 받은 적그리스도였다. 사람들은 강력한 적그리스도 앞에서 배교, 배도한다. 저항할 수 없는 논리와 유혹^(선악과)과 거짓 기사와 표적으로 미혹하였다. 그렇게 역사적으로 나타났던 자가 북 왕국, 셀쥬크스^(시리아)의 왕 안티오쿠스 에피파네스 4세^(Αντιοχος Επιφανης, 215~164)이다. 그는 자기를 에피파네스, 즉 신의 현현자 하나님이라고 하며, 예루살렘 성전에서 불법과 악행을 저지르고, 때^(절기)와 율법^(말씀)을 고치고 폐하며 살인과 음행을 통해 적그리스도, 짐승임을 그대로 보여주었다. 그러나 그들의 시간은 정해져 있다. 땅의 임금들의 머리가 되신 예수 그리스도의 통치 아래 있다. 그들의 때는 3년 반 즉, 한 때와 두 때, 반 때, 42달, 1260일이었다. 실제로 안티오쿠스 에피파네스 4세는 적그리스도로, 167~165년에 예루살렘을 박해하였다.

17-11　　　짐승, 적그리스도는 반드시 자기를 하나님이라고 하는 자인데, 신성모독을 하면서 자기를 하나님처럼 높이는 자이다. 사단^(용)에게 받은 세 가지, 즉 보좌, 권력, 능력을 가지고 있어서 하나님과 하늘에 사는 성도들을 비방하고, 성도들의 피와 예수의 증인들의 피에 취하여 있었다. 성도들은 인내로 하나님의 계명과 예수에 대한 믿음을 지키고 배교와 미혹을 이기려고 할 때, 적그리스도는 예수의 증인들을 핍박하고 죽인다. 지금까지 역사적으로 나타난 적그리스도를 정리하면 다음과 같다.

안티오쿠스 에피파네스 4세 (BC215 ~ 163) 51세	신의 현현자로 성전을 더럽히고 성도들을 박해
헤롯(BC73 ~ 4) 69세	예수 그리스도를 죽이기 위해 2세 영아들을 살해
아우구스투스 옥타비아누스 (BC63 ~ AD14) 76세	로마의 황제는 절대 존엄자(아구스도)로 스스로 신
칼리귤라 (AD12 ~ 41) 29세	로마 황제를 우상화, 신격화
네로 (AD37 ~ 68) 31세	로마의 동전에 황제를 세상의 구주라고 기록
티투스(AD39 ~ 81) 41세	하나님의 도성, 예루살렘을 무너뜨리고 때(절기)와 법(율법)을 바꿈
도미티아누스(AD 51 ~ 96년) 45세	

살후 2:4 그는 대적하는 자라 신이라고 불리는 모든 것과 숭배함을 받는 것에 대항하여 그 위에 자기를 높이고 하나님의 성전에 앉아 자기를 하나님이라고 내세우느니라

요한계시록
18장

Revelation

18-1　　요한계시록 18장은 큰 성, 견고한 성 바벨론이 어디인지를 알게 되었으니 결국, 결말, 종말을 알려준다. 18장에서는 큰 음녀, 큰 성 바벨론은 무너지게 되는데 일곱 가지 이유가 있다. 첫째, 귀신의 처소였기 때문이다. 둘째, 각종 더러운 영이 모이는 곳이었기 때문이다. 셋째, 각종 더럽고 가증한 것들이 모이는 곳이며, 가증한 것들의 어미였기 때문이다. 넷째, 왕들과 사치의 세력들이 음행하며 음행의 포도주를 마시며 타락한 도시였기 때문이다. 다섯째, 사람들의 영혼들을 팔고 사면서 성도들과 예수의 증인들의 피에 취해 있던 곳이었기 때문이다. 여섯째, 거짓 선지자의 복술로 말미암아 만국을 미혹하는 곳이었기 때문이다. 일곱째, 선지자들과 성도들과 및 땅 위에서 죽임을 당한 모든 자의 피가 그 성에서 발견되었기 때문이다. 오래전부터 계시록 2~3장에 기록된 것과 같이 서머나, 두아디라, 빌라델비아 지역에도 자칭 유대인의 모임, 사탄의 회당, 사단의 권좌가 있었다고 했다. 그 모임의 어미와 본거지, 배후세력이 바로 큰 성 바벨론이다.

계 2:9 … 자칭 유대인이라 하는 자들의 비방도 알거니와 실상은 유대인이 아니요 사탄의 회당이라

18-2　　요한계시록 18:2에서 바벨론은 귀신의 처소와 각종 더러운 영과 가증한 것들이 모이는 곳이었다. 여기서 곳에 대한 각주의 주석은 옥(獄)이었다. 옥이라는 단어는 감옥, 지옥을 뜻하기도 하지만 여기서는

18장 ⋮

'비밀장소, 폐쇄공간'을 뜻한다. 왕들과 사치하는 세력들, 음행하는 자들, 사람들의 영혼을 사고 파는 자들, 성도들의 피와 예수의 증인들의 피에 취한 자들이 모이는 그들만의 큰 성, 도시, 비밀장소, 폐쇄된 장소이다. 즉 사단의 회당, 권좌가 있는 곳이다. 헬라어로는 휠라케(φυλακή)인데 어떤 특정한 사람들과 비밀들이 보호받는 장소로써 감옥, 감금의 장소를 뜻하는 단어이다. 이미 유대인의 회당, 사단의 회(a synagogue of Satan)는 서머나, 버가모, 빌라델비아 지역에도 '사단의 권좌'가 있었다고 성령께서 말씀하셨다.

18-3 　바벨론의 기원은 구약의 바벨탑이었는데, 그것을 쌓은 니므롯의 나라, 시날 땅에서 시작하였다. 성경은 니므롯을 세상에 뛰어난 영글과 특이한 사냥꾼이라고 말씀한다. 여기서 '하나님 앞에'라는 말은 히브리어에 '판님'인데 하나님을 대항하는 자라는 뜻이다. 그래서 니므롯은 시날 땅에 하나님께 대항하는 바벨탑을 쌓아 적그리스도의 기원이 되었다. 그가 쌓은 바벨탑(지구라트, Ziggurat; 세워 올린 높은 탑)은 요세프스의 말대로 "반항의 탑"이었다. 인간이 하나님이 되고자 하는 탑(선악과)이었고, 자기를 하나님보다 높이고 유명해져 경배와 높임을 받으려는 탑이었다. 거기에는 온갖 혼란, 혼동, 혼합의 탑이었기에 '바벨'이라고 불렸다. 진리가 거짓으로, 죄악이 인권으로, 어둠이 빛으로, 음행이 사랑으로, 정욕이 비전으로, 탐심이 성공으로, 자유가 방종으로 혼동되고 섞여 있는 곳이었다. 인류 역사의 음행(동성애, 근친상간)과 세미라미스 여신에

대한 우상숭배와 인간 교만과 사치를 들어내는 탑이었다. 그래서 하나님께서 바벨탑을 무너뜨려 흩어지게 하신 것처럼 마지막 때에도 큰 성 바벨론 귀신의 처소도 한순간에, 한 시간에 무너지게 하셨다.

계 13:5 또 짐승이 과장되고 신성 모독을 말하는 입을 받고 또 마흔두 달 동안 일할 권세를 받으니라 6 짐승이 입을 벌려 하나님을 향하여 비방하되 그의 이름과 그의 장막 곧 하늘에 사는 자들을 비방하더라 7 또 권세를 받아 성도들과 싸워 이기게 되고 각 족속과 백성과 방언과 나라를 다스리는 권세를 받으니 8 죽임을 당한 어린양의 생명책에 창세 이후로 이름이 기록되지 못하고 이 땅에 사는 자들은 다 그 짐승에게 경배하리라

18-4　　예수님께서는 이 세상을 가리켜 악하고 음란한 세대라고 말씀하셨다. 악하고 음란한 세대로써 죄악의 최고 절정에 이른 곳이 바로 큰 성 바벨론이었다. 바벨론이 얼마나 음란한지, 가증하고 음란한 것들의 어미(근원, 근본, 기원)라고 했다. 지금까지 거짓의 아비는 마귀였고, 음란의 어미는 바벨론이었다. 그 어미의 음행으로 만국이 미혹되었다. 성경은 말씀한다. "그 음행의 진노의 포도주를 인하여 만국이 무너졌으며 또 땅의 왕들이 그로 더불어 음행하였으며"(계 18:3)라고 했다. 옛바알의 딸, 음녀 이세벨과 같이 음란했고 우상 숭배했으며, 잔인하여 무고한 나봇과 같은 자들의 피를 흘리는 것과 같으며, 아달랴를 보내 남유다 전체를 미혹하였다. 그 바벨론은 또한 성도들과 예수의 증인들의 피에 취해

18장

있었다. 이세벨의 사치, 아름다운 화장을 하다가 예후에게 망한 것 같이, 음녀 큰 성 바벨론도 그 사치의 세력을 인하여 치부하다가 예수 그리스도에게 한순간에 망한다. 이세벨이 땅에 던져져 완전히 망하였던 것처럼, 바벨론도 한순간, 한 시간에 무너지게 된다. 그래서 주님께서 말씀하셨다. "내 백성아 거기서 나와 그의 죄에 참여하지 말고 그의 받을 재앙을 받지 말라" 그렇다. 죄를 짓는 자마다 마귀에게 속하였고 마귀는 처음부터 범죄 함이었기에 거기서 나와야 한다. 소돔과 고모라에서 롯의 가족들처럼 나와야 한다.

> **요일 3:12** 가인 같이 하지 말라 그는 악한 자에게 속하여 그 아우를 죽였으니 어떤 이유로 죽였느냐 자기의 행위는 악하고 그의 아우의 행위는 의로움이라

18-5 크고 견고한 성, 피의 성 바벨론은 어떻게 되는가? 세 가지의 결국을 맞이했다. 첫째, "무너졌도다 무너졌도다 큰 성 바벨론이여"라고 말씀한다. 이 땅에는 영구한 도성이 없다. 인간의 반항의 탑, 바벨탑과 큰 성 음녀, 바벨론과 소돔과 고모라 성은 반드시 무너진다. 둘째, "화 있도다 화 있도다." 말한다. 화려했지만 화가 임했다. 셋째, "큰 성에 하루 동안 재앙이 이르러 한 시간에 망하였다(계 18:8, 10, 17, 19)"고 말씀한다. 세상의 부귀영화는 오래가지 않는다. 평생 쌓아두었던 것들이 한순간에 망하였다. 소돔과 고모라처럼 불과 유황과 연기로 하루아침에

무너졌다. 세상의 부귀영화는 일장춘몽에 지나지 않는다. 하나님께 대항한 자(왕), 짐승, 도시, 나라, 그 어떤 큰 성도 하루 동안, 한 시간에 무너졌다. 선지자들과 성도들과 땅 위에서 죽은 자들의 피가 그 성 중에서 발견되었기에, 그 성을 심판하신 하나님은 공의로우신 주님이셨고, 주의 심판은 참되고 의로우셨다. 음행으로 땅을 더럽게 한 큰 음녀, 바벨론을 심판하사 증인들의 피를 그대로 갚아주셨다. 이렇게 하심으로 다섯째 인을 떼실 때 하늘에 있는 순교자들의 탄원 기도에 신실하게 응답해 주셨다.

계 18:20 하늘과 성도들과 사도들과 선지자들아, 그로 말미암아 즐거워하라 하나님이 너희를 위하여 그에게 심판을 행하셨음이라 하더라 21 이에 한 힘 센 천사가 큰 맷돌 같은 돌을 들어 바다에 던져 이르되 큰 성 바벨론이 이같이 비참하게 던져져 결코 다시 보이지 아니하리로다

수 6:20 이에 백성은 외치고 제사장들은 나팔을 불매 백성이 나팔 소리를 들을 때에 크게 소리 질러 외치니 성벽이 무너져 내린지라 백성이 각기 앞으로 나아가 그 성에 들어가서 그 성을 점령하고 21 그 성 안에 있는 모든 것을 온전히 바치되 남녀노소와 소와 양과 나귀를 칼날로 멸하니라

18-6 여자, 음녀, 큰 성, 바벨론에게 권세와 보좌와 능력을 준 자는 사단이었다. 사단에게 권세를 받아 땅의 짐승들이 음행의 도시, 우상

의 도시, 신성모독의 도시, 큰 바벨론을 세웠다. 그러나 그들은 어린양과 싸울 때 반드시 패하고, 어린양 예수 그리스도는 만주의 주시오, 만왕의 왕이심으로 그들을 이기실 터이요, 주님과 함께 하는 성도들과 주님을 따르는 자들 곧, 진실한 믿음의 성도들도 그들을 이기었다. 결국, 주 하나님과 그의 백성은 반드시 '이기리로다' 사단의 권세와 보좌와 능력을 받은 여자, 음녀, 큰 성 바벨론은 하나님께서 정한 시간까지만 활동하고, 그 후에는 반드시 패하여 멸망한다. 시날 땅의 바벨탑, 소돔과 고모라, 피의 성 니느웨는 무너진다. 그 죄는 하늘에 사무쳤으며 하나님은 그의 불의한 일을 기억하셨고 갚아주셨기 때문이다.

사 13:19 열국의 영광이요 갈대아 사람의 자랑하는 노리개가 된 바벨론이 하나님께 멸망 당한 소돔과 고모라 같이 되리니

요일 2:16 이는 세상에 있는 모든 것이 육신의 정욕과 안목의 정욕과 이생의 자랑이니 다 아버지께로부터 온 것이 아니요 세상으로부터 온 것이라 **17** 이 세상도, 그 정욕도 지나가되 오직 하나님의 뜻을 행하는 자는 영원히 거하느니라

18-7 큰 성 바벨론, 큰 음녀, 여자는 땅의 왕들을 다스리지만, 땅의 왕들 또한 여자를 미워하고 망하게 하며 벌거벗겨 불사르게 한다. 대적들은 서로 좋고 관계가 유익할 때는 하나가 되었다가 불리할 때는 서

로 이용하고 미워하다가 자멸로 간다. 사단의 세력들도 서로 연합하지만, 후에는 서로 미워함으로 여자를 배반한다. 하나님께서는 저들에게 자기의 뜻대로 할 마음을 저희에게 주사 자기들끼리 싸우게 하신다. 결국 큰 성 바벨론은 하루 동안, 한 시간에 무너졌다. 천사는 힘찬 음성으로 외쳤다. "무너졌도다. 무너졌도다. 큰 성 바벨론이여, 귀신의 처소와 각종 더러운 영이 모이는 곳과 각종 더럽고 가증한 새들이 모이는 곳이 되었도다" 하루 동안은 헬라어로 미아 헤메라로 삽시간을 뜻한다. 삽시간에 하나님의 재앙이 임하여 사망과 애통함과 흉년으로 불태워진다. 큰 성, 견고한 성 바벨론은 심판이 이르러 한 시간에 망하였다. 그 성에 살던 자들은 "티끌을 머리에 뿌리고 울며 애통하며 화 있도다 화 있도다 큰 성이여 한 시간에 망하였도다"하며 멀리서 보고 말했다.

눅 23:12 헤롯과 빌라도가 전에는 원수였으나 당일에 서로 친구가 되니라

계 18:10 그의 고통을 무서워하여 멀리 서서 이르되 화 있도다 화 있도다 큰 성, 견고한 성 바벨론이여 한 시간에 네 심판이 이르렀다 하리로다 **17** 그러한 부가 한 시간에 망하였도다… **19** 티끌을 자기 머리에 뿌리고 울며 애통하여 외쳐 이르되 화 있도다 화 있도다 이 큰 성이여 바다에서 배 부리는 모든 자들이 너의 보배로운 상품으로 치부하였더니 한 시간에 망하였도다

18-8   크고 견고한 성, 성 바벨론이 어떻게 하루 동안, 재앙으로

한 시간에 망할 수 있을까? 구약에서 여호수아 때에 여리고 성이 한순간에 무너진 것을 기억하고, 히스기야 왕 때 앗수르 군대 18만 5천 명이 아침에 일어나보니 송장이 된 것을 기억하고, 소돔과 고모라에 불과 유황이 비같이 내려 하루 만에 망하게 된 것을 기억하면 된다. 하나님께서는 말씀으로 해와 달과 별을 창조하시고 주관하신다. 처음 하늘이 두루마리 말리는 것 같이 큰 소리에 떠나가고 땅과 바다도 다시 있지 않게 하실 주님이시다. 하늘의 별이 마치 무화과나무가 대풍에 흔들려 떨어짐 같이 땅에 떨어지게 하시는 주님이시다. 단 몇 초, 몇 분간의 지진과 쓰나미로 도시 하나를 순식간에 무너지게 하실 수 있다. 삼일 길의 큰 성, 니느웨도 한순간에 무너졌다. 사단의 나라 큰 성 바벨론은 하루 동안에, 한 시간에 망하게 된다. 로마제국, 오스만 터키제국, 나폴레옹 제국, 칭기즈칸 제국 등 세상 나라는 무너질 때가 온다. 망하지 않는 나라와 권세는 '하나님이 사랑하는 아들 예수의 나라' 밖에 없다. "세상 나라들은 멸망 받으나 예수 교회 영영 왕성하리라" 찬송가 가사대로 이루어진다.

계 6:13 하늘의 별들이 무화과 나무가 대풍에 흔들려 선 과실이 떨어지는 것 같이 땅에 떨어지며 14 하늘은 종이 축이(두루마리) 말리는 것같이 떠나가고 각 산과 섬이 제 자리에서 옮기우매

벧후 3:10 그러나 주의 날이 도적같이 오리니 그 날에는 하늘이 큰 소리로 떠나가고 체질(the elements)이 뜨거운 불에 풀어지고 땅과 그 중에 있는 모든 일이 드러나리로다

18-9　　　　하나님께는 큰 성 바벨론, 여자, 음녀에게 그가 행한 그대로 또는 갑절로 갚아주셨다. '이에는 이, 눈에는 눈'으로 공의롭게 갚아주셨다. 성도들과 예수의 증인들의 피에 취한 자들에게 그대로 갚아주고, 준 대로 돌려주셨다. 온갖 쾌락, 음행, 사치, 부귀, 우상과 타락, 사람들의 영혼까지 사고팔며 범죄한 모든 죄에 대하여 행한 그대로 갚아주셨다. 계시록 18:6~7, "그가 준 그대로 그에게 주고 그의 행위대로 갑절을 갚아주고 그가 섞은 잔에도 갑절이나 섞어 그에게 주라. 그가 얼마나 자기를 영화롭게 하였으며 사치하였든지 그만큼 고통과 애통함으로 갚아주라" 하나님은 심은 대로 거두게 하시며, 책에 기록된 대로 심판하신다. 그러므로 언제나 우리 모두에게 심판하실 주님 앞에 두렵고 떨림으로 구원을 이루면서 세상 끝, 땅 끝에서 증인의 믿음으로 살아야 한다.

18-10　　　　음녀, 여자, 큰 성 바벨론이 멸망하는 날에, 하늘과 성도들, 사도들과 선지자들은 크게 즐거워한다. 공의로우신 하나님의 심판을 기뻐하고 즐거워하며 하나님께 영광과 찬송을 돌린다. 큰 성, 바벨론은 큰 맷돌을 바다에 던져버린 것처럼 비참하게 던져져 결코 다시 보이지 않았다. 더이상 그 성에 거문고(harpers)소리, 풍류하는 자(musicians), 퉁소부는 자(pipers), 나팔소리(trumpeters)가 들리지 않았고, 우상을 만들던 금은 세공업자도 보이지 않았다. 만국을 미혹하였던 바벨론, 그 성 중에서 발견된 모든 자의 피가 발견된 바벨론은 망하였다. 그들에게 다시는 등불 빛이 비치지 않게 되었고, 잔치하며 즐기던 신랑과 신부의 음성도

결코 들리지 않게 하셨다. 이제 사람들은 멀리 서서 바벨론의 무너짐을 바라볼 뿐이었다. 소돔과 고모라성, 바벨탑, 에돔의 페트라성과 두로의 부귀영화가 무너지는 것처럼 다 무너졌고, 그들은 멀리서 하루아침에 망할 성을 바라보고 한탄할 뿐이었다.

겔 27:32 그들이 통곡할 때에 너를 위하여 슬픈 노래를 불러 애도하여 말하기를 두로와 같이 바다 가운데에서 적막한 자 누구인고 33 네 물품을 바다로 실어 낼 때에 네가 여러 백성을 풍족하게 하였음이여 네 재물과 무역품이 많으므로 세상 왕들을 풍부하게 하였었도다 34 네가 바다 깊은 데에서 파선한 때에 네 무역품과 네 승객이 다 빠졌음이여 35 섬의 주민들이 너로 말미암아 놀라고 왕들이 심히 두려워하여 얼굴에 근심이 가득하도다 36 많은 민족의 상인들이 다 너를 비웃음이여 네가 공포의 대상이 되고 네가 영원히 다시 있지 못하리라 하셨느니라

요한계시록

19장

Revelation

19-1   요한계시록 19장은 하늘에 올라간 성도들과 땅에 남아 있는 불신자들의 상황을 비교해 보여준다. 계시록은 '하늘과 땅의 두 이야기'로 서로 만나고 있다. 그래서 계시록을 읽을 때 시공간의 위치와 대상을 파악하는 것이 중요하다. 예를 들어 진노의 대접 재앙은 성도들에게 부어지지 않는다. 왜냐하면 짐승의 표를 받은 사람들과 그 우상에게 경배하는 자들에게 쏟아졌다고 말씀했기 때문이다. 그도 그럴 것이 성도들은 예수 그리스도의 몸(떡)과 피(잔)에 참여하여 구원받았고 피와 물과 성령이 우리의 구원을 증거해 주심으로 하늘에 올라가 주님과 함께 있었기 때문이기도 하다. 성도들은 이미 가나의 혼인 잔치보다 더 좋은 어린양의 혼인 잔치에 들어가 있었다. 주님이 약속하셨던 포도주를 새 것으로 아버지의 나라에서 마시게 되었다. 그러나 바벨론과 마귀의 자식은 성도들과 예수의 증인들의 피에 취하여 있었고, 왕들과 거짓 선지자, 불신자들의 사치와 살인, 거짓말, 우상숭배에 대하여 음녀와 더불어 음행의 포도주를 마시던 자들은 모두 하나님 진노의 포도주 즉 일곱 대접의 재앙을 받게 되었다.

마 26:28 이것은 죄 사함을 얻게 하려고 많은 사람을 위하여 흘리는 바 나의 피 곧 언약의 피니라 29 그러나 너희에게 이르노니 내가 포도나무에서 난 것을 이제부터 내 아버지의 나라에서 새 것으로 너희와 함께 마시는 날까지 마시지 아니하리라 하시니라

19-2   하나님께서는 악한 자들이 행한 대로, 준 대로, 심은 대로, 기록된 대로, 갑절로 갚아 주셨다. 마지막 진노의 포도주 대접 재앙으로 심판을 하셨다. 나팔재앙에서는 바다와 강물이 다 피가 되었고 그것을 마심으로 고통하였다. 하나님께서는 공의롭게 심판하셨으며 성도들과 예수의 증인들의 피를 갚아주시고 신원하여 주셨다. 하나님은 십자가의 사랑으로 오래 참으시지만, 영원히 참으시지는 않는다. 여호와의 진노의 날, 크고 두려운 날까지 하나님을 대적하고 그리스도의 십자가를 거부하고 회개하지 않는 자들에게는 공의대로 심판하셨다. 기회를 주어도 회개하지 않는 자에게는 말씀대로, 행한대로 심판하였다. 이로써 하나님께서는 정의를 강같이, 공의(공법)를 하수(물)같이 흘러가게 하신다. 예수 그리스도께서는 초림 때 구원자로 오셨고, 재림 때 심판자로 오신다. 말씀하신 징조가 다 이루어지고 있었기에 주님은 지금도 오고 계시고, 장차 오실 이로서 오신다. 다 성취되면 주님께서 문밖에 이르신 줄을 알아야 한다.

암 5:24 오직 정의를 물 같이, 공의를 마르지 않는 강 같이 흐르게 할지어다

19-3   예수 그리스도께서 구름타고 오실 때 알곡 성도들을 추수하여 천국 창고에 들이신다. 주님께서는 제자들에게 처소를 예비하신 후에는 데리러 오신다고 하셨고, 택하신 자들을 사방에서 모아 들이시며 구름 속으로 끌어올려 공중에서 주를 영접하여 항상 주와 함께 있게 하

신다. 혼인 잔치처럼 신랑과 신부, 모든 준비를 마치셨고 믿음과 순결로 잔치가 예비되었다. 신랑과 신부가 준비되었으므로 아버지는 혼인 잔치 날짜를 정하신다. 잔치가 시작되면 하늘에 올라간 허다한 무리는 하나님의 공의로운 심판과 승리로 말미암아 드디어 '할렐루야' '할렐루야' '할렐루야' '할렐루야'(계 19:1, 3, 4, 6,)를 큰소리로 외치며 전능하신 하나님을 찬양했다. 이것은 시편 150편에서 마지막으로 선포된 '할렐루야' 찬송이 계시록 19장에 와서야 회복되었음을 알려준다. 구약에서 '할렐루야 시편'이라고 불리는 118편, 146~150편은 이스라엘의 종말론적 회복을 노래한 것인데 드디어 계시록에서 성취되었다. 그 나라에는 새 호흡, 새 노래, 새 신랑과 신부의 노래, 시와 찬미와 신령한 노래만 있었다. '나의 사랑, 나의 어여쁜 자여 일어나 함께 가자' 그들은 그리스도의 신부들, 슬기로운 다섯 처녀와 같은 자, 모든 신부 된 교회와 성도들은 신랑 되신 예수님께 나아갔다. 성도들이 아들의 음성을 듣고 먼저 일어나 구름 속으로 끌려 올라갔고 주안에 잠자던 자들도 주께서 깨워 주심으로 모든 말씀을 성취하셨다.

시 118:1 여호와께 감사하라 그는 선하시며 그의 인자하심이 영원함이로다 **2** 이제 이스라엘은 말하기를 그의 인자하심이 영원하다 할지로다… **150:6** 호흡이 있는 자마다 여호와를 찬양할지어다 할렐루야

19장

19-4 　　하나님의 승리와 잔치가 드디어 시작되었다. 하나님의 보좌에서 허다한 무리와 큰 음성이 나서 외치니, '할렐루야' 찬양이 네 번이나 크게 선포되었다. 찬양의 내용은 지금까지의 한량없는 하나님의 은혜, 사랑, 구원, 인내, 영광이었다. '구원과 영광과 능력이 우리 하나님께 있도다. 그의 심판은 참되고 의로운지라 음행으로 땅을 더럽게 한 큰 음녀를 심판하사 자기 종의 피를 그 음녀의 손에 갚으셨도다. 하나님의 종들 곧 그를 경외하는 너희들아 작은 자나 큰 자나 다 우리 하나님께 찬송하라. 할렐루야. 우리 하나님 곧 전능하신 이가 통치하시도다. 우리가 즐거워하고 크게 기뻐하며 그에게 영광을 돌리세 어린양의 혼인 기약이 이르렀고 그의 아내가 자신을 준비하였으므로 그에게 빛나고 깨끗한 세마포 옷을 입도록 허락하셨으니 이 세마포 옷은 성도들의 옳은 행실이로다' 할렐루야. 아멘.

19-5 　　'할렐루야'의 회복은 인류 역사 속에 우상에게 빼앗겼던 찬송과 영광을 회복한 것이었다. 일찍이 하나님께서는 "나는 내 영광을 다른 자에게, 내 찬송을 다른 자에게, 우상에게 주지 않으시겠다"고 하셨다. 여기서 할렐루야를 회복하신 이유는 불신자, 짐승, 음녀 바벨론을 심판하여 무너지게 하셨고, 마지막 일곱 대접의 재앙으로 하나님의 진노가 마쳤기 때문이다. 하나님의 공의로운 심판에 대해 하늘의 허다한 천군 천사가 할렐루야 찬양했고, 곧 이십사 장로들은 엎드려 경배하며 '할렐루야'로 화답하였다. 구원받는 하나님의 백성은 큰 자나 작은 자

나 다 하나님께 찬양을 드림으로써 온 하늘에 주님은 높이 들리셨고, 주의 영광은 온 세계 위에 넘쳐났으며 높아졌다. 성도들은 어린양의 혼인 잔치에 들어갈 준비가 되었는데 세마포가 입혀졌다. 이 세마포는 성도의 옳은 행실(디카이오마), 즉 칭의의 삶이 자기 예복이 되었다. 일찍이 예수님은 예복을 입지 못한 자들을 천국 잔치에 들어갈 수 없다고 하셨다. 그리고 잔치의 찬양은 계속되었는데 "할렐루야, 혼인 기약이 이르렀도다"라는 내용이었다. 지금도 성도는 그렇게 노래하고 있다. "성도여 다함께 할렐루야 아멘 찬양은 끝없다 할렐루야 아멘"

마 22:11 임금이 손님들을 보러 들어올새 거기서 예복을 입지 않은 한 사람을 보고 **12** 이르되 친구여 어찌하여 예복을 입지 않고 여기 들어왔느냐 하니 그가 아무 말도 못하거늘 **13** 임금이 사환들에게 말하되 그 손발을 묶어 바깥 어두운 데에 내던지라 거기서 슬피 울며 이를 갈게 되리라 하니라

19-6 　시편 150:6에서 중단되었던 '할렐루야' 찬양이 계시록에 와서야 회복되었다. 최후의 심판과 승리 이후에 영원하신 하나님을 영원히 찬양하는 할렐루야가 시작되었다. 찬양의 이유는 다섯 가지인데, 첫째, 하나님의 심판은 참되고 공의로우셨기 때문이다. 둘째, 성도들의 신원의 기도(5번째 인)가 응답되었고, 성도들의 피와 예수의 증인들의 피에 취하였던 자들에게 심판해 주셨기 때문이다. 셋째, 주님께서 성도들과 함께 최후의 승리자였고 최고의 승리자가 되셨기 때문이다. 넷째, 주 하나

님, 곧 전능하신 이가 하늘과 땅과 공중을 통치하시며 하나님 나라가 성취되어, 마귀의 권세는 하늘에서 쫓겨났고 공중에서도 쫓겨났으며, 땅에서도 쫓겨나 불 못으로 들어가게 되었기 때문이다. 다섯째, 성도들에게 기쁨과 승리의 어린양의 혼인 잔치가 시작되었을 때, 신랑 되신 예수 그리스도께서 백마를 타고 만왕의 왕, 만주의 주님으로 오셨고, 성도들을 만나주셨기 때문이다. 예루살렘에 입성하실 때는 나귀 새끼 타셨지만, 새 예루살렘에 입성하실 때는 백마 타고 오신다. 옛날 성도들은 종려 가지를 흔들며 '호산나'를 불렀지만, 다시 오실 때는 종려 가지를 흔들며 '할렐루야' 승리와 영광의 노래를 부르게 된다.

마 21:9 앞에서 가고 뒤에서 따르는 무리가 소리 높여 이르되 호산나 다윗의 자손이여 찬송하리로다 주의 이름으로 오시는 이여 가장 높은 곳에서 호산나 하더라

계 14:3 그들이 보좌 앞과 네 생물과 장로들 앞에서 새 노래를 부르니 땅에서 속량함을 받은 십사만 사천 밖에는 능히 이 노래를 배울 자가 없더라 **4** 이 사람들은 여자와 더불어 더럽히지 아니하고 순결한 자라 어린양이 어디로 인도하든지 따라가는 자며 사람 가운데에서 속량함을 받아 처음 익은 열매로 하나님과 어린양에게 속한 자들이니 **5** 그 입에 거짓말이 없고 흠이 없는 자들이더라

19-7　　어린양의 혼인 잔치에 청함을 받고 참여한 성도들은 복있는 자들이었고, 그 즐거움은 매우 컸으며 영광스러웠다. 착하고 충성된 종들이 주인의 잔치 상^(床)의 즐거움에 참여하는 것은 근사했다. 하나님 나라에 청함을 받고 택함을 받는 자들은 복 있는 자들이었다. 구주를 생각만 해도 좋고, 변화산에 있어도 좋은데, 주님과 얼굴을 대하여 볼 때는 얼마나 좋을까? 여기까지 오려면 오직 하나님께만 경배하고, 그동안 일곱 인과 일곱 나팔의 징조와 재앙들을 보며 환난에서 이기고 나와야 하며, 늘 깨어 기도하며 신랑을 기다렸던 슬기로운 다섯 처녀로 준비되어야 한다. 음녀, 바벨론, 여자와 더불어 그 옷을 더럽히지 않고 그 죄악에 참여하지 않고 그 성에서 나왔던 신부 된 성도들을 위한 잔치였다. 성도들의 피와 예수의 증인들의 피, 즉 순교자들을 위한 하늘의 잔치였다. 우리가 즐거워하고 크게 기뻐하며 그에게 영광을 돌리세 어린양의 혼인 기약이 이르렀고, 그의 아내가 자신을 준비하였으므로^(계 19:7) 할렐루야. 하늘의 잔치와 상급이 이제 시작되었다.

시 23:5 주께서 내 원수의 목전에서 내게 상을 차려 주시고 기름을 내 머리에 부으셨으니 내 잔이 넘치나이다 **1:5** 그러므로 악인들은 심판을 견디지 못하며 죄인들이 의인들의 모임에 들지 못하리로다 **6** 무릇 의인들의 길은 여호와께서 인정하시나 악인들의 길은 망하리로다

19-8　　성도들에게는 이렇게 어린양의 혼인 잔치가 시작되지만, 땅에 있는 불신자들과 짐승들과 적그리스도의 세력들에게는 하나님의 잔치가 무섭게 시작되었는데 즉, 새들의 잔치가 시작된다. 계 19:17에 보면, "가증한 새들이 하나님의 큰 잔치에 모여 와서 왕들의 살과 장군들의 살과 장사들의 살과 말들과 그것을 탄 자들의 살과 자유인들이나 종들이나 작은 자나 큰 자가 모든 자의 살을 먹었다." 이것은 겔 39장에서 하나님께서 과거에 하신 심판을 그대로 기억하게 해준다. 그들을 최종 심판하시는 이유는 그들이 거짓 표적을 행하며 연약한 성도들을 미혹한 자들이었고, 짐승의 표를 받게 하여 우상에게 경배하게 했기 때문이다. 이들은 모두 산채로 유황불 붙은 불 못에 던져진다. 이것이 둘째 사망(계 20:14)의 해, 곧 불 못에 던져지는 심판이다. 구약의 전통을 따라 여호와 하나님은 악한 자들에게 보복하시는 하나님이셨다.

나 1:2 여호와는 질투하시며 보복하시는 하나님이시니라 여호와는 보복하시며 진노하시되 자기를 거스르는 자에게 여호와는 보복하시며 자기를 대적하는 자에게 진노를 품으시며

겔 39:17 주 여호와께서 이같이 말씀하셨느니라 너 인자야 너는 각종 새와 들의 각종 짐승에게 이르기를 너희는 모여 오라 내가 너희를 위한 잔치 곧 이스라엘 산 위에 예비한 큰 잔치로 너희는 사방에서 모여 살을 먹으며 피를 마실지어다 18 너희가 용사의 살을 먹으며 세상 왕들의 피를 마시기를 바산의 살진 짐승 곧 숫양이나 어린양이나 염소나 수송아지를 먹듯 할지라 19 내가 너희를 위하여 예비한 잔치의 기름을 너희가 배불리 먹으며 그 피를 취하

도록 마시되 **20** 내 상에서 말과 기병과 용사와 모든 군사를 배부르게 먹일
지니라 하라 주 여호와의 말씀이니라

왕상 21:23 이세벨에게 대하여도 여호와께서 말씀하여 이르시되 개들이 이
스르엘 성읍 곁에서 이세벨을 먹을지라 **24** 아합에게 속한 자로서 성읍에서
죽은 자는 개들이 먹고 들에서 죽은 자는 공중의 새가 먹으리라고 하셨느
니라 하니

마 24:28 주검이 있는 곳에는 독수리들이 모일 것이니라

19-9   이제 하나님의 공의로운 심판이 끝나고 성도들은 어린양 혼
인 잔치에 들어가게 되었다. 천사가 요한에게 말했다. "기록하라 어린
양 혼인 잔치에 청함을 받는 자들은 복이 있도다. 이것은 하나님의 참
되신 말씀이라" 예수님께서는 일찍이 마태복음 22장에서 "천국은 마치
자기 아들을 위하여 혼인 잔치를 베푼 어떤 임금과 같으니" 하시면서 청
함과 택함을 받은 자의 복을 말씀하셨다. 그러나 세계 80억 인구에 비
하면 노아 때처럼 방주에 들어간 자는 적었고 소돔과 고모라에서 천사
가 손을 잡아 이끌어 주어도 구원받은 자는 적었다. 구원받지 못한 자
들 곧 청함은 받았지만 택함을 받지 못한 자들은 의외로 많았는데 처음
된 자들은 나중 되고 나중 된 자가 먼저 되는 일이 많다. 롯의 사위들처
럼 하나님의 말씀을 농담으로 여겼고, 롯의 두 딸처럼 지체하였으며, 롯

의 아내처럼 뒤돌아보는 자는 다 멸망하였다. 사도바울은 육에 속한 자들은 하나님 나라를 유업으로 얻지 못한다고 했다. 하나님께서 노아의 때는 세상을 물로 심판하셨고, 롯의 때에는 소돔과 고모라를 불과 유황과 연기로 심판하셨다.

> **눅 9:62** 예수께서 이르시되 손에 쟁기를 잡고 뒤를 돌아보는 자는 하나님의 나라에 합당하지 아니하니라 하시니라… **17:32** 롯의 처를 기억하라

> **마 22:8** 이에 종들에게 이르되 혼인 잔치는 준비되었으나 청한 사람들은 합당하지 아니하니 9 네거리 길에 가서 사람을 만나는 대로 혼인 잔치에 청하여 오라 한대… 4 청함을 받은 자는 많되 택함을 입은 자는 적으니라

> **고전 15:50** 형제들아 내가 이것을 말하노니 혈과 육은 하나님 나라를 이어 받을 수 없고 또한 썩는 것은 썩지 아니하는 것을 유업으로 받지 못하느니라

19-10　　창세기에서는 하나님 나라를 '에덴의 혼인 잔치'로 시작했다. 신약의 복음서에서는 첫 번째 기적을 가나의 혼인 잔치로 하나님 나라의 잔치를 보여주셨다. 계시록에서는 어린양의 혼인 잔치로 기록하였고, 영원한 하나님 나라가 완성되었음을 보여준다. 유대인의 혼인 잔치의 전통에 따르면 세 가지 특징이 있다. 첫째, 신랑과 신부는 약혼식에서 새 포도주를 서로 나눔으로 혼인을 승낙한다. 둘째, 신랑과 신부

는 각각 준비를 하는데 신랑은 거처를 예비하여 신부를 맞을 준비를 하고, 신부는 순결로 단장하여 신랑 맞을 준비를 한다. 셋째, 신랑과 신부가 서로 준비되는 것을 보면 아버지는 혼인 잔치의 날짜를 정하신다. 그래서 '그날과 그때, 때와 기한'은 아버지만 아시고 그의 권한에 두셨던 것이다. 그 날과 시는 신랑도 신부도, 손님도, 아들도, 천사들도 모른다. 이런 유대인의 혼인 잔치의 전통을 따라 주님 오시는 날의 혼인 잔치도 그렇게 준비된다. 아버지가 정한 날이 되면 사람들은 나팔을 불며 "보라 신랑이로다" 하며 천국의 잔치는 시작된다.

19-11   신랑이신 예수 그리스도는 백마를 타고 나타나신다. 초림 때처럼 조용히 말 구유에 오시지 않는다. 아버지께서는 아들에게 모든 심판을 맡기셨다. 주님은 심판자요, 만왕의 왕이요, 만유의 주님으로 오신다. 백마를 타고 나타나신 주님의 이름은 충신(faithful)과 진실(true)이었다. 신랑께서는 신실함과 진실함으로 성도들에게 두 번째 나타나 주셨다. 신랑 되신 주님의 눈빛은 불꽃 같았고 말씀, 로고스(Logos)로 피 뿌린 옷을 입고 계셨다. 입에서는 예리한 검이 나와 철장으로 만국을 다스릴 전능하신 하나님이셨고, 다리에는 만왕의 왕, 만유의 주님이라고 쓰여 있었다. 말씀이 육신이 되어 우리 가운데 오셨던 주님께서는 영원한 말씀(Logos)으로 은혜와 진리가 충만하셨고, 재림 때 오실 주님께서는 사랑과 공의의 심판자, 만왕의 왕, 만유의 주님이 되셨다.

요일 1:1 태초부터 있는 생명의 말씀에 관하여는 우리가 들은 바요 눈으로 본 바요 자세히 보고 우리의 손으로 만진 바라 **2** 이 생명이 나타내신 바 된지라 이 영원한 생명을 우리가 보았고 증언하여 **너희**에게 전하노니 이는 아버지와 함께 계시다가 우리에게 나타내신 바 된 이시니라

19-12 신랑 되신 예수 그리스도는 어떠한 모습과 이름으로 성도(교회)인 신부들에게 오시는지 10가지로 말씀하고 있다. 예수님은 '그리스도, 살아계신 하나님의 아들, 나의 주시며 나의 하나님'이시다. 예수 그리스도는 마지막 때에도 어제나 오늘이나 영원토록 동일하셨다.

1) 백마를 타시고 그 이름이 '충신과 진실'이신 분

2) 공의로 심판하시고 싸우시는 분

3) 그의 눈이 불꽃 같으신 분

4) 그의 머리에 많은 면류관을 가지신 분

5) 그 이름은 자기밖에 아는 자가 없는 분

6) 피 뿌린 옷, 곧 하나님의 말씀이신 분

7) 하늘에 있는 군대들이 희고 깨끗한 세마포 옷을 입고 따르게 하신 분

8) 입에 나오는 날 선 검, 하나님의 말씀으로 만국을 통치하시는 분

9) 철장으로 다스리며 전능하신 하나님의 맹렬한 진노의 포도주 틀을 밟으신 분

10) 그의 옷과 다리에 만왕의 왕, 만유의 주라고 쓴 이름을 가지신 분

요한계시록
20장

Revelation

20-1 　　　요한계시록 20장에는 악한 자들과 마귀가 지옥에 던져지는 순서를 가르쳐 준다. 먼저는 짐승(적그리스도)과 거짓 선지자들이 먼저 불 못에 던져진다. 그동안 연약한 영혼들과 소자들을 미혹했기 때문에 먼저 잡혀서 먼저 두 짐승이 산 채로 유황불 붙는 못에 던져진다. 그 다음은 그들을 따라 짐승의 표를 받고, 우상에게 경배하던 불신자들이 불 못에 던져진다. 그리고 맨 나중에 두 짐승에게 권세, 보좌, 능력과 용의 입을 주어 천하만국을 미혹했던 거짓의 아비, 절도, 강도, 옛 뱀, 용, 마귀였던 사단이 불과 유황 못에 던져졌다. 거기는 이미 그 짐승과 거짓 선지자도 있어 세세토록 밤낮 괴로움(계 20:10)을 함께 받고 있었다.

마 5:29 만일 네 오른 눈이 너로 실족하게 하거든 빼어 내버리라 네 백체 중 하나가 없어지고 온 몸이 지옥에 던져지지 않는 것이 유익하며 **30** 또한 만일 네 오른손이 너로 실족하게 하거든 찍어 내버리라 네 백체 중 하나가 없어지고 온 몸이 지옥에 던져지지 않는 것이 유익하니라 **7:13** 좁은 문으로 들어가라 멸망으로 인도하는 문은 크고 그 길이 넓어 그리로 들어가는 자가 많고 **14** 생명으로 인도하는 문은 좁고 길이 협착하여 찾는 자가 적음이라 **15** 거짓 선지자들을 삼가라 양의 옷을 입고 너희에게 나아오나 속에는 노략질하는 이리라

20-2   지금까지 요한계시록의 내용을 영적 전쟁을 도식화하면 훨씬 더 그 의미와 흐름이 분명해진다. 사단은 거짓의 아비로 하나님을 가장하고 모방하여 자기를 왕이라고 하지만 세상을 파괴하고 죽이고 빼앗는 일을 하다가 하나님 진노의 심판으로 잡혀 불 못에 던져지게 된다.

옛 뱀, 용, 마귀 사단의 세계	예수 그리스도의 세계
사단이 바벨론을 건설할 때	하나님께서는 새 예루살렘을 건설하신다
음녀, 여자가 왕들과 더불어 음행할 때	깨어 있고, 슬기로운 신부를 준비하신다
로마 황제 숭배와 우상을 숭배할 때	배교하지 않고 미혹되지 않는 교회가 있다
두 짐승, 적그리스도와 거짓 선지자 나올 때	두 증인, 두 감람나무와 두 촛대가 있다
짐승이 오른손과 이마에 표(mark)를 줄 때	성령으로 하나님께 인(seal) 치신다
악인들은 심판의 부활로 나올 때	의인들은 생명의 부활로 나온다
넓은 길, 넓은 문으로 들어가 멸망길 갈 때	좁은 길, 좁은 문으로 들어가 생명길 간다
한 사람은 버려둠을 당하고 남겨질 때	한 사람은 데려감을 당하고 올라간다
붉은 옷을 입고 사치와 음행으로 타락할 때	어린양의 피에 옷을 씻어 희게 하였다
신성 모독하며 하나님을 대적, 비방할 때	할렐루야 전능하신 주님을 찬양한다
진노의 포도주 심판을 받을 때	어린양 혼인 잔치에서 새 포도주를 나눈다
가슴을 치며 슬피울며 이를 갈고 탄식할 때	새 노래, 모세의 노래, 어린양의 노래 부른다
천년 결박을 당할 때	천년왕국을 누린다
둘째 사망, 곧 불 못에서 영원히 고통할 때	새 하늘과 새 땅에서 영원히 주님과 산다
불 못에서 주리고 목마를 때	생명수 강가에서 생명나무 열매를 먹는다

20-3　　　사단의 주특기는 거짓의 아비로 하나님을 가장(transforming: μετασχηματίζω, 메타스케마티조)하여 영광을 도적질하는 강도, 절도이며 자기를 의의 일꾼으로 가장하는 것이다. 사도 바울은 마지막 때의 사단은 자신을 '광명의 천사와 의의 일꾼'으로 가장 하는 것이 이상한 일이 아니라고 했다. 사단은 삼위일체 하나님의 존재 양태도 흉내낸다. 사단은 '옛 뱀, 용, 마귀로 악한 삼위일체를 이룬다. 악의 삼위일체가 역사하여 두 짐승, 적그리스도와 거짓 선지자를 자기의 종으로 세우고, 그의 성읍을 큰 성, 바벨론으로 세워 마귀의 도성, 왕국, 나라를 통해 하나님의 나라를 흉내낸다. 하나님께서 믿는 성도들에게 권세, 보좌, 능력을 주신 것처럼, 사단도 짐승을 따르고 우상을 숭배하는 자에게 권세, 보좌, 능력을 준다. 그러나 하나님께서 그리스도를 통하여 마귀의 일, 즉 적그리스도를 멸하시고, 참 선지자들을 통해 거짓 선지자를 멸하시며, 거룩한 신부를 통해 음녀를 멸하시고, 주님의 교회를 통해 바벨론을 멸하게 하신다. 하나님께서는 준비하신 새 예루살렘을 하늘에서 내려오게 하심으로 하나님의 나라, 사랑의 아들 나라를 완성 시키신다. 할렐루야. 마귀의 나라와 도성은 정한 시간까지만 허락될 뿐이다.

계 17:18 또 네가 본 그 여자는 땅의 왕들을 다스리는 큰 성이라 하더라 **19:20** 짐승이 잡히고 그 앞에서 표적을 행하던 거짓 선지자도 함께 잡혔으니 이는 짐승의 표를 받고 그의 우상에게 경배하던 자들을 표적으로 미혹하던 자라 이 둘이 산 채로 유황불 붙는 못에 던져지고 **20:10** 또 그들을 미혹하는 마귀가 불과 유황 못에 던져지니 거기는 그 짐승과 거짓 선지자도 있어 세세토록 밤낮 괴로움을 받으리라

20장 :

20-4   하나님의 명령을 따라 천사는 무저갱의 열쇠와 큰 쇠사슬을 가지고 하늘로부터 내려와서 땅에 있던 용을 잡았다. 용은 '옛 뱀, 마귀, 사단'인데 결박하여 천 년 동안 가두게 되고 다시는 천하만국을 미혹하지 못하게 하였다. 초림 때 하나님의 아들이 세상에 나타나신 것도 마귀의 일을 멸하려 하심이니라(요일 3:9). 재림 때의 하나님의 아들이 세상에 두 번째 나타나신 것은 사단과 그를 따르는 자들을 영원한 불 못과 둘째 사망으로 심판하시기 위함이었다. 그렇게 되면 교회의 권세가 음부의 권세를 이기게 된다. 지금까지 성도들은 예수님의 권세, 하나님의 자녀가 되는 권세, 믿음과 말씀의 권세, 교회의 권세, 성령의 권능으로 영적 싸움에서 이겼기에, 이제 주님과 함께 이스라엘의 열두 고을을 다스리게 되었다. 그들은 모두 이 땅에서 예수를 증언함과 하나님의 말씀 때문에 목 베임을 당한 자들의 영혼과 또 짐승과 그의 우상에게 경배하지 아니하고 그들의 이마와 손에 표를 받지 아니한 자들이 살아서 그리스도와 더불어 천 년 동안 왕 노릇 하던 거룩한 백성들이었다.

20-5   복음서에 보면 거라사 지방의 군대 귀신은 예수님께 구하기를 무저갱에 들어가라 하지 마시기를 구하였다(눅 8:31). 그러나 계시록 20장에 오면 사단의 세력들은 무저갱에 던져져 천 년이 차도록 미혹하지 못하게 하신다. 계 20:7 "천 년이 차매 사단이 그 옥에서 놓여" 다시 공중 권세, 세상 권세를 잡고 활동하려고 하지만, 예수님께서 공중에 재림하심으로 공중에 있을 곳도 없어 무저갱으로 쫓겨난다. 이미 주께서

는 여인의 후손으로 오셔서 옛 뱀, 마귀 사단의 머리를 상하게 하셨고 광야에서도 시험하는 마귀를 이기셨다. 마귀는 이미 패하였음에도 공중의 권세를 잡고 천하를 두루 돌아다니며 사람들을 미혹^(엡 2:2~3)하여 이 세상 풍속을 좇고 불순종의 영들로 역사하여 진노의 자식이 되게 했다. 할 수만 있으면 택하신 자라도 넘어뜨리려고 했다. 그러나 주님께서 공중에 구름을 타고 오시는 날, 마귀는 공중에 있을 곳도 없다. 그때는 무저갱이 아닌 불 못에 던져질 수밖에 없다.

> **눅 12:5** 마땅히 두려워할 자를 내가 너희에게 보이리니 곧 죽인 후에 또한 지옥에 던져 넣는 권세 있는 그를 두려워하라 내가 참으로 너희에게 이르노니 그를 두려워하라

20-6 　하나님께서는 마귀에게 붙들려 사는 영혼을 불쌍히 여기시고 끝까지 구원하시길 원하신다. 하나님은 모든 사람이 구원을 받으며 진리를 아는데 이르기를 원하시기 때문이다. 하나님은 악인과 죄인도 죽는 것을 기뻐하지 아니하시고 돌이켜 사는 것을 원하신다. 그러나 마귀는 끝까지 사람들을 붙잡고 멸망 길로 인도한다. 하나님께서는 마귀와 짐승을 끝까지 따르는 자들을 구별해서 보여주신 것이 곡과 마곡의 전쟁이다. 이것을 알기 위해서 에스겔서와 열왕기서를 알아야 한다. 구약에서 예후가 북이스라엘에서 바알 신과 아세라 신을 섬기며 우상숭배하고 하나님과 그의 종들을 핍박한 자들을 모두 모이게 하였다가 한

20장

번에 진멸하는 책략을 세웠던 것을 생각하면 이해할 수 있다. 에스겔의 말씀처럼, 곡과 마곡의 백성들처럼 하나님을 대항하는 자들을 다 모아다가 최종적으로 마귀와 함께 지옥, "불 못"(둘째 사망, 계 20:14)에 던져 넣게 됨으로써 그들이 누구였는지를 알려주고 계신다. 하나님께서는 말씀을 이루시기 위하여 사단도, 악인도 악한 날에 잠깐 두실 뿐이다. 곡과 마곡의 전쟁으로 모든 것이 드러나고, 짐승과 불신자와 사단을 구별하여 차례대로 심판하시고 그들을 불 못에 던져 넣으신다.

> **왕하** 10:18 예후가 뭇 백성을 모으고 그들에게 이르되 아합은 바알을 조금 섬겼으나 예후는 많이 섬기리라 19 그러므로 내가 이제 큰 제사를 바알에게 드리고자 하노니 바알의 모든 선지자와 모든 섬기는 자와 모든 제사장들을 한 사람도 빠뜨리지 말고 불러 내게로 나아오게 하라 모든 오지 아니하는 자는 살려 두지 아니하리라 하니 이는 예후가 바알 섬기는 자를 멸하려 하여 계책을 씀이라

> **눅** 13:16 그러면 열여덟 해 동안 사단에게 매인 바 된 이 아브라함의 딸을 안식일에 이 매임에서 푸는 것이 합당하지 아니하냐

20-7   사단이 아무리 세상을 미혹해도 하나님께서 정하신 시간 안에서만 활동한다. 하나님께서는 영의 세계와 인간 세계 모두를 주관하신다. 하나님께서는 성도에게 고난을 허락하시지만, 고난 중에도 성도

와 함께 하시고 지키신다. 성령께서 대답할 말을 주신다. 계시록에서는 사단의 견고한 진이 성도의 진과 사랑하시는 예루살렘 성을 포위해도 하늘에서 불이 내려와 태워버리신다. 에스겔 38~39장에 보면 하나님께서 말씀하신 그날에 곡과 마곡이 전쟁을 일으키지만, 하나님께서 그들을 불사르신다. 전쟁에서 죽은 자들을 매장했는데 그곳 이름이 "하몬곡 골짜기"였고, 그 성읍의 이름은 "하모나"였다. 그때 하나님께서는 에스겔에게 각종 새들을 사방에서 모여오게 하고, 그들의 살을 먹으며 피를 마시게 하였다(겔 39:17). 곡은 이스라엘 북쪽의 로스, 메섹, 두발지역을 말한다. 곡과 마곡의 전쟁으로 그들을 심판하시고 그 땅을 정결하게 하셨다. 하나님께서는 마지막 때에 다시 한번 성도의 진에 대항하는 불신자들의 진을 불로 심판하시는 것을 곡과 마곡으로 재확신해 주셨다.

살후 2:5 내가 너희와 함께 있을 때에 이 일을 너희에게 말한 것을 기억하지 못하느냐 6 너희는 지금 그로 하여금 그의 때에 나타나게 하려 하여 막는 것이 있는 것을 아나니 7 불법의 비밀이 이미 활동하였으나 지금은 그것을 막는 자가 있어 그 중에서 옮겨질 때까지 하리라 8 그 때에 불법한 자가 나타나리니 주 예수께서 그 입의 기운으로 그를 죽이시고 강림하여 나타나심으로 폐하시리라

20-8   요한계시록을 다 읽고 나면, 성도들에게 복된 책이라는 것을 알 수 있다. 무덤에서 잠자는 자들도 주안에서 죽은 자도 복이 있다

고 알려준다. 그들은 모두 주 안에서 생명의 부활, 의인의 부활로 깨어나 첫째, 부활에 참여할 것이고, 둘째, 사망의 해, 불 못을 받지 않으니 복이 되었다. 주와 함께 어린양 혼인 잔치에 청함을 받아서 복되고, 어린양의 피에 옷을 씻어 희게 되어서 수치를 보이지 않는 자가 되어서 복되다. 이 예언의 말씀을 읽고 듣고 지켰으니 '복 있는 사람'이다. 예수 그리스도의 신부가 되었으니 복이 있는 자들이다. '나의 사랑 나의 어여쁜 자요, 착하고 충성된 종아 잘 하였도다' 상과 면류관을 받게 하시니 복되다. 우리를 나라와 제사장으로 삼아주시고, 그리스도와 더불어 천 년 동안 왕 노릇 하게 되었으니 복되다. 생명의 면류관, 의의 면류관, 썩지 않을 관을 쓰게 되었으니 복되다. 새 하늘과 새 땅이 우리에게 주어지니 복되다. 하나님께서 친히 등불이 되시고 해보다 더 밝은 영광이 비추어서 밤이 없고 어둠이 없으니 복되다. 그러므로 계시록은 성도들에게 복된 책이다. 그러나 불신자들에게는 심판과 저주의 책이다.

20-9　　하나님의 심판은 참되고 공의로우셨다. 참되다는 것은 말씀대로 심판이 이루어졌다는 뜻이고, 공의로우시다는 것은 행한 대로, 심은 대로, 기록된 대로 갚아주셨다는 뜻이다. 일찍이 말씀하셨다. "사람이 무엇으로 심든지 그대로 거두리라. 육체를 위하여 심는 자는 육체로부터 썩어질 것을 거두고, 성령을 위하여 심는 자는 성령으로부터 영생을 거두리라 많이 맡은 자는 많이 맞을 것이고, 적게 맡은 자는 적게 맞을 것이라"고 하셨다. "사람이 무슨 말을 하든지 심판 날에 이에 대하여

심문을 받으리라"고 하셨다. 입술의 열매, 찬미의 제사를 드리는 자에게 "할렐루야"를 허락하신다. 그리고 주님은 지극히 작은 자에게 한 것이 곧 내게 한 것이라고 하셨다. 주님 다시 오실 때까지 네 가지의 신분 즉, 제자, 일꾼, 신부, 증인이 되면 칭찬과 상급과 보좌 명성을 얻게 하신다.

20-10　　사단 '곡과 마곡'을 미혹하여 전쟁을 하는데, 창세기와 에스겔서를 통해서 곡과 마곡이 어디이고, 누구인지는 알 수 있다. 창세기에 의하면 마곡은 노아의 후손 야벳의 아들이었다. 노아의 홍수 이후에는 그의 후손들만 세상에 있었기 때문에 야벳의 아들 마곡의 후손을 사단이 미혹하여 전쟁을 일으킨다는 것이다. 마곡의 동생이 '곡'이었고 '메섹'이라고도 불렸다. 초대 교회 사가였던 요세프스(Flavius Josephus, 37~100년경)는 "그리스인은 마곡의 후예들로 스키타인이었다"고 했다. 실제로 1967년 6일전쟁에서 아랍을 지원한 소련(러시아)의 군대가 '곡의 군대'로서 이스라엘을 공격하였다가 패하였다. 사단이 땅의 사방 백성을, 곧 곡과 마곡을 미혹하고 모아 성도들의 진과 싸워왔다. 마곡과 로스는 러시아를, 고멜과 메섹과 도갈마와 두발은 터키를, 붓은 리비아를, 구스는 이디오피아를, 바사는 이란을 가리킨다고 할 때, 이들은 사방에서 모여 이스라엘을 공격해 왔다. 그러나 그들은 하나님이 사랑하시는 성과 성도의 진을 사방에서 둘러싸지만, 곧 하늘에서 불이 내려와 하나님의 능력으로 그들을 태워버린다. 그 전쟁의 끝에 땅의 백성을 미혹하는 마귀가 잡혀 불과 유황 못에 던져진다. 곡과 마곡

의 전쟁을 통하여 하나님께서는 성도의 진을 공격하는 자들을 망하게 하시고 불 못에 던져 넣으셨으며, 최후의 승리는 하나님이 사랑하시는 성, 성도의 진이 되게 하셨다.

창 10:2 야벳의 아들은 고멜과 마곡과 마대와 야완과 두발과 메섹과 디라스요

겔 39:6 내가 또 불을 마곡과 및 섬에 평안히 거주하는 자에게 내리리니 내가 여호와인 줄을 그들이 알리라 **7** 내가 내 거룩한 이름을 내 백성 이스라엘 가운데에 알게 하여 다시는 내 거룩한 이름을 더럽히지 아니하게 하리니 내가 여호와 곧 이스라엘의 거룩한 자인 줄을 민족들이 알리라 하라 **8** 주 여호와의 말씀이니라 볼지어다 그 날이 와서 이루어지리니 내가 말한 그 날이 이 날이라

20-11 하나님께서는 최후의 심판을 흰 보좌에서 시작하신다. 땅과 하늘이 그 앞에서 피하여 간데없고, 즉 새 하늘과 새 땅이 시작되기 전에 심판하신다. 심판에는 시작과 원칙이 있었다. 먼저, 죽은 자들이 큰 자나 작은 자나 그 보좌 앞에서 심판을 받는다. 둘째, 그 보좌 앞에는 책들이 펴있고 또 다른 책이 펴져 있는데 죽은 자들이 자기 행위를 따라 책들에 기록된 대로 심판을 받는다. 이때는 부활이 이루어졌으므로 사망과 음부도 심판을 받고 불 못에 던져진다. 이것이 '둘째 사망의

해'이다. 바다와 땅이 죽은 자를 내어놓아 심판을 받게 한다. 그러나 성도들은 둘째 사망의 해를 받지 않는다. 예수 그리스도의 십자가의 은혜와 칭의, 그리고 생명의 법, 성령의 법으로 죄의 법, 사망의 법에서 완벽하게 해방되었기 때문이다. 성도는 두 번 태어나서(육과 영의 거듭남) 영원히 살고, 불신자는 한 번 태어나 영원히 둘째 사망, '불 못'에서 고통당한다. 누구든지 생명책에 기록된 자들은 천국에 들어가고 기록되지 못한 자는 불 못에 던져진다.

> **마 10:28** 몸은 죽여도 영혼은 능히 죽이지 못하는 자들을 두려워하지 말고 오직 몸과 영혼을 능히 지옥에 멸하실 수 있는 이를 두려워하라… **41** 선지자의 이름으로 선지자를 영접하는 자는 선지자의 상을 받을 것이요 의인의 이름으로 의인을 영접하는 자는 의인의 상을 받을 것이요 **42** 또 누구든지 제자의 이름으로 이 작은 자 중 하나에게 냉수 한 그릇이라도 주는 자는 내가 진실로 너희에게 이르노니 그 사람이 결단코 상을 잃지 아니하리라 하시니라

20-12   히브리서 9:27에 "한 번 죽는 것은 사람에게 정하신 것이요, 그 후에는 심판이 있으리니" 말씀하셨다. 죽음은 끝이 아니라 심판이 있고, 심판하시는 이는 하나님이시다. 하나님은 '세상 끝' 추수 때에 '알곡과 가라지'를 천국 창고와 불구덩이로 심판하신다. 부자와 나사로가 죽었을 때는 '음부와 낙원'으로 심판하셨다. 부자는 음부의 불꽃(fire) 가운데 던져졌고, 나사로는 천사들에게 받들어 낙원에 들어가 믿음의

조상, 아브라함의 품에 안겼다. 부자는 돈이 많았기 때문에 음부에 간 것이 아니라 하나님을 믿지 않았기 때문이었다. 부자는 극심한 갈증 속에 괴로워했고, 나사로는 아브라함의 품에 안겨 위로를 받았다. 성도는 낙원에 있다가 천국에 가고 불신자는 음부에 있다가 불 못(fire lake), 지옥으로 간다. 출애굽 당시 하나님은 애굽을 '쇠 풀무'라고 하셨고 거기에서 건져내셨다. 구원은 마치 애굽의 쇠 풀무에서와 지옥 자식에서, 바로의 노예, 학대와 고통에서 건져주신 것과 같다. 성도는 땅에서도 그 구원과 하나님 나라를 전파하고 경험하다가 완벽한 천국에 들어간다. 불신자는 이 땅에서 지옥처럼 살다가 죽어서도 음부에 던져지고 최후의 심판에서 불 못에 들어간다.

신 4:20 여호와께서 너희를 택하시고 너희를 쇠 풀무불(the iron furnace) 곧 애굽에서 인도하여 내사 자기 기업의 백성을 삼으신 것이 오늘과 같아도

눅 16:22 이에 그 거지가 죽어 천사들에게 받들려 아브라함의 품에 들어가고 부자도 죽어 장사되매 23 그가 음부에서 고통 중에… 24 …나사로를 보내어 그 손가락 끝에 물을 찍어 내 혀를 서늘하게 하소서 내가 이 불꽃 가운데서 괴로워하나이다

요한계시록 21장

처음 하늘과 처음 땅
'카이네'와 '카이노스'
재창조(re-creation)와 새창조(new-creation)
하나님 나라, 완성의 시간표
보라 내가 만물을 새롭게 하노라
새 하늘과 새 땅, 새 예루살렘
열두 문, 열두 기초석
열두 지파, 열두 사도
보이지 않는 성전
주 하나님이 성전
해와 달의 비췸이 쓸데 없으니
다시 밤이 없겠고
해보다 더 밝은 저 천국
세세토록 왕 노릇

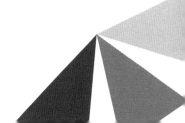

Revelation

21-1　　　요한계시록 21장에는 옛 세상, 즉 처음 하늘과 처음 땅이 지나간 후 결국 완성될 '최종적 하나님 나라'를 보여준다. 궁극적 하나님의 나라인 '새 하늘과 새 땅'이다. 성경이 여기를 향해 달려왔다. 하나님의 나라와 그의 의가 이루어져 완성되었다. 이 세상에서 하나님의 공의로운 심판이 모두 끝났고 옛 뱀, 용, 마귀 사단이라고 하는 자가 천하를 미혹하다가 결박되어 불 못에 던져졌고 악한 짐승이 전혀 없게 되었다. 두 짐승, 적그리스도와 거짓 선지자들도 잡혀 불 못에 던져졌다. 불신자들과 함께 밤낮 괴로움을 받게 되었다. 죄와 사망, 두 짐승, 사단까지 모두 불 못에 던져졌기 때문에 창조주 하나님께서는 '새 창조'를 시작하셨다. 말씀 한마디로 만물을 새롭게 하셨다. "보라 내가 만물을 새롭게 하노라 새 하늘과 새 땅"이 창조되었다. 여기서 '새롭다'는 것은, 헬라어로 카이논, 카이네인데, 만물을 질적으로 완벽하고 새롭게 창조하셨다(카이로스)는 뜻이다. 과거의 것을 고쳐서 새롭게 한 '네오스'가 아니다. 재창조가 아닌 새 창조다. 그 옛날 아브라함을 비롯한 믿음의 선진들이 더 나은 본향을 바라보았고 이 땅에 영구한 도성이 없었기에 하나님은 그들에게 한 성을 예비해 주시겠다고 약속하셨으며 이제 그 본향, 영구한 도성, 하나님 나라를 성도의 기업으로 상속하게 하셨다.

> **히 11:13** 이 사람들은 다 믿음을 따라 죽었으며 약속을 받지 못하였으되 그것들을 멀리서 보고 환영하며 또 땅에서는 외국인과 나그네임을 증언하였으니 14 그들이 이같이 말하는 것은 자기들이 본향 찾는 자임을 나타냄이라 15 그들이 나온 바 본향을 생각하였더라면 돌아갈 기회가 있었으려니와 16 그들이 이제는 더 나은 본향을 사모하니 곧 하늘에 있는 것이라 이러므로 하나

21장 :

님이 그들의 하나님이라 일컬음 받으심을 부끄러워하지 아니하시고 그들을 위하여 한 성을 예비하셨느니라

21-2   새 하늘과 새 땅이 창조되려면 옛 하늘, 옛 땅 즉, 처음 것들이 다 지나가야 한다. 주님께서는 창세기 때처럼 말씀 한마디로 세상을 다시 창조하셨다. 계 21:5 "보라 내가 만물을 새롭게 하노라" 이렇게 말씀하실 때 처음 하늘과 땅은 없어졌고 바다도 다시 있지 않았다. 재창조(re-creation)가 아니라 새 창조(new-creation)다. 드디어 이 땅이 하나님 나라가 되었다. 로마서 14:17 말씀대로 하나님의 나라는 먹고 마시는 것이 아니요, 오직 성령안에서 의(디카이오)와 평강(에이레네)과 희락(카라)의 나라가 되게 하셨다. 새로운 세상이 되었으니 거룩한 성 새 예루살렘이 하나님께로부터 하늘에서 내려왔다. 마치 신부가 남편을 위하여 단장한 것같이 아름다운 하나님의 도성이었다. 하나님의 장막(the tabernacle)이 사람들과 함께 있어 하나님이 그들과 함께 계시고 그들은 하나님의 백성이 되고, 하나님은 친히 그들과 함께 계셔서 모든 눈물을 씻어 주셨다. 출애굽기처럼 애굽의 노예와 학대, 고통에서 벗어나 약속의 땅 가나안에 들어가게 하신 언약의 완성이었다. 더 좋은 본향, 더 좋은 안식, 더 좋은 시민권으로 영구한 도성, 하나님 나라를 주셨다. 이것을 위해 예수 그리스도께서는 십자가와 부활로 '우리를 나라와 제사장' 삼아 주셨던 것이다.

사 34:4 하늘의 만상이 사라지고 하늘들이 두루마리 같이 말리되 그 만상의 쇠잔함이 포도나무 잎이 마름 같고 무화과나무 잎이 마름 같으리라

출 6:7 너희를 내 백성으로 삼고 나는 너희의 하나님이 되리니 나는 애굽 사람의 무거운 짐 밑에서 너희를 빼낸 너희의 하나님 여호와인 줄 너희가 알지라

21-3　　새 하늘과 새 땅은 하나님 나라의 최종적인 완성이다. 베드로 사도가 "우리는 새 하늘과 새 땅을 바라 보는도다"고 했는데 그 나라가 이루어졌다. 변화산에서의 영광보다 더 빛나는 나라가 완성되었다. 이사야 선지자가 수천 년 전에 예언했던 '새 하늘과 새 땅'이 펼쳐졌다. 처음 하늘과 처음 땅도 다 지나갔기 때문에 어떤 상함과 해함이 없는 순수하고 거룩하며 새로운 자연질서만 있게 되었다. 거기는 죄와 어둠, 탐심과 정욕, 악한 생각이 없는 나라다. 죄인과 악한 짐승, 어둠, 혼돈, 공허가 전혀 없어서 어린양이 사자와 뛰놀며, 사자가 순해져 소처럼 풀을 뜯으며, 젖먹는 아이들이 독사굴에 손을 넣고 장난칠 수 있는 순수한 나라다. 예수님께서 초림 하심으로 하나님 나라가 시작되었고, 복음과 교회를 통하여 하나님 나라가 확장되었으며, 예수님이 재림하심으로 하나님 나라가 완성되었다. 주기도문에서 '하나님의 나라가 임하시오며 하늘에서 이룬 뜻이 땅에서도 이루어지게 하소서'의 기도가 완벽하게 응답되었다. '너희는 먼저 그의 나라와 그의 의를 구하라'의 기도도 계시

록 21장에서 응답되었다.

> **사 65:17** 보라 내가 새 하늘과 새 땅을 창조하나니 이전 것은 기억되거나 마음에 생각나지 아니할 것이라… **25** 이리와 어린양이 함께 먹을 것이며 사자가 소처럼 짚을 먹을 것이며 뱀은 흙을 양식으로 삼을 것이니 나의 성산에서는 해함도 없겠고 상함도 없으리라 여호와께서 말씀하시니라… **66:22** 내가 지을 새 하늘과 새 땅이 내 앞에 항상 있는 것 같이 너희 자손과 너희 이름이 항상 있으리라 여호와의 말이니라 **11:6** 그 때에 이리가 어린양과 함께 살며 표범이 어린 염소와 함께 누우며 송아지와 어린 사자와 살진 짐승이 함께 있어 어린 아이에게 끌리며 **7** 암소와 곰이 함께 먹으며 그것들의 새끼가 함께 엎드리며 사자가 소처럼 풀을 먹을 것이며 **8** 젖 먹는 아이가 독사의 구멍에서 장난하며 젖 뗀 어린 아이가 독사의 굴에 손을 넣을 것이라

21-4 　　　새 하늘과 새 땅이 창조됨으로 하나님께서는 완벽하고 온전한 성령안에서 예수 그리스도의 의, 평강과 희락을 회복하셨다. 얼마나 기쁘고 얼마나 큰 승리인가? 그래서 하나님은 계 21:6에서 말씀하셨다. "이루었도다(It is done)" 이 말씀은 창세기를 이루었고 예수 그리스도의 모든 구원의 사역을 요 19:30에서는 "다 이루었다(It was finished)"고 하셨고, 계시록에서는 "이루었도다(It is done)"라고 말씀하셨다. 성경 66권 31,102절의 말씀이 드디어 온전히 다 이루어졌다. 역시 하나님은 처음과 나중 알파와 오메가의 하나님이셨다. 이제 하나님께서는 하나님의

백성을 새 하늘과 새 땅에서 생명수 샘으로 목마른 자에게 값없이 주시게 되었다. 지금까지 주님의 말씀대로 믿고, 참고, 승리한 자들에게는 하나님 나라를 상속, 유산으로 주셨는데, 예수 그리스도의 의를 믿음으로 아들 된 자들은 양자의 영이 있으므로 그리스도와 함께 한 후사였기 때문이다. 그러나 불신자들은 사단과 적그리스도와 거짓 선지자를 따름으로 마귀가 아비였던 자들은 불과 유황으로 타는 못에 던져져서 영원한 고통을 영원히 받는데 이것이 둘째 사망이다. 둘째 사망의 해를 영원히 받게 되었다.

계 21:6 또 내게 말씀하시되 이루었도다 나는 알파와 오메가요 처음과 마지막이라 내가 생명수 샘물을 목마른 자에게 값없이 주리니

요 6:34 그들이 이르되 주여 이 떡을 항상 우리에게 주소서 35 예수께서 이르시되 나는 생명의 떡이니 내게 오는 자는 결코 주리지 아니할 터이요 나를 믿는 자는 영원히 목마르지 아니하리라

롬 8:16 성령이 친히 우리의 영과 더불어 우리가 하나님의 자녀인 것을 증언하시나니 17 자녀이면 또한 상속자 곧 하나님의 상속자요 그리스도와 함께 한 상속자니 우리가 그와 함께 영광을 받기 위하여 고난도 함께 받아야 할 것이니라 18 생각하건대 현재의 고난은 장차 우리에게 나타날 영광과 비교할 수 없도다

21-5　　하나님의 아들, 후사, 상속자, 유산을 받는 자들은 새 예루살
렘 성에서 살게 된다. 이 성의 특징은 세 가지인데 첫째, 하나님의 영광
이 빛나고 있었다. 둘째, 그 성의 빛이 보석에서 나오고 있었다. 하나님
나라의 보배, 보석이요, 질그릇 같은 인생의 보석은 언제나 예수 그리스
도이었다. 셋째, 열두 문은 진주 문이었는데 문들 위에는 이스라엘의 열
두 지파의 이름이 씌여 있었고, 그 성의 성곽 기초석에는 어린양의 열두
사도의 이름이 씌여 있었다. 사도행전 1장에서 가룟 유다의 자결 후 굳
이 맛디아를 선택하여 열두 사도의 수에 들어가게 하셨는지, 그 이유를
설명해 준다. 일찍이 소아시아 일곱 교회들에게 말씀하실 때 주님께서
는 이기는 자에게는 성전 기둥에 새 이름을 기록해 주시겠다고 하신 약
속도 함께 이루어진다. 성도들은 성전 기둥으로 지어졌고, 흰 돌에 새
이름으로 기록되어 예수 그리스도께서 성전으로 지어져 갔던 것이다.

계 2:17 귀 있는 자는 성령이 교회들에게 하시는 말씀을 들을지어다 이기는
그에게는 내가 감추었던 만나를 주고 또 흰 돌을 줄 터인데 그 돌 위에 새 이
름을 기록한 것이 있나니 받는 자 밖에는 그 이름을 알 사람이 없느니라 **3:12**
이기는 자는 내 하나님 성전에 기둥이 되게 하리니 그가 결코 다시 나가지
아니하리라 내가 하나님의 이름과 하나님의 성 곧 하늘에서 내 하나님께로
부터 내려오는 새 예루살렘의 이름과 나의 새 이름을 그이 위에 기록하리라

21-6   새 하늘과 새 땅이 이루어지면 궁금한 것이 예루살렘 성과 성전이다. 계시록 21:10에 보면 하늘에서 내려오는 거룩한 성 예루살렘이 나온다. 높은 성곽에 열두 문과 열두 기초석을 보면 성곽은 벽옥(jasper)으로 쌓였고 그 성은 정금이었는데 맑은 유리 같았다. 열두 기초석은 벽옥(jasper), 남보석(sapphire), 옥수(chalcedony), 녹보석(emerald), 홍마노(sardonyx), 홍보석(carnelian), 황옥(chrysolite), 녹옥(beryl), 담황옥(topaz), 비취옥(chrysoprase), 청옥(jacinth), 자수정(amethyst)이었다. 열두 문은 모두 열두 진주로 각 문마다 한 개의 진주로 되어 있고, 성의 길은 다 맑은 유리 같은 정금(황금) 길이었다. 그동안 성도는 주님 오셨을 때, 공중으로 끌어 올려 주를 영접하게 하시고, 불이 섞인 유리 바다를 건너 마침내 새 하늘과 새 땅에 들어가며, 맑은 유리 같은 황금길을 걷게 된다. 이 나라를 유업으로 받기 위해 그리스도와 함께 후사, 상속자가 되었고 믿음을 지키며 배교하지 않으며 미혹되지 않은 성도로 여기까지 달려왔던 것이다.

.

21-7   그런데 새 하늘과 새 땅에서는 하나님의 성전이 보이지 않았다. 그 이유는 계시록 21:22 말씀에서 답을 찾을 수 있다. "성 안에서 내가 성전을 보지 못하였으니 이는 주 하나님, 곧 전능하신 이와 및 어린양이 그 성전이심이라" 할렐루야. 온전한 성전, 온전한 성막과 장막은 하나님이신 예수 그리스도이셨다. 이로써 그리스도의 몸이었던 성전, 그리스도께서 머리 되신 성전도 완벽하게 되었다. 하나님과 어린양 그 분이 성전이시다. 타락하기 전 창세기의 나오는 에덴동산에 교회가 없었

던 것과 같다. 어린양 생명책에 기록된 자들은 모두 이 성에 들어가 황금길을 걷는다. 그 나라는 네모가 반듯하여 길이와 너비와 높이가 같으며, 일만이천 스타디온으로 약 2,304km이었다.

히 9:11 그리스도께서는 장래 좋은 일의 대제사장으로 오사 손으로 짓지 아니한 것 곧 이 창조에 속하지 아니한 더 크고 온전한 장막으로 말미암아

21-8 천국, 새 하늘과 새 땅, 새 예루살렘에 가면 세 가지가 없다. 첫째, 성전이 없다. 왜냐하면 주 하나님, 곧 전능하신 이와 및 어린양이 그 성전이시기 때문(계 21:22)인데, 그 나라에는 악한 짐승과 사단, 불신자가 불 못에 던져졌고 죄와 사망이 함께 던져졌기 때문이다. 둘째, 아담이셨던 예수 그리스도께서 참사람과 하나님의 형상으로 회복시켜 주셨기 때문이다. 그래서 눈에 보이는 성전이 아니라, 전능하신 아버지와 예수 그리스도께서 친히 성전이 되신 것이다. 그래서 예수님은 처음부터 성전보다 크신 이셨고, 더 크고 온전한 장막(히 9:11)이셨다. 이 땅의 모든 성전은 하늘에 있는 것의 그림자였다고 말씀하셨었다. 주님께서 성전이 되심으로 만물을 충만케 하는 자의 충만이 다시 있게 되셨다. 이 땅에서는 교회가 하나님의 성전으로 중요했지만, 거기에서는 성전이신 하나님으로 계셨다. 거기에서 우리를 거룩한 나라, 왕 같은 제사장, 하나님의 소유(출 19:6, 벧전 2:9)로 삼으시고 영원히 살게 하셨다. 우리를 그 나라와 제사장으로 삼으신 주님께 모든 영광을 돌리며 찬양을 드린다.

마 12:6 내가 너희에게 이르노니 성전보다 더 큰 이가 여기 있느니라

엡 1:21 모든 통치와 권세와 능력과 주권과 이 세상뿐 아니라 오는 세상에 일컫는 모든 이름 위에 뛰어나게 하시고 22 또 만물을 그의 발 아래에 복종하게 하시고 그를 만물 위에 교회의 머리로 삼으셨느니라 23 교회는 그의 몸이니 만물 안에서 만물을 충만하게 하시는 이의 충만함이니라

21-9   둘째, 그 성에는 해와 달의 비침도 쓸데없다. 처음 하늘과 땅이 종이 축(軸)처럼 말려 없어졌고 바다도 다시 있지 않았다. 지금의 태양계와 자연질서, 우주질서가 아니다. 새 하늘과 새 땅에서는 새로운 창조질서와 자연질서로 운행되고 있었다. 하나님과 어린양의 영광이 친히 등불이 되셨기에 해와 달의 비침도 쓸데없다. 계 21:23 "그 성은 해나 달의 비침이 쓸데없으니 이는 하나님의 영광이 비치고 어린양이 그 등불이 되심이라" 태양이 없어 자전과 공전도 필요 없으니 밤과 낮도 없다. 그곳은 빛의 나라, 빛의 아들들의 낮의 아들이다. 흑암의 권세에서 건져내사 그의 사랑의 아들의 나라, 주 예수의 나라이다. 그래서 천국에 없는 것이 '성전, 해, 어둠, 죄, 사망' 등이 없다. 그리고 이 땅에서의 '눈물, 애통, 곡함, 이별, 아픈 것'이 다시 있지 않다. 처음 것들은 다 지나갔다. 마귀, 짐승, 악인, 죄, 사망은 모두 불 못에 던져져 없기 때문이다. 거기는 의인들의 나라, 빛의 나라, 사랑의 나라였다.

벧후 3:10 그러나 주의 날이 도둑 같이 오리니 그 날에는 하늘이 큰 소리로 떠나가고 물질이 뜨거운 불에 풀어지고 땅과 그 중에 있는 모든 일이 드러나리로다… 12 하나님의 날이 임하기를 바라보고 간절히 사모하라 그 날에 하늘이 불에 타서 풀어지고 물질이 뜨거운 불에 녹아지려니와 13 우리는 그의 약속대로 의가 있는 곳인 새 하늘과 새 땅을 바라보도다

계 6:14 하늘은 두루마리가 말리는 것 같이 떠나가고 각 산과 섬이 제 자리에서 옮겨지매

21-10   천국은 해보다 더 밝은 나라인데, 하나님의 영광이 친히 빛이 되심으로 해보다 더 밝은 빛이 되셨기 때문이다. 예수님께서는 세상에 계실 때 "나는 세상의 빛이라. 나를 따르는 자는 어둠에 다니지 아니하고 생명의 빛을 얻으리라"고 하신 말씀도 완성되었다. 변화산에서 보았던 그 빛과도 비교할 수 없는 영원한 영광의 빛, 사람이 희게 할 수 없는 빛이셨고 그 빛으로 온 세상을 비추셨다. 새 하늘과 새 땅에서는 '다시 밤이 없겠고, 등불과 햇빛이 쓸데없으니 이는 주 하나님이 그들에게 비치심이라(계 22:5)' 아멘. 찬송가에도 하나님의 나라를 '해보다 더 밝은 저 천국'이라고 노래한다. 그 나라에 믿음으로 가고, 그때까지 믿음을 지켜야 한다. 그 성에 들어가는 자는 무엇이든지 속된 것이나, 가증한 일 또는 거짓말하는 자는 결코 그리로 들어오지 못하고 오직 어린양의 생명책에 기록된 자들 뿐이었기 때문이다. 거룩한 자가 거룩한 나라에서 거룩하신 하나님을 뵈온다.

레 19:1 여호와께서 모세에게 말씀하여 이르시되 **2** 너는 이스라엘 자손의 온 회중에게 말하여 이르라 너희는 거룩하라 이는 나 여호와 너희 하나님이 거룩함이니라

벧전 1:14 너희가 순종하는 자식처럼 전에 알지 못할 때에 따르던 너희 사욕을 본받지 말고 **15** 오직 너희를 부르신 거룩한 이처럼 너희도 모든 행실에 거룩한 자가 되라 **16** 기록되었으되 내가 거룩하니 너희도 거룩할지어다 하셨느니라

롬 13:11 또한 너희가 이 시기를 알거니와 자다가 깰 때가 벌써 되었으니 이는 이제 우리의 구원이 처음 믿을 때보다 가까웠음이라 **12** 밤이 깊고 낮이 가까웠으니 그러므로 우리가 어둠의 일을 벗고 빛의 갑옷을 입자 **13** 낮에와 같이 단정히 행하고 방탕하거나 술 취하지 말며 음란하거나 호색하지 말며 다투거나 시기하지 말고 **14** 오직 주 예수 그리스도로 옷 입고 정욕을 위하여 육신의 일을 도모하지 말라

롬 13:11 또한 너희가 이 시기를 알거니와 자다가 깰 때가 벌써 되었으니 이는 이제 우리의 구원이 처음 믿을 때보다 가까웠음이라 **12** 밤이 깊고 낮이 가까웠으니 그러므로 우리가 어둠의 일을 벗고 빛의 갑옷을 입자 **13** 낮에와 같이 단정히 행하고 방탕하거나 술 취하지 말며 음란하거나 호색하지 말며 다투거나 시기하지 말고 **14** 오직 주 예수 그리스도로 옷 입고 정욕을 위하여 육신의 일을 도모하지 말라

21장 ⋮

요한계시록
22장

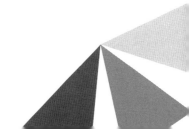

Revelation

22-1   요한계시록 22장에서 완성된 새 하늘과 새 땅, 하나님 나라에 대한 말씀이 계속된다. 하나님 나라는 생명의 나라였기 때문에 생명나무 열매와 맑은 생명수 강이 좌우로 흐르고 있었다. 그 강은 하나님과 및 어린양의 보좌로부터 흘러나오고 있었고 그 물이 닿는 곳마다 만국을 치료하고 새롭게 하였다. 이것은 에스겔이 보았던 '그발 강'가의 환상과 예언이 완벽하게 성취되었다. 겔 47:1 "그가 나를 데리고 성전 문에 이르시니 성전의 앞면이 동쪽을 향하였는데 그 문지방 밑에서 물이 나와 동쪽으로 흐르다가 성전 오른쪽 제단 남쪽으로 흘러 내리더라 2 그가 또 나를 데리고 북문으로 나가서 바깥 길로 꺾여 동쪽을 향한 바깥문에 이르시기로 본즉 물이 그 오른쪽에서 스며 나오더라" 성전이 회복되면 하나님의 생명수 강이 흐르게 되는 것을 에스겔은 보았다. 그때 하나님이 거기 계심으로 '여호와 삼마'라고 했다. "각종 먹을 과실나무가 자라서 그 잎이 시들지 아니하며 열매가 끊어지지 아니하고 달마다 새 열매를 맺으리니 그 물이 성소를 통하여 나옴이라. 그 열매는 먹을 만하고 그 잎사귀는 약 재료가 되리라^(겔 4:12)"는 계시록 22장은 성경의 모든 약속의 성취되었음을 알려준다. 그 나라에는 어떤 질병과 어둠, 슬픔, 이별, 눈물, 곡함, 애통이 없다. 첫 사람 아담이 잃어버린 실낙원을, 둘째 아담으로 오신 예수 그리스도께서 복낙원으로 회복시켜 주셨다.

22장 ⋮

22-2　　　요한계시록 21:5에서 하나님께서는 말씀으로 천지를 새롭게 창조하셨다. "보라 내가 만물을 새롭게 하노라" 하나님은 언제나 말씀으로 세상을 창조하신다는 사실을 믿는다. 그리스도 안에서 이전 것들이 다 지나가게 하시고 새로운 피조물이 되게 하셨다. 세상은 예수님의 모든 충만으로 충만하게 되었다. 창세기 3장에서 두루 도는 화염 검으로 지키셨던 생명나무 과실도 이제는 허락되었다. 수정같이 맑은 생명수 강을 보여주시고 "내가 생명수 샘물을 목마른 자에게 값없이 주시겠다"고 하셨다. 일찍이 요 6장에서 하신 말씀대로 "나는 생명의 떡이니 내게 오는 자는 결코 주리지 아니할 터이요, 나를 믿는 자는 영원히 목마르지 아니하리라"고 하셨던 말씀도 성취되었다. 요 7장에서 "그 배에서 생수의 강이 흘러 나리라"고 말씀하신 대로 성령께서도 온 세상을 수면 위에 운행하시게 되었다. 반대로 부자가 간 음부에는 물이 없었다. 불꽃 가운데 괴로워하며 나사로의 손끝에 찍어 물(습기)을 구하지만 그것도 없었다. 그러나 하나님의 나라에는 생수의 강, 생명수의 샘물이 흘러넘쳐 닿는 곳마다 새로워졌고 목마른 영혼마다 마시게 되었다.

사 44:3 나는 목마른 자에게 물을 주며 마른 땅에 시내가 흐르게 하며 나의 영을 네 자손에게, 나의 복을 네 후손에게 부어 주리니 … **55:1** 오호라 너희 모든 목마른 자들아 물로 나아오라 돈 없는 자도 오라 너희는 와서 사 먹되 돈 없이, 값 없이 와서 포도주와 젖을 사라

계 22:17 성령과 신부가 말씀하시기를 오라 하시는도다 듣는 자도 오라 할 것이요 목마른 자도 올 것이요 또 원하는 자는 값없이 생명수를 받으라 하시더라

22-3   복음성가의 가사대로 '저 하늘에는 눈물이 없네' 사실이다.
하나님이 친히 그들과 함께 계셔서 모든 눈물을 그 눈에서 닦아주셨다.
이 땅에서 주를 위해 흘린 눈물을 친히 닦아 주셨기 때문이다. 저 하늘
에는 눈물만 없는 것이 아니라 '사망, 애통, 곡함, 아픈 것, 어둠, 밤, 등
불과 햇빛, 저주, 목마름, 배고픔' 등이 전혀 없다. 수정같이 맑은 생명수
샘이 흐르기 때문이요, 만국을 치료하는 생명 나무가 달마다 열매를 맺
어 새롭게 해주었다. 그 생명나무의 생명은 헬라어로 '조에, 조론'인데,
그냥 인간의 호흡이 아니라, 원래의 생기, '죄가 없는 호흡'을 말한다. 예
수 그리스도를 믿었으니 이제는 하나님의 '생기, 향기, 편지'로만 나타났
다. 성령으로 호흡한다. 양자의 영, 아들의 영, 그리스도의 영이 있는 하
나님의 아들이요, 그리스도와 함께 한 후사 곧 하나님의 상속자이기에
성령 안에서 생명과 호흡을 받았다.

엡 1:11 모든 일을 그의 뜻의 결정대로 일하시는 이의 계획을 따라 우리가
예정을 입어 그 안에서 기업이 되었으니 … **14** 이는 우리 기업의 보증이 되사
그 얻으신 것을 속량하시고 그의 영광을 찬송하게 하려 하심이라… **18** 너
희 마음의 눈을 밝히사 그의 부르심의 소망이 무엇이며 성도 안에서 그 기
업의 영광의 풍성함이 무엇이며 **19** 그의 힘의 위력으로 역사하심을 따라 믿
는 우리에게 베푸신 능력의 지극히 크심이 어떠한 것을 너희로 알게 하시기
를 구하노라

롬 4:13 아브라함이나 그 후손에게 세상의 상속자가 되리라고 하신 언약은
율법으로 말미암은 것이 아니요 오직 믿음의 의로 말미암은 것이니라… **8:17**
자녀이면 또한 상속자 곧 하나님의 상속자요 그리스도와 함께 한 상속자

22장 :

니 우리가 그와 함께 영광을 받기 위하여 고난도 함께 받아야 할 것이니라

22-4   새 하늘과 새 땅이 창조되고 처음 하늘과 처음 땅이 없어졌으므로 완벽한 '하나님 나라와 의^(막 6:33)'가 새롭게 창조되었다. 예수 그리스도의 완벽한 속죄로 죄가 하나도 없다. 어떤 '정욕, 탐욕, 음욕'이 없다. 사람들은 모두 천사와 같이 거룩하고 순수하게 하나님을 찬양하며 경외한다. 고린도전서 13장의 말씀하신 대로 우리가 알았던 모든 것이 완벽하게, 얼굴과 얼굴을 대하여 보는 것처럼 완성되었다. 고대 청동거울을 보는 것 같이 희미하였으나 그때는 밝히 보게 되는 기쁨이 있다. 우리를 나라와 제사장으로 삼으시고 예수 그리스도께서는 완벽한 영광과 광명한 새벽 별이 되셨다. 완벽한 생명 나무 열매와 생명수를 마시게 하셨기에 복과 영생이 흐르고 있었다.

22-5   이제 예수님 오실 주의 날만 남아 있다. 그날이 오면 우리는 주님과 세세토록 왕 노릇 하게 된다. 예수님은 속히 오시겠다고 하셨는데 이 세상의 시간 개념과 다르다. 천 년이 하루 같이 오신다. 그래서 주님은 '속히' 오시겠다고 하셨다. 아니 주님의 말씀대로 지금도 오고 계시며 때가 되면 인자가 문밖에 이르신 것도 알게 된다. 이 예언의 말씀을 듣고, 읽고 지키는 자는 복이 있다. 친히 그렇게 할 수 있도록 인봉 한

두루마리도 떼어 주시며 가르쳐 주셨다. 성도는 말씀과 성령이 계도하심과 인도하심을 따라가면 된다. 주님은 세상 끝날까지 우리와 항상 함께 하신다. 예수님은 알파와 오메가, 처음과 나중, 시작과 마침이시다. 그리고 어제나 오늘이나 변함없으신 예수 그리스도는 '영원'하시다. 그래서 역사의 종국, 끝이 있고 주님은 약속하신 대로 '속히' 오신다. 여기에는 세 가지 뜻이 있다. '반드시' 오신다. '갑자기' 오신다. '생각지 않은 때'에 오신다. 그러므로 인자 앞에 서도록 깨어 기도해야 한다. 주인이 돌아올 때 종은 '자는 것, 노는 것, 취한 것'을 보이지 않게 해야 한다. 맡은 사명, 은사, 달란트를 남겨야 한다. 인자가 세상에 올 때 믿음과 열매를 보여드려야 한다.

22-6　　　지옥과 천국의 차이는 분명하다. 천국은 해보다 더 밝지만, 지옥은 바깥 어두운 곳이고 슬피 울며 이를 가는 곳이다. 음부의 떨어진 부자의 고백한대로, 불꽃 가운데서 괴로워하는 나라, 물(습기)도 없는 나라, 주리고 목마른 나라다. 그러나 천국은 '수정같이 맑은 생명수의 샘'이 길 가운데로 흘러 시냇가에 심은 나무, 생명나무가 있어, 열두 가지 열매를 달마다 맺는다. 지옥은 불꽃 가운데 어두운 나라이고 천국은 밤과 어둠이 없는 나라이다. 어디에 가고 싶은가? 어디로 가고 있는가? 지금 좁은 길, 생명 길로 가는가? 넓은 길, 멸망 길로 가는가? 예수님께서 그 길, 진리, 생명이시다. 그 생명 길 갑시다. 믿음대로 간다. 바라본 대로 간다. 심은 대로 거둔다. 올라간 대로 차지한다.

22-7   새 하늘과 새 땅, 새 예루살렘에 들어가지 못하는 자들은 다 성 밖에 있다. 구약에서 예루살렘 성 밖에는 힌놈의 골짜기가 있었는데, 여기서 음부와 지옥(불 못, 둘째 사망)을 비유, 상징하기도 했다. 이방 신상과 이방 제사가 드려진 어둠과 죄악의 골짜기다. 계시록에 보면 주의 날에 그들은 생명나무에 나아가지 못하는데, 개들과 점술가들과 음행하는 자들과 살인자들과 우상 숭배자들과 및 거짓말을 좋아하며 지어내는 자들은 다 성 밖에 있다. 이렇게 될 것을 안 요한은 성도들에게 말했다. 지상의 모든 교회는 주님께서 칭찬하신 것을 힘써 지키고, 책망하신 것을 회개하며 자기 두루마기를 빠는 복된 자가 되라고 했다. "의로운 자는 그대로 의를 행하고 거룩한 자는 그대로 거룩하게 하라 아멘. (계 22:11)"

22-8   예수님께서 오시는 날은 성도들에게 상 주시는 날이다. 각 사람에게 그가 행한 대로 갚아주시는 날이다. 심은대로 거두게 하신다. 책에 기록된 대로 심판을 받는 날이다. 그 날에 칭찬과 명성과 영광을 위해 믿음을 하루하루 지키고, 선한 싸움을 다 싸우며 달려갈 길을 다 마쳐야 한다. 그렇게 되기 위해 성도는 날마다 자기 옷을 어린양의 피에 씻어 깨끗하게 빨고 신부의 예복을 준비하고 기름과 등불을 다 준비해야 한다. 그래야 예복을 입고 어린양 혼인 잔치에 들어가 신랑을 맞을 수 있기 때문이다. 예수님께서는 땅 끝까지 주의 증인들을 찾으시고, 제자들은 만나러 오신다. 그러나 이 땅에서 우상숭배자, 음행하는 자, 살

인자, 거짓말을 좋아하며 거짓의 아비인 마귀를 따르는 자는 다 성 밖에 있게 된다. 일찍이 예수님께서 "악하고 게으른 종에게 바깥 어두운 곳으로 쫓겨나 거기서 슬피 울며 이를 갈음이 있으리라"고 하셨다.

22-9　　　요한계시록 마지막 22장에서는 "자기 두루마기를 빠는 자들은 복이 있으니"라고 했다. 자기 두루마기를 빠는 자들이 생명나무에 나아가며 하나님의 성에 들어갈 권세를 받기 때문이다. 어린양 예수 그리스도의 피에 씻어 그 옷을 희게 한 자들만 들어갈 수 있기 때문이다. 민수기 19장에 보면, 대대로 지킬 '영원한 규례'가 있다. "사람이 부정하고도 자신을 정결하게 하지 아니하면 여호와의 성소를 더럽힘이니 그러므로 회중 가운데서 끊어질 것이니라… 이는 그들의 영구한 율례니라 정결하게 하는 물을 뿌린 자는 자기의 옷을 빨 것이며…(민 19:20, 21)" 아멘. 하나님의 나라는 죄 가지고 갈 수 없다. 죄가 하나도 없는 나라이다.

계 21:27 "무엇이든지 속된 것이나 가증한 일 또는 거짓말하는 자는 결코 그리로 들어가지 못하되 오직 어린양의 생명책에 기록된 자들만 들어가리라"

22-10　　　예수 그리스도는 살아계신 하나님의 아들이자 우리 주님이시며 왕이시다. 유일한 구원자, 완벽한 구원자이시다. '만왕의 왕, 만주의 주, 사랑의 왕'이셨다. 모든 이름 위에 뛰어난 이름, 모든 무릎이 꿇어

야 할 이름, 모든 입술이 시인해야 할 이름 '예수 그리스도'이시다. 전에도 계셨고, 지금도 계시며 장차 오실 주님이시다. 다윗의 뿌리가 이기셨다. 저 산 밑에 백합화요, 샤론의 꽃과 광명한 새벽별로 영광과 승리와 위엄이 주님께 있다. 성도는 어린양의 생명책에 기록되었기 때문에 생명나무 열매와 거룩한 성 예루살렘에 참여하게 된다. 그날은 속히 온다. 주님은 성경 66권, 31,102절의 말씀 가운데 마지막으로 남기신 말씀, 마지막에 이루어져야 할 말씀은 "내가 진실로 속히 오리라"고 하신 말씀이다. 유대인 신약성경에는 예수님께서 "내가 곧 간다"고 하셨다. 그때 우리는 요한처럼 대답해야 한다. "아멘 주 예수여 오시옵소서" 충실과 진실이신 예수님은 곧 오신다.

22-11 하늘에 계신 아버지는 지금 여기서도 하나님이시오, 상천하지의 하나님이시다. 현재 우리와 교회를 고난 가운데 두시지만, 동시에 고난 가운데서 지키시는 하나님이시다. 주의 재림 전까지 주님은 하나님 보좌 우편에 계시고, 두세 사람이 주의 이름으로 모인 곳에도 오시고, 세상 끝날까지 우리와 항상 함께 하신다. 즉 일곱 인, 일곱 나팔 재앙 때에도 보혜사 성령님으로 우리 곁에 계시며 영원히 함께 하신다. 성령님은 친히 교회에 와 계시며 우리 영으로 더불어 우리가 하나님의 자녀인 것을 증거해 주신다. 예수 그리스도는 진실로 속히 오신다. 주님이 말씀하신 징조들이 나타날수록 주의 날이 가깝고 인자가 문 앞에 서시게 된다. 이 천국 복음이 모든 민족에게 전파되면 끝이 되어 시간이

없고, 주님 또한 지체하지 않으신다. 아버지께서 정한 기한과 때가 되면 하늘을 가르시고 말씀하신 대로 사랑하는 제자, 일꾼, 증인, 신부들에게 두 번째 나타나시리라. 아멘 "주 예수여 어서 오시옵소서" 장차 오실 이께서 공개적, 공식적, 대중적으로, 만민이 다 알 수 있게 오신다. 그래서 계시록은 우리를 깨어 있게 하고 준비하게 하며, 한 영혼, 한 영혼을 끝까지 전도하게 한다. 우리 주 예수 그리스도를 변함없이 사랑하고 기뻐하며 감사하고 기도하게 한다.

> **히 9:28** 이와 같이 그리스도도 많은 사람의 죄를 담당하시려고 단번에 드리신 바 되셨고 구원에 이르게 하기 위하여 죄와 상관 없이 자기를 바라는 자들에게 두 번째 나타나시리라

22-12 요한계시록 1장에서는 "그가 구름을 타고 오시리라"이고, 마지막 22장에서는 "내가 진실로 속히 오리라"고 말씀하셨다. 마지막 때의 재앙과 세상 끝날이 와도 성도는 두려워하거나 놀랄 필요가 없다. 마귀가 공중 권세를 잡고 있어도 예수님은 하늘과 땅의 모든 권세를 가지고 계시고, 세상 끝날, 종말, 마지막 때까지 임마누엘로 우리와 항상 함께 하신다. 성도가 할 일은 인자 앞에 서도록 깨어 기도하고 주인을 만나 결산할 준비하면 된다. 신부로 신랑을 맞이할 거룩을 준비하면 된다. 땅 끝에서 증인되어 '주께 드릴 노래, 열매'를 가득 안고 주님을 만나면 된다. 주님께서는 다음과 같이 약속해 주셨음을 잊지 말고 용기를 내자.

22장 :

1) 너희 머리털 하나도 상하지 않게 하신다. _ 눅 21:18

2) 네 믿음이 떨어지지 않기를 아버지께 기도하였노니 _ 눅 22:32

3) 그는 하나님 우편에 계신 자요, 우리를 위하여 간구하시는 자시니라
   _ 롬 8:34

4) 누가 우리를 대적하리요? 정죄하리요? 그리스도의 사랑에서 끊으리요?
   _ 롬 8:35

5) 내가 너희를 고아와 같이 버려두지 아니하고 너희에게 오리라_ 요 14:18

6) 무슨 말을 할까 염려하지 말라… 말하는 이는 너희가 아니요 성령이시니
   라 _ 마 13:11

7) 불법한 자가 나타나리니 주 예수께서 그 입의 기운으로 그를 죽이시고 강
   림하여 나타나심으로 폐하시리라 _ 살후 2:8

22-13   요한계시록은 주님의 말씀을 세 문장으로 정리해 준다.
   첫째, 보라 '내가 살아 있다'
   둘째, 보라 '그가 구름을 타고 오시리라'
   셋째, 보라 '내가 진실로 속히 오리라 내가 곧 간다'

22-14   요한계시록을 다 마치고 나면 세 가지 기쁨과 결단이 있
게 된다.
첫째, 한 영혼이라도 더 전도하며 땅 끝에 증인으로 서야 한다.

둘째, 시험에 들지 않고 인자 앞에 서도록 깨어 기도해야 한다.

셋째, 주님이자 하나님이신 예수 그리스도를 사모하고 준비하여 기다
려야 한다.

'참 기독교인이 되어
하나님을 알고 믿고 전파하며,
하나님을 즐거이 찬양하는 것과
새 예루살렘에서 천국 시민이 되는 것은
최고의 기쁨과 영광과 즐거움이다.
이것이 요한계시록을 읽고 듣고 지키는 이유이다.'

Epilogue

Revelation

이 책은 코로나 팬데믹 기간이었던 3년간 준비하여 저술하였다. 2019년 12월 30일 처음 발생한 코로나 바이러스, '중국 우한 폐렴' 전염병은 지금까지 끝나지 않고 있다. 세계보건기구(WHO)의 발표에 따르면 229개 나라에 확산, 감염된 팬데믹 전염병이었다. 버가모 지방 출신의 의사였던 누가는 예수님이 말씀하신 마지막 때의 징조로 '전염병'을 누가복음에 기록하였다. 유사(有史)이래로 전염병은 많이 있었지만, 전 세계에 확산 감염되어 역대 사망률은 1위를 기록하였고, 경제 활동은 물론 사회와 국가, 전 분야를 셧다운 시켰다. 이런 상황에서 교회와 목회 사역도 제대로 진행될 수 없었다. 전 세계가 코로나 바이러스에 꼼짝도 못했고, 많은 사망자와 고통을 남겼으며, 스마트한 디지털 사회를 산다는 인간의 한계와 연약함을 깨닫게 되었다.

교회는 코로나 팬데믹으로 공적 모임과 훈련, 성경공부, 심방, 전도, 선교 등 모든 것이 제한 또는 축소되었다. 사회적 거리두기로 인해 모든 목회 활동도 셧다운되었다. 거의 모든 국민이 확진 양성으로 격리되고, 대면접촉과 사회활동도 제안되어 목회자로서 시간적 여유를 가지고 독서에 집중하였다. 특별히 코로나 팬데믹과 관련하여 요한계시록에 대하여 공부의 필요성을 느끼게 되었다. 신앙의 선배들이 말세지말(末世之末)이라고 했지만 안일하게 살았던 것이 사실이다. 천하보다 귀한 생명이 코로나로 수백만 명이 사망하는 것을 보며 마지막 때에 주님이 말씀하신 징조가 떠올랐다. 마지막 때가 오고 있는 것이 아니라 지금이 마지막 때였다. 오늘밤에라도 주님을 맞이할 준비가 되어 있어야 했

Epilogue

다. 그래서 다시 요한계시록을 붙잡았다. 신학교 때 공부했던 교과서, 노트를 비롯 강해집, 설교집, 논문, 도서들을 읽어갔다.

독서 후에는 요한계시록을 필사하였다. 예수님께서 요한에게 기록하라고 하셨던 "내가 본 것과 이제 있는 일과 장차 될 일"을 그대로 따라 써보았다. 그리고 공부한 것을 필사 노트에 기록하기 시작했는데, 그것이 『쉽게 읽는 요한계시록』 책이 되었다. 요한계시록을 통해 신구약 66권의 '종국, 결국, 결말'을 보았고, 창조주 하나님의 위대하심과 약속의 성취, 한량없는 사랑, 예수그리스도를 통한 하나님 나라의 완성과 승리를 맛보아 알게 되어 기뻤다. 그리고 우리 주, 예수 그리스도께서 말씀하신 대로 장차 공중에 구름을 타고 나타나실 것과 새 하늘과 새 땅과 새 예루살렘을 창조하시고, '만왕의 왕, 만주의 주'요, '신랑, 왕, 주님, 심판자'로 오시는 주님을 사모하고 기다리며, 맞을 준비를 하게 되었다.

요한계시록을 읽고, 듣고, 지키는 자는 복이 있다고 하셨다. 누구나 알기 쉽고, 읽기 쉽게 써보려고 노력했다. 해 아래 새 것이 없다는 말씀처럼, 이 책이 완벽할 수 없다. 그러나 이 책을 통해 새로운 창의성과 발전이 일어나, 저자의 책에서 독자의 책으로 나아갈 수 있기를 바란다. 이 책을 읽는 자마다 복 있는 사람이 되고 마지막 때를 살면서 성도로 깨어나고, 신부로 단장하며, 증인으로 끝까지 예수님을 전하는 삶을 살아가는 것이 하나님께서 마음에 주신 소원이었다. 성경 66권의 마지막 65번째 성경인 만큼 성경으로 성경을 보고, 역사를 해석하면서 하나님 말씀의 결말과 예수 그리스도의 궁극적 승리, 그리고 선악 간에 분별하시고 심판하시는 하나님의 '사랑과 공의'를 담아보았다.

이 책을 읽은 모든 분이 깨어나길 축복한다. 성도는 이 땅에 살지만 세상에 속하지 않았고 하늘의 속한 천국 시민으로 살아가야 함을 깨닫기를 기도한다. 그리고 잠자는 영혼과 교회를 깨워서, 성령 충만하고 권능을 받아 주님의 명령, 사랑, 복음을 지켜내고 전파해야 한다. 천국 복음이 모든 민족에게 전파되어야 그제야 끝이 온다고 말씀하셨기 때문이다. 이 천 년 전에는 세례요한이 주님 오실 길을 광야에서 준비하고 외쳤다. 2천 년이 지난 지금은 교회와 성도들이 예수 그리스도의 오실 길을 예비하고 준비하며 맞을 수 있어야 한다.

마지막 때는 추수 때이기 때문에 주님(주인)을 만나서 '결산, 계산'할 준비 또한 해야 한다. 가라지가 아닌 알곡으로 천국 창고에 들어가야 하고, 배교자가 아닌 순교자(증인)로, 세상과 벗하는 하나님의 원수와 음녀가 아닌 신부로, 어린양 예수 그리스도 주께서 어디로 인도하든지 따라가야 한다. 예수님께 붙어 있는 '증인, 제자, 일꾼, 신부'로 영원한 복음을 가지고 감사하며, 우리 주 예수 그리스도를 변함없이 사랑하는 자여야 한다.

요한계시록을 다 기록한 후에 '기쁨과 감사, 진리와 자유, 찬송과 승리'가 넘쳤다. 세상이 두렵지 않다. 비록 공중 권세 잡은 마귀가 우는 사자처럼 삼키려고 달려와도, 예수님께서는 '하늘과 땅의 모든 권세'를 잡고 세상 끝날까지 항상 함께 하시는 임마누엘의 하나님이 계시기 때문이다. 마귀와 적그리스도 그리고 거짓 선지자 두 짐승은 정한 때까지만 활동한다. 모든 것이 하나님의 주권과 말씀 아래에 있기 때문이다. 마지막 때에 미혹을 받지 않도록 주의해야 하고, 인자 앞에 서도록 깨어 기도해야 한다. 교회는 성령이 교회들에게 하시는 말씀을 '귀 있는 자'로 들어야 한다. 마지막 때에 정신을 차리고 깨어 마귀를 대적하고, 두 증인과 같이 땅끝에서 주님을 전파하며 주님과 함께 최후 승리해야 한다.

주님께서 주신 삶의 자리에서 지상명령, 대 사명을 증인으로 감당하다가 어떤 사람은 밭에서 일하다가, 어떤 사람은 집에서 맷돌 갈다가, 어떤 사람은 침상에서 잠을 자다가 주님 오시는 날, 나의 이름 불러주실 때 즉, 천사들이 와서 사방에서 알곡을 불러 모으실 때 주님을 만나 천국 창고에 의인의 아들들로 들어가면 된다. 옛 뱀, 용, 마귀(디아블로스)라고도 하는 사단과 그의 종들인 적그리스도와 거짓 선지자들, 짐승은 불 못에 던져진다. 그들에게 미혹되어 따랐던 가라지들도 함께 불 못(둘째 사망)에 던져진다.

주님은 살아계신다. 전에 죽었지만 지금도 살아계시며 어제나 오늘이나 영원토록 동일하시다. 장차 성경대로 오실 자이시다. 주님은 속히 오신다. 갑자기 오신다. 반드시 오신다. 성부 하나님의 뜻을 다 이루시고, 성도들과 약속한 말씀을 다 지키시고 이루시며 오신다. 그래서 믿음을 지킨 성도는 기쁘고, 감사하다. 이 땅에서 고생한 모든 눈물을 그 눈에서 닦아 주시고 생명수 샘물로 인도하시고 어린양의 혼인 잔치에 들어가게 하신다. 주님과의 재회, 성도들과의 재회, 무덤 속에 잠자던 자들도 다 잠잘 것이 아니요, 홀연히 변화하여 구름 속으로 끌어 올려 하늘나라를 경험하고 공중에서 주를 영접하게 하시니, 이 또한 어찌 기쁘지 않을까?

주님께서 심판자로 오신다. 행한 대로, 심은 대로, 믿은 대로, 바라본 대로, 말씀대로, 기록된 대로 심판을 받으니 공의로우신 주님이시다. 성도들이 이겼다. 말씀이 이겼다. 예수 그리스도께서 이기셨다. 처음부터 이기셨다. 복음과 교회와 십자가와 부활이 온 세상을 이겼다. 하나님 아버지께서 예수 그리스도를 통하여 우리를 거룩한 나라와 왕 같은 제사장, 하나님 나라의 소유된 백성으로 삼아주셨다. 모든 말씀을 다 이루시고, 최후 승리를 얻게 하신 하나님께 모든 영광을 돌리며, 나의 주 나의 하나님이셨던 예수 그리스도와 보혜사 성령님으로 나의 스승과 지혜, 인도자, 보호자 되신 주님을 찬양하며 영원토록 삼위일체 하나님만을 경외한다.

Epilogue

쉽게 읽는 요한계시록
- 하나님 나라 완성의 최종 시간표 -

지은이 | 송용섭
만든이 | 하경숙
만든곳 | 글마당

책임 편집디자인 | 정다희
표지 디자인 | 송주은
교정 · 교열 | 안외희
(등록 제2008-000048호)

2023년 3월 2일
2023년 3월27일

주소 | 서울시 송파구 송파대로 28길 32
전화 | 02. 451. 1227
팩스 | 02. 6280. 0077
홈페이지 | www. gulmadang. com
이메일 | vincent@gulmadang. com

ISBN 979-11-90244-35-0(03230)   값 18,000원